kremayr
scheriau

Clemens Riha · Bernhard Riha

Hausverwaltung im Rampenlicht

Kuriose Geschichten über das Zinshaus im Wandel der Zeit

Kremayr & Scheriau

Inhalt

Vorwort

Liebe Leserinnen und Leser!

„Warum nicht ein Buch über Hausverwaltung schreiben?", haben wir uns gedacht. Es gab wenig Material zu dem Thema, die Recherche würde aufwendig sein. Doch der Wunsch war größer als jegliche Vernunft und so stürzten wir uns in die Arbeit. Für uns als gelernte Hausverwalter war es ein Herzensprojekt. Seit unserer Kindheit, als wir mit unserem Vater auf der Suche nach verwunschenen Villen und Fabriken durch Niederösterreich streiften, begeistern wir uns für historische Gebäude. In unseren frühen Zwanzigern gründeten wir unsere Unternehmen GR-Real GmbH und Gebrüder Riha GmbH und haben über die Jahre mehr als 150 Zinshäuser im ganzen Land gekauft und so mehr als 2 000 Wohneinheiten entwickelt. Dadurch gehört unsere Liebe der Gründerzeit, mit der die Hausverwaltung untrennbar verbunden ist.

Zu Beginn der Arbeit für dieses Buch recherchierten wir in historischen Medien, und schon bald zeichnete sich vor unseren Augen die spannende Entwicklung des Berufsstandes ab, die wir im vorliegenden Buch „Hausverwaltung im Rampenlicht. Kuriose Geschichten über das Zinshaus im Wandel der Zeit" in sechs historischen Abrissen nachzeichnen – vom josephinischen Hausadministrator im alten Wien über das Konzessionsgewerbe nach dem Mietengesetz 1922 bis zum Wiederaufbau der im Krieg zerstörten Zinshäuser. In die Nachkriegszeit fiel auch das neu geschaffene Wohnungseigentum mit der Pflichtverwaltung.

Nach Jahrzehnten des Friedenskronenzinses wurde das Zinshaus mit dem Mietrechtsgesetz in den 1980er-Jahren wieder zum Anlageobjekt, Wien wurde bunt und die Verwaltung zum Immobilienmanagement. Heute steht die Branche neuerlich vor einigen Herausforderungen, wie Automatisierung der Verwaltung und Dekarbonisierung der Heizsysteme.

Diese geschichtlichen Abrisse haben wir mit thematisch geordneten Story-Sammlungen ergänzt, in denen erfolgreiche Hausverwalter und Hausverwalterinnen ihre lustigsten und spannendsten Erlebnisse aus ihrem Berufsalltag mit uns teilen – und manchmal auch sehr persönliche Einblicke in ihre Karrieren gewähren.

Die Hausverwalter und Hausverwalterinnen, mit denen wir ausführliche Gespräche führen durften, lieben ihren Beruf und würden ihn nach eigenen Angaben jederzeit wieder ergreifen. Nur an einen Aspekt ihrer Tätigkeit werden sie sich wohl nie wirklich gewöhnen: Viel zu selten bekommen sie Dank und Anerkennung für ihre professionelle und zuverlässige Arbeit, sie gilt vielen als selbstverständlich. Deshalb an dieser Stelle ein von Herzen kommendes Dankeschön für die Zeit und Offenheit, die sie uns geschenkt haben. Nur dadurch ist dieses Buch möglich geworden.

Clemens Riha · Bernhard Riha
Februar 2024

Hausverwalten – kein Job für schwache Nerven

Aus dem Alltag erzählt ...

„Das ist nicht zu ertragen! Die Fenster sind undicht, da muss etwas passieren, ich muss auf meine Stimme achten!“ Der Mieter Johann Hölzel alias Falco tobte am Telefon, was seiner Stimme wahrscheinlich genauso wenig gefiel wie seinem Hausverwalter Karl Weinberger. Dieser fuhr extra in das Zinshaus in der Gumpendorfer Straße, um die Situation in Augenschein zu nehmen, erzählt uns seine Frau Nicolette Weinberger: „Mein Mann läutet an der Wohnungstür, Falco öffnet und mein Mann fragt, was denn los sei mit den Fenstern und wie er helfen könne. ‚Ich hab keine Fenster und auch keine Zeit, lassen S' mi in Ruah‘, hat Falco gesagt und meinem Mann die Tür vor der Nase zugeknallt. Ich glaube, die Fenster sind nie gemacht worden“, schließt Nicolette Weinberger, deren Hausverwaltung Weinberger auf der Wieden eine von rund tausend in der Hauptstadt ist.

Einer der Dauerbrenner der Hausverwaltungen dürfte der Wasserrohrbruch sein, der fairerweise auch die Prominenz heimsucht. Der Couture-Salon von Modezar Fred Adlmüller im Palais Esterházy auf der Kärntner Straße war viele Jahre Anlaufstelle der Reichen und Schönen – nicht nur vor dem Opernball. Seine Wohnung hatte Fred Adlmüller um die Ecke in der Mahlerstraße, wo es eines Tages zu einem Wasserrohrbruch kam. Die damals noch angestellte Hausverwalterin Nicolette Weinberger sollte sich um die Schadensaufnahme kümmern: „Professor Adlmüller hat mich dann durch seine Wohnung geführt – eine der interessantesten Wohnungen, die ich je gesehen habe, weil sie natürlich sehr elegant war. Jeder Raum hatte bis zur Stuckdecke gelackte Wände. Ein Raum war in Bordeaux-Rot gehalten, der nächste in Kaffee-Braun, der übernächste in Mais-Gelb. Das hat mit den Samtvorhängen eine spezielle Stimmung ergeben. Und diese Lackwände waren auch das Problem bei dem Wasserschaden, denn die Wand musste genau so wiederhergestellt werden. Und dann hat er darauf bestanden, dass das nur seine Firma machen dürfe. Der Wasserschaden war im Bad, aber er hat mich durch die ganze Wohnung geführt. So kann ich behaupten, ich habe die Privaträume des Professor Adlmüller gesehen."

Man habe es als Hausverwalter und Hausverwalterin immer mit Menschen aller Gesellschaftsschichten zu tun, hören wir in unseren Gesprächen zu diesem Buch. Aber nicht nur das mache die Arbeit in der Hausverwaltung so abwechslungsreich. Auch die unterschiedlichen Aufgaben sorgen für Vielfalt: „Jeder Tag bringt etwas Neues, neue Herausforderungen, selbst nach Jahrzehnten in der Branche", weiß Ellen Moll, Hausverwalterin und Berufsgruppensprecherin der österreichischen Hausverwaltungen. Ihr Vater sei als Gründer der Dr. Moll & Punt Immobilienverwaltung in Innsbruck vierzig Jahre Hausverwalter gewesen und habe bis zum Schluss dazugelernt. Deshalb ist sie der Ansicht, die Aus- und Fortbildung seien das A und O der Branche.

„Man lernt nie richtig Golf spielen und man lernt nie richtig Haus verwalten. Es kommt immer irgendetwas Neues dazu", nimmt es Josef Horvath von der APPM Property Management sportlich.

Auch wenn nicht jeder Tag in der Hausverwaltung glatt verläuft, alle Menschen, mit denen wir gesprochen haben, lieben ihren Beruf und würden ihn wieder ergreifen, auch Treuhänder Karl Fichtinger: „Ich würde wieder in die Immobilienbranche gehen, aber früher einsteigen. Bevor ich in die Branche kam, war ich im Honiggeschäft tätig. Das war auch abwechslungsreich. Aber am Ende war alles gleich. Am Ende bleibt es Honig."

Manchmal wird der Hausverwalter auch als Hausmeister oder Mädchen für alles angesehen, wie uns Verwalter Peter Stingl lachend erzählt: „Eines Tages ruft eine Wohnungseigentümerin in der Kanzlei an und verlangt mich zu sprechen. Ich nehme das Gespräch an und sie erzählt mir, dass ihr Radio nicht funktioniere. Und ich solle jetzt schleunigst vorbeikommen und ihr das Gerät auf Ö1 einstellen. Ich nehme das als ein Beispiel meines manchmal lustigen Alltags, mit einem oft auch weinenden Auge, auf welche Ideen hinsichtlich der Aufgaben eines Verwalters die Menschen kommen. Ich habe dann einen Eigentümer der Anlage, mit dem ich gut bekannt bin, angerufen und ersucht, der alten Dame zu helfen."

Wenn wir vom Hausverwalten sprechen, sprechen wir auch immer vom Wohnen als Grundbedürfnis des Menschen. Das macht für Georg Flödl, geschäftsführender Partner von Immobilien Funk und Präsident des Österreichischen Verbands der Immobilienwirtschaft (ÖVI), den besonderen Reiz des Berufs aus: „Ob ich nun auf Zimmer, Küche, Kabinett wohne oder in einer prachtvollen Dachgeschoßwohnung: Am Ende des Tages ist das unser Familienmittelpunkt, hier essen wir gemeinsam, hier schöpfen wir Kraft. Die Wohnung ist der Anker unseres Lebens. Egal wie groß die Wohnung ist, der Stellenwert des Wohnens ist für uns alle gleich. Das mitgestalten zu können und als Hausverwalter die Schnittstelle zwischen zwei Interessenspositionen zu sein, das finde ich ungemein spannend. Das ist eine schöne Aufgabe."

Wenn man Menschen diesen „Anker ihres Lebens" wegnimmt, etwa weil sie ihre Miete nicht bezahlen können, reagieren sie oft irrational oder aggressiv. Thomas N. Malloth, ehemaliger Eigentümer der Hausverwaltung Dr. Gerhard Stingl, ehemaliger ÖVI-Präsident und langjähriger Berufsgruppenobmann der Immobilientreuhänder in der Österreichischen Wirtschaftskammer, erinnert sich an die 1980er-Jahre: „Ich weiß es wie heute: Delogierung eines Mieters in der Lerchenfelder Straße Nr. Soundso, 3. Stock. Zwei Tage später ist meine Ente, der Citroën 2CV, ohne Reifen auf Ziegelsteinen gestanden." Ein noch relativ harmloser, wenn auch kostspieliger Streich, der dem Verwalter damals gespielt wurde.

2017 kam ein Hausverwalter ums Leben, als ein Mieter bei seiner Delogierung die Wohnung in die Luft jagte. 2020 wurde in Hessen Medienberichten zufolge ein Hausverwalter bei einer Zwangsräumung angeschossen und schwer verletzt. Seitdem stehe Josef Horvath bei Räumungsklagen nie vor der Wohnungstür, sondern halte sich seitlich hinter der Polizei, sagt er: „Ich halte mich da immer zurück. Es hat sich in der Branche viel geändert, das wäre vor zwanzig Jahren nicht vorstellbar gewesen."

Mieterinnen und Mieter mit psychischen Problemen stellen Hausverwaltungen oft vor große Probleme, das ist auch die Erfahrung von Monika Martorana, Besitzerin der Hausverwaltung Comfort-Real. Eine kleine Kabinett-Wohnung in einem von ihr verwalteten und sehr schön sanierten Haus in Liesing war nicht nur optisch, sondern vor allem olfaktorisch eine Herausforderung. Aus ihr drang fürchterlicher Uringeruch nach draußen. Von Woche zu Woche, von Monat zu Monat wurde der Geruch schlimmer. „Irgendwann musste ich das Gesundheitsamt einschalten, so ging das nicht weiter", erzählt Martorana, „und als alle Fristen verstrichen waren, konnten wir endlich in die Wohnung. Es war unvorstellbar: Die ganze Wohnung war voll von Flaschen mit Urin und verknoteten Plastiksackerln desselben Inhalts!" Der Eigentümer des Hauses war aus Kostengründen dagegen, den Magistrat das Objekt räumen zu lassen. Zum Glück hatte er selbst einen Gewerbebetrieb samt nicht zart besaitetem Personal. „Das machen meine Leut selber!", beteuerte er gschaftig. Jemand hatte ihm geraten, die Arbeiter sollten Parfum auf einen Mund-Nasen-Schutz sprühen, so würde man den Geruch in dem Kabinett aushalten. Gesagt, getan, seine Mitarbeiter marschierten vor dem Kabinett auf, Parfum auf die Masken, Masken auf die Köpfe, und begannen, die Urinbehälter abzutransportieren. Als sie das zweite Mal aus der Wohnung kamen, gaben sie auf: „Chef, das geht nicht, das packen wir nicht, unmöglich!" Das sah der Hausbesitzer dann schweren Herzens ein und übernahm die Kosten für die fachkundige Entsorgung der Ausscheidungen. „Und das waren nicht die letzten Kosten, die entstanden sind", so Martorana, „denn dem Mieter dürfte manchmal etwas ausgeronnen sein, was dann in den Boden sickerte. Es musste alles herausgerissen werden, wirklich alles. Aber irgendwann war auch das letzte Kabinett renoviert und das gesamte Haus ein Genuss für alle Sinne."

Hausverwaltungen müssen oft hinter Menschen oder Ereignissen aufräumen, etwa nach Bluttaten. 1995 wurden im Wienerwald mysteriöse Plastikpäckchen gefunden. In das schwarze Plastik hatte ein Mörder die Teile einer männlichen Leiche eingewickelt. Aufgrund der Narbe auf einer der beiden Hände konnten Kollegen des Opfers dieses als Chefkoch eines China-Restaurants in Mariahilf identifizieren. Das Mordopfer war Mieter von Peter Nemeth, Gründer der Hausverwaltung Nemeth. Es war in seiner eigenen Wohnung zerstückelt worden. Den Nachbarn war aufgefallen, dass Blut aus der Wohnung ins Stiegenhaus sickerte, erzählt Nemeth: „Man ruft die Polizei, dann kommt jemand, der pickt die Tür zu, wie man es im Krimi sieht. Die Polizei muss dann erheben, dann kommt noch die Verlassenschaft, tausend Dinge, bis man sich an die Reparatur machen kann. Der Hauseigentümer muss dann viel neu machen, denn je länger das Blut da liegt, desto eher kommt Getier in die Wohnung, und oft muss man bis zum Blindboden alles rausreißen." Länger als die Renovierung eines Tatorts kann unter Umständen die

Suche nach einem Mörder dauern. Der Arbeitgeber des Kochs, ursprünglich Tatverdächtiger, wurde freigesprochen. Vom Mörder fehlt bis heute jede Spur.

Ebenfalls ein Cold Case, also ein seit Jahrzehnten ungelöster Kriminalfall, ist der Mord an einem Bauunternehmer, dem der bekannte Scotch Club am Ring gehörte. Der unbekannte Täter lauerte dem Mann im Jahr 2016 vor dessen Wohnhaus in der Leopoldstadt auf und feuerte etliche tödliche Schüsse ab. Clemens Limberg, Rechtsanwalt und Eigentümer der Hausverwaltung Limberg, erzählt: „Die Polizei ermittelte damals in alle Richtungen – auch in unsere. Denn einer meiner Mitarbeiter gehörte zu den Letzten, mit denen der Unternehmer telefoniert hatte – wegen irgendeiner technischen Sache im Scotch Club. Mein Mitarbeiter wurde vorgeladen, ich habe ihn begleitet und war wirklich beeindruckt, wie professionell in der Mordkommission ermittelt wird. Filmreif. Man wird sehr zuvorkommend behandelt, es herrscht wirkliche Wohlfühlatmosphäre, bis dann zwischen zwei Wohlfühlphasen ganz konkrete Detailfragen wie Pfeile abgeschossen werden. Wo genau waren Sie zu diesem Zeitpunkt? Was konkret haben Sie da gemacht?“ Rechtsanwalt Limberg, der berufsbedingt mehr im Mietrecht zu Hause ist als im Strafrecht, lacht über seine „Krimi“-Erfahrung.

Ein mit uns bekannter Hausverwalter erzählt uns von einer Mieterin in Favoriten, die in den 1970er-Jahren betagt eines natürlichen Todes starb. Dass kein Fremdverschulden vorlag, erkannten die Beamten daran, dass die Wohnungstüre von innen zugesperrt worden war. Der vom Hausverwalter pflichtbewusst informierte Hausbesitzer hatte sein umgehendes Erscheinen angekündigt und hatte den Hausverwalter forsch und unmissverständlich wissen lassen, dass „die Leich dann aber weg sein muss.“ „Ich bitt Sie recht herzlich, helfen Sie mir aus der

Bredouille“, bat der Hausverwalter die Polizisten händeringend, „bitte, tragen Sie die Frau M. in den Keller, der Hausherr macht mir sonst das Leben zur Hölle.“ Ob der Hausverwalter seiner Bitte mit einem entsprechenden „Schmattes“ Nachdruck verlieh, ist nicht überliefert. Die Verstorbene war auf einem Teppich gefunden worden und die Polizisten schlugen den Teppich über ihr zusammen, ergriffen die beiden Enden und schleppten Frau M. aus dem Erdgeschoß in den Keller.

Ein paar Tage vergingen, bis der Hausverwalter einen Anruf des Bäckermeisters erhielt, der in dem Zinshaus seine Bäckerei betrieb. „Also alles, was recht ist, Herr Verwalter, schön langsam könnten S' Ihre Leich abholen. Die kugelt seit Tagen im Keller vor meinem Lager herum und jedes Mal, wenn ich mein Mehl hol, muss ich drübersteigen“, beschwerte sich der Bäcker.

Nicht alles erledigt sich von selbst und es gibt nichts, was es nicht gibt im Alltag einer Hausverwaltung.

Prominente und Narren, natürliche und weniger natürliche Todesfälle, all das erleben die Hausverwalter und Hausverwalterinnen. Manchmal erleiden sie sogar einen Kollateralschaden, wenn nämlich illegale oder kriminelle Machenschaften in den von ihnen verwalteten Liegenschaften stattfinden. Mitte der 1990er-Jahre feierte ein mit uns bekannter Hausverwalter im Kreis seiner Familie den 75. Geburtstag eines Onkels. Plötzlich läutete jemand ungeduldig an der Tür, heftiges Klopfen folgte. Vor der Tür standen zwei Polizeibeamte, die den Verwalter zu einem illegalen Casino befragen wollten, das mit seinem Wissen und Einverständnis in einem der von ihm verwalteten Häuser betrieben worden sein soll. Dem Hausverwalter sank das Herz in die Hose. Nicht nur, dass er keine Ahnung hatte, wovon die Polizeibeamten sprachen, sämtliche Tanten und Onkel im Wohnzimmer spitzten bereits die Ohren. „Ich kann Sie da zur Klärung der Angelegenheit nicht hineinbitten, aber ich komme gerne mit und stehe Ihnen Rede und Antwort“, zeigte sich der

Hausverwalter kooperativ, während seine Mutter in Tränen ausbrach, weil sie dachte, er werde verhaftet.

Bald wusste der Verwalter, wie er in diese missliche Lage geraten war. Einer seiner Mieter nutzte eine riesige „Hausherrenwohnung" in einem Haus in Rudolfsheim-Fünfhaus für illegales Glücksspiel. Das „Casino Don Carlos" wurde über eine kleine Nachbarwohnung betreten, an deren Tür man ein Codewort nennen musste, um eingelassen zu werden. Dann konnte man von der kleinen Wohnung aus über einen Durchbruch das von riesigen Kristalllüstern beleuchtete Casino betreten. Dicke Teppiche, leise Hintergrundmusik, das Murmeln der Gäste und das Geräusch der rollenden Roulette-Kugeln ergaben eine gediegene Atmosphäre. Abgesehen davon, dass das Casino ohne Lizenz betrieben wurde und den Finanzminister außen vor ließ, spielte man hier außer Black Jack auch Stoß. Dieses im Rotlichtmilieu beliebte Spiel war streng verboten.

Als die Polizei nach dem „Zund", also dem Tipp eines Informanten, das Casino stürmte, fand sie acht Millionen Schilling in bar und vermutlich 500 Jahre Stein vor. Der Verwalter konnte glaubhaft machen, dass er keine Ahnung von dem Treiben gehabt hatte. Es wurde nie Anklage gegen ihn erhoben, doch der Schock sitzt bis heute tief.

Wohnungen junger Studentinnen sowie Geschäftslokale, die sich nie verdächtig gemacht hatten, wurden ebenso schon gestürmt. „Ordnungsnummer falsch", stehe dann im Polizeibericht, wenn die WEGA als Sondereinheit der Polizei im Einsatz die falsche Wohnung aufgebrochen hat, erfahren wir von Verwalter Josef Horvath. Die Feuerwehr kümmere sich darum, dass man die Tür behelfsmäßig schließen könne, und er lege der Finanzprokuratur die Angebote für eine neue Tür vor, so Horvath. Bis alles bestätigt und erledigt ist, zieht viel Zeit ins Land, besonders wenn eine historische Kastentür mit einem Rammbock Bekanntschaft gemacht hatte. In solch einem Fall muss erst einmal ein Tischler gefunden werden, der eine solch anspruchsvolle Arbeit beherrscht.

Wenn Menschen zu Schaden kommen, trifft das die Hausverwalterinnen und Hausverwalter besonders. Als im Sommer 2019 ein junger Mann in einem Gemeindebau in der Wiener Pressgasse seinem Leben durch Gas ein Ende setzen wollte, führte ein Funken zu einer gewaltigen Explosion. Neben dem Suizidopfer kam eine junge Mieterin ums Leben – und Menschen, auch in den Nachbarhäusern, wurden zum Teil schwer verletzt. Lukas Eybel, Geschäftsführer der BE Real, die familienintern aus der Verwaltung Bontus hervorgegangen ist, verwaltet das Haus gegenüber dem Gemeindebau. Er erinnert sich: „Am Vormittag erhielt ich einen Anruf: drei Schwerverletzte in unserem Haus und Totalschaden. Unsere drei Mieter waren gemeinsam in einem Raum gesessen, als es zu der Explosion kam und die Fenster infolge der Detonation mitsamt der Holzverkleidungen in das Zimmer schossen. Dabei wurden unsere Mieter schwer verletzt. Wir sind dort sofort hingefahren und haben versucht, die Krise irgendwie zu managen. Wir haben uns bemüht, in den eigenen Objekten Ersatzquartiere zu finden, die Einsatzgruppe für Sofortmaßnahmen der Stadt Wien hat in kurzer Zeit Ersatzquartiere zur Verfügung gestellt, das war eine tolle Leistung. Bei der Erinnerung meldet sich gleich mein Magen." Lukas Eybel ist anzusehen, wie ihm die Erinnerung an diesen Tag zusetzt: „Angenehm ist es nicht, wenn du deinem Eigentümer am Telefon mitteilen musst, das sein Haus ein Totalschaden ist. Der war so fassungslos wie wir. Aber das wirklich Erschreckende war für mich, zu erkennen, wie sich ein Leben innerhalb von Minuten verändern kann. Das ist mir damals bewusst geworden, ein einschneidendes Erlebnis."

Beim Häuserverwalten geht es am Ende immer um Menschen. Es geht um Menschen, die Häuser besitzen, und solche, die sie treuhändisch verwalten. Es geht um Menschen, die in diesen Häusern wohnen, und um Menschen, die an diesen Häusern arbeiten. Was all diese Menschen verbindet, ist das Wiener Zinshaus – seit Jahrhunderten, das zeigt unsere Zeitreise, die im alten Wien beginnt.

I.
Vom Glacis zur Ringstraße – die Hausadministration im alten Wien

Wien war von einer Stadtmauer umgeben, als hier die ersten Haus-Inspectoren ihrer Arbeit nachgingen. Sie verwalteten das Eigentum des Adels oder reicher Bürger und Bürgerinnen auf Basis des Allgemeinen Bürgerlichen Gesetzbuchs (ABGB). Als die Stadtmauer fiel und die Prachtbauten am Ring entstanden, begann die Professionalisierung der Branche.

„Jedes Zinshaus ist wie ein Kunstwerk, ein Original, einzigartig und wertvoll", erklärt Wolf-Dietrich Schneeweiss, Kunstfreund und Besitzer der Immobilienkanzlei Schneeweiss, in seinem Büro am Wiener Rathausplatz. Wenn der Immobilienmanager aus einem der Fenster seines Büros sieht, fällt sein Blick über den Rathausplatz und die Ringstraße hinweg auf die Innere Stadt, zum Café Landtmann, hinter dem sich die Mölker Bastei erhebt. Hier hat man die seltene Möglichkeit, die städtebauliche Entwicklung Wiens mit einem einzigen Blick zu erfassen.

Wo heute Wolf-Dietrich Schneeweiss und sein Verwaltungsteam ihrer diskreten Arbeit nachgehen und vor dem Haus winters wie sommers Vergnügungen aller Art für die Wiener Bevölkerung und die Gäste der Stadt geboten werden, befand sich im alten Wien das Glacis: eine breite, unbebaute Fläche zwischen der Wiener Stadtmauer und den Vorstädten. Das Militär hielt dort seine Paraden ab, Handwerker gingen dort gelegentlich ihrer Arbeit nach – wenn ihre Tätigkeit aufgrund von Dämpfen oder Gerüchen im Freien angenehmer war – und die Wiener Bevölkerung nutzte das Glacis zunehmend als Naherholungsgebiet.

Die Wohnungen entlang des Glacis – sowohl auf der Stadtseite, auf den Basteien, als auch entlang der gegenüberliegenden Vorstädte – waren sehr beliebt. Von dort hatte man eine grandiose Aussicht und man konnte davon ausgehen, dass beim Lüften der Wohnung tatsächlich ein frisches Lüftchen in die Räume drang und nicht nur der Geruch von Pferdeäpfeln.

Ein Freund der Wohnungen am Glacis war Ludwig van Beethoven. Er lebte einige Jahre – mit Unterbrechung – in dem imposanten Zinshaus seines Freundes, des Geschäftsmanns Johann Baptist von Pasqualati, auf der Mölker Bastei. Beethoven genoss den Blick über das Glacis so sehr, dass es ihn wurmte, dass eine Außenmauer den Blick in Richtung Osten zum Prater hin versperrte. Er soll einen Maurer beauftragt haben, eine Öffnung in die Mauer zu schlagen. Pasqualati vereitelte den zerstörerischen Plan seines Mieters, woraufhin Beethoven beleidigt auszog. Pasqualati soll dem Hausmeister aber verboten haben, das Logis an andere zu vermieten, denn Beethoven würde schon wiederkommen. Er behielt damit Recht. Das Pasqualati-Haus beherbergt heute eine Beethoven-Ausstellung des Wien Museums.

Am Beispiel dieser Anekdote zeigt sich, dass Häuser, in denen der Besitzer oder die Besitzerin selbst lebte, in der Regel ohne Hausverwalter auskamen, hier reichte üblicherweise ein Hausmeister. Das sollte viele Jahre so bleiben.

Der Besitz eines Hauses war neben dem Status eines Bürgers von Wien – im Gegensatz zu dem eines Einwohners – seit dem

Mittelalter Grundvoraussetzung, um in Wien ein Amt innezuhaben oder am politischen Geschehen teilzunehmen. Das erklärt, warum historische Grabsteine in Wien oft von Text überquellend die Auskünfte geben, dass die Verstorbenen Bürger von Wien, Stadtbaumeister, Fabrikanten und deren Witwen oder eben auch Hausbesitzer und Hausbesitzerinnen waren.

Im 18. und 19. Jahrhundert forderten viele Wohnungsannoncen dazu auf, sich bei Interesse an einer zum nächsten Zinstermin verfügbaren Wohnung an den „dasigen Inspector" zu wenden, oder es gab laut Inserat „der Inspector im besagten Hause nähere Aufschlüsse". Oft konnte man sich zusätzlich an den Hausmeister wenden, was uns zeigt, dass der Inspector in erster Linie verwaltete und nicht schraubte oder bohnerte. Der Inspector lebte den Anzeigen zufolge manchmal vor Ort, verfügte aber auch, wie der Hausadministrator, oft über eine eigene „Kanzley" mit regelmäßigen Kanzleizeiten. Wir können diese Kanzleien mit gutem Gewissen als die Vorgängerinstitutionen der heutigen Hausverwaltungen bezeichnen.

Vermietet wurde damals zu den Zinsterminen, zu denen auch der Zins fällig war – sechs Monate im Voraus bei einer üblicherweise befristeten Mietdauer von einem Jahr. Die Miete wurde als Verzinsung des Investments, also des Gebäudes, gesehen. Das brachte der Miete den Namen Zins und den dazugehörigen Gebäuden den Namens Zinshaus ein.

Die Zinstermine entsprangen dem christlichen Kalender. So fiel der überaus beliebte Zinstermin Georgi auf den 24. April, den Tag des heiligen Georg, an dem in vielen katholischen Ländern das Frühlingsfest gefeiert wird. Zu Michaeli, am 29. September, war nicht nur oft der Zins für das nächste Halbjahr fällig, für die Bauern begann an diesem Festtag offiziell die Winterarbeit. Martini, am 11. November, war im Jahresverlauf ein ebenso beliebter Termin wie Maria Lichtmess im Februar.

Die wichtigen Zinstermine fielen mehr oder weniger mit jenen Terminen zusammen, an denen die Gebäudesteuern zu entrichten waren, die die Stadt Wien auf Immobilieneigentum auf Basis des Verkehrswertes der Gebäude einhob. Nur die „Freyhäuser“ Adeliger mit ihren steuerlichen Privilegien waren lange Zeit von dieser Steuer befreit. Das Graf Starhemberg'sche Freihaus an der Wieden war das größte Zinshaus seiner Zeit. Das schaffte man nur mit einem tüchtigen Administrator und entsprechendem Personal: Rund eintausend Menschen lebten hier, zahlreiche Geschäfte und Werkstätten wurden betrieben. Die Bevölkerung behauptete damals, so Zeitungsberichte, dass das Freihaus jede Viertelstunde einen Dukaten Reinertrag abwerfe.

Im Freihaustheater gelangte im September 1791 Mozarts „Zauberflöte“ zur Uraufführung. Kurz darauf starb Mozart in der Rauhensteingasse 8, in der letzten Wiener Wohnung der Familie, die in den zehn Jahren, die sie in Wien lebte, dreizehn Mal übersiedelt war.

Zu Michaeli 1784, also per 29. September, hatten Constanze und Wolfgang Amadeus Mozart wieder einmal eine repräsentative Wohnung in der Stadt gesucht. Sie wurden in der heutigen Domgasse fündig, die von der Singerstraße zum Stephansdom führt. Zweieinhalb Jahre, bis Georgi 1787, lebte Familie Mozart im Haus des Stuckateurs Camesina, ihre längste Mietdauer. Das heute „Mozarthaus“ genannte Gebäude wird von Musikbegeisterten aus aller Welt besucht.

Von der Domgasse zog die Familie Mozart in die Vorstadt Landstraße, was Hinweis auf einen finanziellen Engpass gibt. Zu Michaeli 1787 ging es wieder zurück in die Stadt, an die Tuchlauben. Ein ewiges Hin und Her, doch Familie Mozart war wahrlich keine Ausnahme. Wir können davon ausgehen, dass die Inspectoren, Administratoren, Hausbesitzer und Hausbesitzerinnen zu Georgi und Michaeli die meiste Arbeit, den meisten Ärger, aber auch das meiste Geld hatten.

Der damals übliche Umzugsreigen erklärt, warum Wien nicht nur eine Stadt der Musik und Kultur ist, sondern vor allem auch eine Stadt der Gedenktafeln. Tagelang könnte man auf den Spuren der Adressen Mozarts, Grillparzers oder Beethovens verbringen, denn egal wie kurz jemand hier schöpferisch tätig war – und auch wenn nicht –, es war in jedem Fall eine Gedenktafel wert, dass er kurze Zeit an einer bestimmten Adresse gewohnt hatte.

Je nach Quellenlage soll Beethoven in seinen 35 Wiener Jahren bis zu 70 Mal übersiedelt sein, inklusive der Sommerfrischen in Mödling oder Baden; ein Topwert an Übersiedlungen, der wohl auch darauf zurückzuführen ist, dass der taube Komponist, der gerne im Takt auf Möbel einschlug und nachts musizierte, bestimmt kein idealer Nachbar war.

Von seiner Wohnung auf der Mölker Bastei hatte Beethoven über das Glacis hinweg freien Blick in die „Alservorstadt", in ca. 700 Meter Luftlinie Entfernung stand dort sein künftiges Todeshaus, das Schwarzspanierhaus. Dort lebte er Jahre später im 2. Stock, wieder mit Blick über das Glacis, diesmal in die andere Richtung, zur Innenstadt hin. Als Beethoven 1827 starb, begleiteten 15 000 Menschen, sein Bruder, Bekannte und Schaulustige, Musiker und Fiaker seinen Sarg über das Glacis hinweg zur Minoritenkirche.

Einer der wenigen Hausadministratoren, die zu seiner Zeit in der Presse namentliche Erwähnung fanden, war Anton Angerer, der Administrator des Schwarzspanierhauses, weil er ein halbes Jahrhundert nach Beethovens Tod eine Erinnerungstafel zu Ehren des Komponisten anregte. 1885 schaffte er es ein zweites Mal in die Wiener Zeitung: Ein Briefträger wollte von ihm wissen, in welchem Stockwerk denn der Herr van Beethoven lebe, er habe einen Brief aus Graz zuzustellen. Da zog der Administrator den armen Briefträger vermutlich am Rockzipfel vor das Haus, zeigte ihm die schöne Gedenktafel, nahm den Brief und schrieb auf die Rückseite unter die Adresse des Grazer Spaßvogels, vermutlich in gestochener Schönschrift:

„Unbestellbar. Da Beethoven bekanntlich am 26. März 1827 allhier im Schwarzspanierhause gestorben ist. A. Angerer, Hausadministrator."

Das Schwarzspanierhaus gehörte damals inzwischen dem Stift Heiligenkreuz. Kirchliche Organisationen waren klassische Arbeitgeber der Administratoren oder ausnehmend wohlhabende Hausbesitzer, wie der griechische Bankier Simon Georg Sina, der zweitreichste Mann seiner Zeit in Österreich.

Im Sina'schen Hause am Fleischmarkt befand sich das Büro des Hausadministrators Dr. Bach jun., der 1829 am „Weißgärber Glacis" Wohnungen mit Wandverzierungen und Fensterläden anbot, „die alle die Aussicht zur Stadt hin haben". Die beliebten Wohnungen am Glacis beschrieben die Administratoren mit wenigen Worten, während sie die Wohnungen in den Vorstädten zum Teil ellenlang mit allen Details der „parketirten" Zimmer und wunderbaren Weinkeller, Gärten, Schupfen und Stallungen für bis zu ein Dutzend Pferde schilderten.

Die Häuser, in denen sich die im 18. und 19. Jahrhundert inserierten Wohnungen befanden, waren zum Teil schon damals historische Gebäude. Das Zinshaus mit seiner einfachen Bauphysik und den einfachen Baustoffen, die sich jederzeit trennen ließen, habe, sofern nicht ein Elementarereignis eintrete, ein Leben für die gefühlte Ewigkeit, erklärt Immobilienmanager und Zinshausexperte Wolf-Dietrich Schneeweiss. Der Lebenszyklus eines Zinshauses verlaufe über 500 Jahre und länger, und dabei lasse sich das Zinshaus wiederholt renovieren. Das sei am Immobilienbestand der Inneren Stadt zu erkennen. Keller, die 700 Jahre zurückgingen, seien keine Seltenheit, so Schneeweiss.

Männer, die sich im 18. und 19. Jahrhundert um die Verwaltung dieser Zinshäuser bewarben, verwiesen in ihren Stellengesuchen auf Fähigkeiten und Kenntnisse, die im Wesentlichen den bis heute gültigen Säulen der Hausadministration entsprechen: eigentliche Verwaltung, Technik und Recht. Die Männer beschrieben sich als „im besten Alter", „von unbescholtenem

Rufe", „des Lesens, Schreibens und Rechnens fähig", einer „spricht Deutsch, Ungarisch und Croatisch", der andere war nach eigenen Angaben in der „Verfassung von Bauplänen oder Kostenüberschlägen" fit und viele verfügten über das wohl Wichtigste in diesem Beruf, nämlich ausreichend Gulden und später Kronen für die „Caution", die es in die Anstellung mitzubringen galt, auf dass sie den Hausbesitzer oder die Hausbesitzerin vor Schaden bewahrte. Eine Art Vorläufer der späteren Haftpflichtversicherung.

Ab 1812 regelte das Allgemeine Bürgerliche Gesetzbuch „die Privat-Rechte und Pflichten der Bürger", wobei der Gesetzgeber laut Rechtshistoriker Gerald Kohl von der Universität Wien von „Anbieter und Nachfrager auf Augenhöhe" ausging. Dieses erste Werk des Zivilrechts funktionierte gut, solange einer lebendigen Nachfrage ausreichend Angebot gegenüberstand. Später, als im Zuge der Industrialisierung und des damit verbundenen Zuzugs von Arbeitsuchenden nach Wien das Angebot an Wohnraum immer geringer wurde, kippte das System. Die beginnende Industrialisierung rief nach mehr Wohnraum, für den die Gründerzeit sorgte. Diese begann mit dem Revolutionsjahr 1848, in dem der erst 18-jährige Franz Joseph I. den Thron bestieg.

Damals gab es bereits ein fünf Jahre altes, hilfreiches Handbuch für die Kanzleien: Carl Schwab, „Calculant der k. k. Hauszins-Einhebungs-Commission", nutzte die Aufbruchsstimmung zur Veröffentlichung seines Werkes „Der erfahrene Haus-Administrator, oder gründliche Anleitung, alle auf die Hausverwaltung bezüglichen Angelegenheiten ohne fremde Beyhülfe selbst zu besorgen, und sich durch Beobachtung der bestehenden Vorschriften, sowohl gegen die Behörden als auch die Parteyen, vor Schaden zu verwahren. Für Hauseigenthümer, Administratoren und Inspectoren faßlich dargestellt, und mit den nöthigen Formularen für alle dießfalls erforderlichen Eingaben versehen." Dieses zwischen zwei Buchdeckel gepresste Zeichen einer ersten Professionalisierungswelle der Wiener Immobilienwirtschaft war laut Anzeige in der Wiener Zeitung um einen Gulden in elegantem, gefärbtem Umschlage zu haben oder als Broschüre um wenige Heller. Hier entsprach der Herausgeber dem schon damals bestehenden Gefälle von Einkommen und Zins in der Stadt und jenseits ihrer Mauer in den Vorstädten.

„Lieber Freiherr von Bach!“ schrieb Kaiser Franz Joseph handschriftlich am 20. Dezember 1857 an seinen Innenminister: „Es ist Mein Wille, daß die Erweiterung der inneren Stadt Wien mit Rücksicht auf eine Verbindung derselben mit den Vorstädten ehemöglichst in Angriff genommen und hiebei auch auf eine Regulirung und Verschönerung meiner Residenz- und Reichshauptstadt Bedacht genommen werde. Zu diesem Ende bewillige Ich die Auflassung der Umwallung und Fortifikationen der Stadt, so wie der Gräben um dieselbe. Jener Theil der durch Auflassung der Umwallung der Fortifikationen und Stadtgräben gewonnenen Area und Glacis-Gründe, welcher nach Maßgabe des zu entwerfenden Grundplanes nicht einer anderweitigen Bestimmung vorbehalten wird, ist als Baugrund zu verwenden und der daraus gewonnene Erlös hat zur Bildung eines Baufonds zu dienen, aus welchem die durch diese Maßregel dem Staatsschatze erwachsenden Auslagen, insbesondere auch die Kosten der Herstellung öffentlicher Gebäude, so wie die Verlegung der noch nöthigen Militär-Anstalten bestritten werden sollen.“

Ein Wettbewerb sollte entscheiden, wie die neuen Stadtteile anstelle der alten Stadtmauer, der Basteien und des Glacis gestaltet werden sollten. Tatsache war, über kurz oder lang waren die einst so beliebten Wohnungen am Glacis zweite Wahl, denn der Fernblick war passé.

Wer auch immer dank eigenen Finanzmitteln und Bonität ein Stück vom Kuchen, sprich Baugrund, ergattern konnte, baute sich ein Zinshaus oder Palais entlang der neuen Ringstraße, auf den Glacis-Gründen oder in den inzwischen eingemeindeten Vorstädten.

Die Bilder der riesigen Baustellen rund um die Wiener Innenstadt kennen alle Wiener und Wienerinnen genauso wie die prunkvollen Gebäude, die dort entstanden. Ein bis dahin noch nie dagewesener Bauboom samt großer Spekulationsfreude hatte eingesetzt. Die Blase implodierte just wenige Tage nach Eröffnung der Weltausstellung 1873; den eigentlich erwarteten Aufschwung ersetzte vorerst ein Abschwung, der erst in den 1890er-Jahren überstanden war. Danach begann laut dem Zinshausexperten Wolf-Dietrich Schneeweiss die beste Bauzeit, genau genommen von 1895 bis 1912. Alles, was nach 1914 gebaut wurde, bedeute für seine Kanzlei Neubau und sei deshalb von nachgestelltem Interesse.

Die Zinshäuser jener Zeit sind von unglaublichem Luxus geprägt, sowohl was deren Raumangebot als auch die verwendeten Materialien angeht, verrät uns Schneeweiss. Seine Liebe zum Zinshaus und damit zum Beruf rühre aus seiner Kindheit, auch wenn er anfänglich kindlich skeptisch war, erinnert er sich: „Ich war wohl zehn Jahre alt und begleitete meinen Vater, der ein Zinshaus in der Pfeilgasse in der Josefstadt besichtigte. Die Immobilie erschien mir damals völlig desolat, aus heutiger Sicht weiß ich, sie war ein Juwel. Ich sagte in meiner kindlichen Großspurigkeit zu meinem Vater: ‚Was machen wir da, das ist ja total hin, das ist zum Vergessen.' Und dann begann mein Vater, mich in die Geheimnisse des Zinshauses einzuweihen, zeigte mir dessen verborgene Schönheit, die dann später durch eine sehr aufwendige Sanierung wieder ans Tageslicht trat." Er erläutert, woran man ein wertvolles Zinshaus erkennt. Im Prinzip reiche es, daran vorbeizufahren, der Besuch des Stiegenhauses ermögliche jedoch eine Schnellanalyse zur Einstufung: Das Haustor, die Stufen und die Fenster im Stiegenhaus sowie die Profile der Fenster würden die Qualität eines Hauses verraten, egal, in welchem Zustand es sich gerade befinde. Wurde das Haustor aus Fichtenholz gefertigt und lackiert, handle es sich mit ziemlicher Sicherheit um ein Zinshaus in der Vorstadt, so Schneeweiss. Wurde das Tor jedoch aus Eichenholz gefertigt oder verfüge das Haus gar über ein schmiedeeisernes Tor, sollte man einen zweiten Blick riskieren. Schmiedeeiserne Tore seien erst im Jugendstil ab 1885 entstanden, verrät der Immobilienmanager.

Ein weiteres Qualitätsmerkmal eines Wiener Zinshauses seien die Stufen der Treppen: Sind sie hoch und aus Sandstein oder in einem Stück aus Granit geschlagen? Die Granitstufe verrät höchste Qualität.

Als nächstes gilt Schneeweiss' Aufmerksamkeit bei der Analyse eines Zinshauses den Fensterbrettern im Stiegenhaus. Auch hier bekäme Granit Daumen hoch, Holz ein „Leider nein".

Und dann wären da noch die Profile der Mittelkämpfer der Fenster im Stiegenhaus. Das Kämpferholz bezeichnet den Holzbalken zwischen dem eigentlichen Fenster und der Oberlichte, Verzierungen machten es besonders wertvoll, zusätzlich geätzte Scheiben bedeuteten höchste Qualität der Fenster und damit des Zinshauses, so der Zinshausexperte. Höchste Qualität erkenne man auch an einem historischen Aufzug im Zinshaus, während Gangtoiletten bedeuteten, dass man den Standard des Hauses nie wirklich werde verbessern können. In solch einem Fall würde Wolf-Dietrich Schneeweiss, der sich als Private Banker der Immobilienwirtschaft sieht und im Hintergrund agiert, seinem Treugeber oder seiner Treugeberin wohl von einem Kauf abraten. „Wenn man ein Auge hat und Erfahrung, sieht man die Substanz eines Hauses hinter dem ersten Einblick, erkennt man die Behutsamkeit, die das Haus benötigt. Das habe ich damals bei der Hausbesichtigung mit meinem Vater das erste Mal realisiert." Er sei ein „Fan von ganz Wien", so Schneeweiss, nicht jedes Haus, das vor 1914 gebaut worden ist, sei automatisch erhaltungswürdig, und umgekehrt würden inzwischen auch die Zinshäuser in den Vorstädten aufwendig saniert.

Jahrhunderte hat das Wiener Zinshaus überlebt, inzwischen geht seine Zahl zurück. Betrachtet man das Zinshaus wie Wolf-Dietrich Schneeweiss, nämlich der Definition gemäß als eine Immobilie, die Zins, also Rendite, abwirft, sind aufgrund der Parifizierung als Grundlage von Wohnungseigentum viele Wiener Häuser nicht mehr als Zinshäuser anzusehen. „Wir halten aktuell bei rund 13 600 Zinshäusern. Als ich Eugen Otto 2009 bei der Erstellung seines Ersten Wiener Zinshaus-Marktberichtes unterstützen durfte, gab es in der Stadt noch rund 15 500 Zinshäuser", erklärt er. Der Rückgang des klassischen Zinshauses im Besitz einer einzelnen Person und deren Bemühen um Erhalt und Optimierung der Anlage sei städtebaulich äußerst bedauerlich, so Schneeweiss, denn: „Die klassischen Zinshäuser sind ein unglaublicher Schatz – für die Menschen, die darin wohnen, und für jene, die daran vorbeigehen, deren Blick sich nach oben hebt und die sich an der Schönheit unserer Stadt erfreuen."

Familie, Zufall, Leidenschaft – Karrierewege in die Hausverwaltung

Aus dem Alltag erzählt …

In den Teenagerjahren von Otto Friedrich Ende der 1950er gab es in seiner Gasse in der Josefstadt nur zwei Autos: Eines gehörte einem Baumeister im Haus gegenüber, das andere einem Hausverwalter nebenan. „Wenn sich der ein Auto leisten kann, muss das ein Geschäft sein", dachte sich der Jugendliche, der durch das Haus der Familie, das seine Mutter verwaltete, schon Einblick in die Tätigkeit des Hausverwaltens gewonnen hatte. Bei einem Stadionbesuch mit seinem Schulfreund Peter Dirnbacher und dessen Vater wurde Otto Friedrichs berufliches Schicksal besiegelt: „Dann hat der Herr Ingenieur gefragt: ‚Herr Friedrich, wollen Sie nicht bei mir anfangen?' Und dann habe ich dort begonnen, am 1.9.1961, aber ich habe nur gemakelt. Da haben wir Chiffre-Inserate aufgegeben: ‚Dachdecker sucht Zinshaus'. Wir haben alles selbst gemacht, sind überall hingefahren, um Zinshäuser anzusehen, nach Essling, nach Brunn am Gebirge." Diese Fahrten machte Otto Friedrich gegen Kilometergeld in seinem ersten Auto, das ihm seine Mutter, eine Kriegswitwe, geschenkt hatte: ein gebrauchter, viertüriger Vauxhall Victor, grau, mit weißem Dach und roter Polsterung, „ein tolles Auto!". Otto Friedrichs Arbeitgeber, der ursprünglich zwanzig oder fünfundzwanzig Häuser in Verwaltung hatte, kam auf die Idee, nur noch mit Zinshäusern zu makeln, weil man auf diesem Weg auch zu Verwaltungen gekommen sei. „Das hat funktioniert. Als ich gegangen bin, hat er hundertfünfundzwanzig Häuser verwaltet. Und dann habe ich mich 1964 selbstständig gemacht, nur mit Zinshäusern", beschreibt Friedrich seinen Einstieg in die Branche.

„Bis in die späten 1960er-Jahre hat der Hausverwalter nicht bis zum Pensionsalter gearbeitet, sondern bis zum Umfallen", erzählt Ulrike Assem, die langjährige Geschäftsführerin der Innung, später der Fachgruppe der Immobilientreuhänder der Wirtschaftskammer Wien. „Solange sie bei der Hausbegehung noch auf den Dachboden gekommen sind, haben sie gearbeitet. Sie konnten sich nicht vorstellen, aufzuhören und auch die gewisse gesellschaftliche Stellung aufzugeben. Also, Pension war ihnen nicht erklärlich." Das habe wohl auch damit zu tun gehabt, dass erst Anfang der 1970er-Jahre die gesetzliche Pensionsversicherung für die Branche in Kraft trat. Seither sei die Branche jünger geworden.

Vor der Frage, wer ihre Nachfolge antreten sollte, stand damals Olga Kramas, die durchsetzungsfähige – und kinderlose – Geschäftsführerin der Hausverwaltung Kramas. Nachdem sie sich mit ihrem Mann besprochen hatte, beschloss sie: „I suach ma jetzt jemanden fürs Gschäft!" Karl Wiesflecker, heute Eigentümer der Hausverwaltung Kramas in vierter Generation, erzählt: „Mein Vater war damals mit abgeschlossenem Jus-Studium Magistratsbeamter im 2. Bezirk in Wien, wo er für die Schlichtungsstellenverfahren zuständig war. Den Erstkontakt zur Familie Kramas hatte mein Vater als Verhandlungsleiter in alten §7-Verfahren, bei denen noch mit der alten Rechenmaschine mit der Kurbel die Anträge für den behördlich erhöhten Mietzins berechnet wurden. Frau Kramas, auf der Suche nach dem geeigneten Nachfolger, ist damals im Zuge dieser Verfahren an den Mietervertreter mit der berühmten Frage herangetreten: ‚Herr Karlowitsch, wir kennen uns jetzt schon so lang. Wissen Sie uns nicht einen Nachfolger, der für unser Geschäft geeignet wäre?' Und der Herr Karlowitsch hat darauf geantwortet: ‚Wissen S' was, Sie müssen mit dem Dr. Wiesflecker reden, i glaub, der fühlt sich in der Rolle des Beamten net wohl, der ist in der Privatwirtschaft sicher besser aufgehoben als da im Amt.' Gesagt, getan, die Frau Kramas hat meinen Vater angesprochen, ob er Interesse hätte, in ihrer Hausverwaltung zu arbeiten. Mein Vater hat das Angebot der Gehaltssteigerung von 3 000 auf 3 250 Schilling zum Anlass genommen, in die Privatwirtschaft zu wechseln. Und das hat mir mein Vater des Öfteren mitgegeben: ‚250 Schilling waren mir das wert, dass ich in die Privatwirtschaft gewechselt bin.'"

Als Karl Wiesfleckers Vater angeboten wurde, einen Hälfteanteil an der Hausverwaltung Kramas zu übernehmen, fehlten ihm die Geldmittel: „Da meinte Herr Kramas, dafür habe man ja Banken. Aber die wollten meinen Vater ohne Bürgen nicht finanzieren. ‚Das gibt es ja nicht!', hat der Herr Kramas gesagt und ist mit meinem Vater zur Filiale der ‚Ersten Österreichischen Spar-Casse' in der Porzellangasse hinübergegangen: ‚Was höre ich, Sie geben dem Dr. Wiesflecker kein Geld für eine Firma?' – ‚Nein, Herr Kramas, das ist alles gar kein Thema', wand sich der Bankangestellte. Man sah und hörte ihm an, dass es ihm zutiefst unangenehm war, vor Herrn Kramas die Bonitätsvorgaben der Bank zu erklären. Und da hat dann Herr Kramas für das Geld, das er für die Firmenanteile bekommen hat, auch die Bürgschaft übernommen. So konnte mein Vater die Hälfte der Hausverwaltung Kramas kaufen und war ab sofort der Juniorchef neben der Frau Kramas."

Am 3. April 1974 wurde Marko Weinberger geboren, heute ist er geschäftsführender Teilhaber der Hausverwaltung Weinberger Biletti. Sein Vater feierte damals gebührend die Geburt seines zweiten Sohnes und überzog dabei wohl den Zapfenstreich, teilt Weinberger mit uns die Erzählung von den ersten Spuren, die er in der österreichischen Immobilienwirtschaft hinterlassen hat: „Am Tag nach meiner Geburt hatte mein Vater eine Delogierung im 7. Bezirk. Der Richter war schon da, die Entrümpelungsfirmen, der Schlosser, alle möglichen Leute, endlich kam auch mein übernächtiger Vater mit leichter Fahne. ‚Was glauben Sie denn, wer Sie sind, so spät zu kommen? Wir gehen jetzt, es ist zu spät!', begrüßte ihn der Richter. Da sagte mein Vater: ‚Es tut mir furchtbar leid, aber gestern ist mein Bub zur Welt gekommen, und es hat länger gedauert.' – ‚Was? An Buam haben S' gekriegt? Passt, wir ramen aus, wir ramen aus ...!' Und dann haben sie das ruckzuck erledigt."

In Marko Weinbergers Geburtsjahr begann Oswald Wachsmann, in der Branche tätig zu werden: „Mein Vater hat nicht eingesehen, wofür ich Taschengeld brauchen könnte. Als ich dann 21 war, 1974, hat er mir ein Beschäftigungsverhältnis bei einer ausländischen Eigentümerin mehrerer Liegenschaften in Wien vermittelt. Ich kümmerte mich als ihr Angestellter um die Besitztümer und konnte mir damit meinen Lebensunterhalt verdienen. Und da sammelte ich tolle Erfahrungen."

In den 1980er-Jahren absolvierte der junge Jurist Thomas N. Malloth gerade sein Gerichtsjahr, als er überraschend das Angebot erhielt, in eine Hausverwaltung einzutreten. Einer der Großen der Branche, Gerhard Stingl, den Malloth von gemeinsamer Sozialarbeit her kannte, wandte sich an ihn: „Gerhard Stingl sagte zu mir: ‚Möchtest du meine Kanzlei übernehmen?' – Ich fragte: ‚Welche Kanzlei?' Ich war damals gerade im Bezirksgericht Gmunden und dachte, ich werde Notar, Rechtsanwalt oder Ähnliches. – ‚Meine Hausverwaltung.' – ‚Keine Details, was ist eine Hausverwaltung?' – ‚Naja, probier es einfach.' Da 98,7 Prozent der Entscheidungen auf dieser Welt von Frauen getroffen werden, hab ich meine Frau gefragt: ‚Machma das?' Sie hat gesagt: ‚Was hast jetzt für ein Auto? Einen 2CV mit einem Loch unter der Kupplung. Wie viel Geld verdienst du jetzt? 6 300 Schilling im Monat. Was wirst du dann fahren? Einen Uno SX mit einer Kristallanzeige. Und wie wird dein Gehalt sein? 9 100 brutto. – Du gehst in die Privatwirtschaft.'

Nach einer kurzen Diskussion am Badeteich, ich erinnere

mich bis heute gut daran, bin ich in die Privatwirtschaft gegangen, 1987. Und dann bin ich dort gesessen und hab mich gefragt: ‚Was machen die denn da den ganzen Tag?‘ Die Kanzlei gehörte damals zu den wirklich großen Hausverwaltungen. Und ich habe Gerhard Stingl gefragt: ‚Wie soll ich das Unternehmen denn bezahlen?‘ Und er antwortete: ‚Du wirst das aus dem Cashflow zurückzahlen.‘ Ich: ‚Wie schreibt man Cashflow? Ich weiß überhaupt nicht, was du meinst.‘ Es ging um die Bezahlung der Geschäftsanteile und des Kundenstocks durch den laufenden Geldzufluss.“ Thomas N. Malloth sollte selbst einer der ganz Großen der Branche werden.

Karl Wiesflecker, dessen Vater die Hausverwaltung Kramas übernommen hatte, studierte inzwischen Jus und benötigte mehr Taschengeld für die Anschaffung eines eigenen Wagens: „Da hat mein Vater gesagt: ‚Das ist ja überhaupt kein Problem, dann fängst du in der Firma zu arbeiten an, dann geht sich alles aus.‘ Und so habe ich begonnen, in der Hausverwaltung zu arbeiten. Die Absicht, die hinter dem Angebot der dritten Generation lag, war natürlich, das Geschäft der vierten Generation schmackhaft zu machen. Ich habe ja alles und alle gekannt in der Firma, ich war ja von Kindesbeinen an in der Firma.“

1986 begann Oliver Brichard, als Ferialpraktikant in der väterlichen Verwaltung zu arbeiten: „Ich bin mit der Vespa herumgefahren und habe Wohnungen hergezeigt. 1989 habe ich am Empfang am Telefon als Mädchen für alles angefangen.“ Damals startete der erste Jahrgang des Universitätslehrgangs für Immobilienwirtschaft an der Technischen Universität Wien, Oliver Brichard war dabei: „Ich habe die Chance gleich genutzt, hab das Militär aufgeschoben, und die Entscheidung war goldrichtig. Denn dort habe ich alle Player der Branche kennengelernt: Eugen Otto, Thomas N. Malloth, Karl Wiesflecker und etliche andere. Das Netzwerk von der Universität ist das wichtigste berufliche Netzwerk." Zu den Alumni des TU-Lehrgangs gehörten auch Jurist Wolf-Dietrich Schneeweiss, Marko Weinberger, Daniela Wachsmann – eine Juristin wie ihr Vater Oswald Wachsmann – und viele andere.

Ab den 1980er-Jahren wurde das Akademikerprinzip im Immobilienmanagement diskutiert, so Thomas N. Malloth. Als Präsident des Österreichischen Verbands der Immobilienwirtschaft (ÖVI) wusste er, dass man die älteren Funktionäre nicht vor den Kopf stoßen sollte. Diese hatten nicht die beste Meinung von jungen Akademikern und Akademikerinnen und verballhornten deren Titel Magister gerne zu „Kanister". Als Lösung sah man einen Lehrgang universitären Charakters, der zwar das relevante Wissen auf Hochschulniveau vermittelte, damals jedoch keinen Titel brachte und so keinen Keil zwischen jüngere und ältere Branchenmitglieder trieb. „Es ist Dr. Karl Hauswirth und seiner Stringenz zu verdanken, dass wir heute eine universitäre Ausbildung auf höchstem Niveau an der TU haben. Ich durfte mit ihm im Resselpark bei einigen Spritzern am Lehrplan mitwirken und darf seit damals vortragen. Mir war immer wichtig, dass die Studenten denken, dass sie etwas mitnehmen konnten. Man merkt sich die Geschichten, nicht den Paragrafen. Heute ist das Institut unter Prof. Bob Martens eine einzige Erfolgsgeschichte", schlägt Malloth einen Bogen über die Geschichte des Lehrgangs.

Die Ausbildungswege der Verwalterinnen und Verwalter, mit denen wir gesprochen haben, sind vielfältig. Sie haben Jus und Wirtschaft studiert, mit Nikolaus Rosam ist sogar ein Historiker unter ihnen. Manche besuchten den TU-Lehrgang und andere lernten das Handwerk in der Praxis. Manche stiegen in Familienunternehmen ein, andere gründeten ihre Unternehmen selbst – wenn sich auch alle einig sind, dass heute eine Neugründung von null an nicht mehr möglich sei.

Josef Rohr erinnert sich an seinen „Anfang bei null" 1977:

„Es war reiner Zufall, dass ich Hausverwalter wurde. Eigentlich war ich Kaufmann. Ein Freund von mir hat ein Geschäftslokal gemietet, ich hab ihm bei der architektonischen Gestaltung geholfen. Aber der musste auch einen Mietvertrag abschließen und da bin ich das erste Mal mit dem Mietengesetz in Berührung gekommen. Ich habe das studiert, das hat mich interessiert. Und so bin ich reingekommen in die Verwaltung, ich habe beschlossen, diesen Beruf zu ergreifen, und eine Hausverwaltung gegründet. Ich habe mit nichts begonnen. Ich hatte Bekannte, die besaßen ein Haus, eine ältere Dame, die hat mir das Haus übergeben. Das war das erste Haus, in der Edelhofgasse im 18. Bezirk. Das war nicht so leicht, wie ich es mir vorgestellt habe. Bei null beginnen ist eine schwierige Sache. Damals noch möglich, heute ist das ja ganz anders. Heute wäre eine Hausverwaltung, wie ich sie damals hatte, ein zu kleiner Betrieb. Heute braucht man ein paar Hundert Häuser, damit es sich rechnet."

Als Josef Rohr 2006 in Pension ging, verkaufte er sein Unternehmen. Sein Sohn Thomas Rohr wollte die Verwaltung nicht übernehmen, denn: „Es ist viel schöner, andere zu sekkieren, als selbst sekkiert zu werden."

Da eine Neugründung also heute kaum machbar ist und nur große Verwaltungen konkurrenzfähig sind, kommt es in der Branche zunehmend zur Übernahme von Kundenstöcken oder zu Fusionen. Die Entstehungsgeschichte der BE Real Bontus Eybel Immobiliengesellschaft zeigt das anschaulich:

Zu Weihnachten 2008 saßen die Familien Bontus und Eybel bei Schinkenröllchen mit Gemüsemayonnaise zusammen. Lukas Eybel hatte die HTL-Matura für Maschinenbau in der Tasche und bald würde er beim Bundesheer abrüsten: „Ich hab ehrlich gesagt nicht gewusst, was ich beruflich machen sollte. Und meine Tante Claudia sagte lapidar beim Weihnachtsessen: ‚Na, kommst halt zu uns.' Sie und ihr Mann führten damals die Immobilienverwaltung Bontus. Ich bin 2009 als technischer

Mitarbeiter eingestiegen und habe erst einmal arbeiten gelernt mit 19 Jahren. Und seither habe ich nichts anderes gemacht."

Schon die Immobilienverwaltung Bontus war durch die Übernahme eines bestehenden Kundenstocks entstanden. 2015 strebte das Familienunternehmen weiteres Wachstum an und übernahm die Hausverwaltung Dr. Gerhard Stingl, jene Hausverwaltung, die Thomas N. Malloth in den 1980er-Jahren von ihrem Gründer übernommen hatte. 2020 wurden Lukas Eybel und seine Frau Mitgesellschafter, zum Jahreswechsel 2021/22 wurde er Mehrheitseigentümer des Unternehmens.

Die Berechnung, was ein Kundenstock, was Firmenanteile oder ein Unternehmen wert sind, sei in dieser Branche schwierig bis unmöglich, weshalb Übernahmen hohe Eigenmittel erfordern, erläutert Lukas Eybel: „Wenn du einen Kundenstock übernimmst, kaufst du ja keine Immobilie, du kaufst ausschließlich Mandate. Und jetzt bewerte einmal ein Mandat für die Bank. Das hat nicht zwingend einen Wert. Der Gegenwert ist vielleicht der Kunde, aber der kann ja aufgrund des Verwaltungsvertrages oder des Vollmachtverhältnisses ein Jahr später wieder gehen oder vielleicht schon morgen. Du kaufst ein Unternehmen, das in den letzten Jahren bestimmte Erträge erzielt hat, aber nicht zwingend Sicherheiten."

Vor Jahrzehnten galt als Faustregel für den Kaufpreis eines Kundenstocks ein Jahresumsatz der betreffenden Hausverwaltung, maximal eineinhalb Jahresumsätze. Heute werden bis zu zweieinhalb Jahresumsätze für einen „Stock" bezahlt. Jedoch nicht, so Karl Wiesflecker, „weil die Hausverwaltungshacke so lustig wäre". Vielmehr sei es heute Strategie, dass solch ein Kundenstock erworben werde, um Zinshäuser zu „drehen", also in die Entwicklung und Vermarktung zu bringen.

Zwischen der Hausverwaltung und dem Maklerbüro entstehen viele Synergie-Effekte: Man übernimmt Häuser, die man gemakelt hat, in die Verwaltung. Oder man makelt umgekehrt für einen Treugeber oder eine Treugeberin.

Die Brüder Ringsmuth, Gründer der teamneunzehn Immobilienmanagement GmbH, waren erfolgreiche Makler, erzählt Markus Ringsmuth, als ein Hausverwalter, für den sie tätig waren, 2016 auf ihn zukam: „Er fragte mit verschwörerischer Stimme: ‚Möchtest du meine Hausverwaltung kaufen? Denn ich gehe in Pension.' Wir haben spontan ja gesagt." Den Zweck in ihrem Engagement sahen sie vor allem darin, aus der Hausverwaltung weitere Maklermandate zu lukrieren – als Makler für Hausverwalter hatten sie davor schon öfter gearbeitet. „Eigentlich dachten wir, wir müssten uns um die Hausverwaltung nicht kümmern, sondern das würde eine Geschäftsführung tun. Dem war dann nicht so. Ein halbes Jahr nach der Übernahme bin ich reingerutscht und habe dann tatsächlich übernommen." Dass Markus Ringsmuth ein leidenschaftlicher Verwalter geworden ist, merkt man, wenn er mit leuchtenden Augen von seinen Liegenschaften und Projekten erzählt.

Auch wenn viele Hausverwaltungen ein kleines Maklerbüro betreiben oder umgekehrt Maklerbüros auf Kundenwunsch auch Liegenschaften verwalten, hätten die Berufe doch ganz unterschiedliche Anforderungen, erzählt man uns. „Wie schon der OGH festgestellt hat: ‚Der Makler ist kein Lohnarbeiter, sondern ein Unternehmer, den ein gelungenes für viele fehlgeschlagene Geschäfte entschädigen muss.' Somit ist der Makler ein Verkäufer, und verkaufen muss man können und vor allem wollen. Mir liegt es nicht so sehr, ich tendierte eher zum Berater", erklärt Thomas N. Malloth sein Rollenselbstverständnis. „Makler sind anders als Verwalter", bestätigt Karl Wiesflecker, „Makler sind Superchecker und gehen im Anzug herum." „Maklerei hat mich nie interessiert. Furchtbar. Und umgekehrt wollen die Makler nichts mit der Verwaltung zu tun haben", zieht Monika Martorana die Grenze.

Jurist und Rechtsanwalt Clemens Limberg begann seine Karriere in der Immobilienbranche gemeinsam mit seinem Bruder in der Entwicklung. Er war damals mit den Leistungen der Makler nicht zufrieden. „Das kann ich besser", sagte er sich und gründete ein Maklerbüro. Später war er auch mit den Leistungen der beauftragten Hausverwaltungen unzufrieden. Um seinem Qualitätsanspruch gerecht zu werden, gründete er eine Hausverwaltung und fand gemeinsam mit seiner Frau seine Berufung in der Dienstleistung, die sie laufend erweitern.

Am Anfang der Selbstständigkeit mit einem Maklerbüro wie mit einer Hausverwaltung steht die Konzessionsprüfung. Als Markus Ringsmuth von heute auf morgen auch verwalten musste, hatte er so schnell wie möglich die Verwalterprüfung nachzuholen. So nahm er den ehestmöglichen Prüfungstermin wahr, der zufällig in Kärnten angeboten wurde: „Also bin ich drei Wochen später in der Früh nach Klagenfurt gefahren und habe zu Mittag die Prüfung gemacht. Die Prüfung war dann spannend, denn die allererste Frage, die ich gestellt bekommen hab, war etwas zur Kärntner Bauordnung, wo ich dann gschaut hab und gsagt hab: ‚Hearn S', ich bin höchstens Urlaub machen in Kärnten, mit Immobilien in Kärnten hab ich wenig zu tun.' Man hat dann Rücksicht genommen, weil ich aus Wien bin, und hat mich zu allgemeinen Bauordnungsthemen befragt. Ich war froh, dass es erledigt war, ich hätte nicht noch einmal antreten wollen."

Für Prüflinge, deren Eltern in der Branche sehr bekannt waren, bestand natürlich Leistungsdruck, so auch für Karl Wiesflecker: „Die Erwartungshaltung meines Vaters war sehr hoch und entsprechend gut habe ich mich auch vorbereitet", gemeinsam mit Oliver Brichard, den er am TU-Lehrgang kennengelernt hatte. „Da haben wir dann gemeinsam die Befähigungsprüfung gemacht und uns auch mit einigen Gin Tonics auf die Prüfung vorbereitet und diese bestanden." „Damals hatten wir noch Agrarrecht als Prüfungsgegenstand", denkt

Brichard zurück, „das gibt es heute nicht mehr. Da hab ich mich in der Früh unter der Dusche noch gefragt, welche Prüfungsfragen dazu kommen könnten. ‚Vielleicht Maßnahmen der Bauordnung?', überlegte ich und ging diese noch einmal im Kopf durch. Tatsächlich war das dann die Prüfungsfrage. Da hab ich ein Masel gehabt!"

Peter Stingl legte seine Konzessionsprüfung als Niederösterreicher in St. Pölten ab: „Tatsächlich habe ich sehr viel gewusst, aber einige Dinge waren schon sehr speziell, wie etwa das Jagd- oder Fischereigesetz. Da haben die Prüfer etwas gebohrt, aber ich habe das schlussendlich gut geschafft." Peter Stingls Vater ist als Begründer der auf den Immobilienbereich spezialisierten Steuerberatungskanzlei Stingl – Top Audit eine Größe der Branche. Als Student war Stingl in der väterlichen Kanzlei mit Buchhaltungsaufgaben betraut: „Der Jurist in der Prüfungskommission wollte mir als ‚Steuerprofi' wohl eine Freude machen und hat mir eine watscheneinfache Frage zum Steuerrecht gestellt. Die Frage war so simpel, dass ich dachte, das könne ja nicht wahr sein, ich hätte da etwas missverstanden. Ich war total perplex und hab kein Wort rausgebracht. Ich hab ihn angeschaut wie einen Autobus und er mich auch. Mit etwas Starthilfe hat aber auch das dann funktioniert und am Ende habe ich alles gemeistert."

Für Lukas Eybel war die Konzessionsprüfung eine Herausforderung. Er belegte einen berufsbegleitenden Vorbereitungskurs des Wirtschaftsforschungsinstituts (WIFI): „Das waren Stapel von Büchern, das hat ein dreiviertel Jahr gedauert, dreimal pro Woche Unterricht. Und abgesehen vom Zeitaufwand war das auch ein hoher Lernaufwand, um am Ende des Tages positiv abzuschließen. Ich möchte die Zeit jedoch nicht missen, da haben sich Freundschaften entwickelt, es gab lustige Abende, Networking sagt man heute dazu." Jedoch empfiehlt Eybel mit seiner heutigen Erfahrung, die Gewerbeberechtigung über ein Studium nach der Matura zu erlangen anstatt später berufsbegleitend: „Ich sehe das bei jungen Kollegen im Unternehmen, die sich darauf vorbereiten, dass das mit sehr viel Aufwand verbunden ist und damit einhergehend auch oft mit Disputen in der Partnerschaft, vor allem, wenn schon Kinder da sind. Ich beneide keinen, der für diese Ausbildung den zweiten Bildungsweg wählt. Wer die Möglichkeit hat, das nach der Matura über ein Studium zu machen, dem rate ich: Mach das! Das ist sicher der leichtere Weg."

Die sich ändernden Rahmenbedingungen, die Herausforderungen und Erlebnisse der Branche sind Gegenstand der folgenden Kapitel. Viele der Hausverwalterinnen und Hausverwalter, mit denen wir gesprochen haben, blicken inzwischen auf ein erfülltes und erfolgreiches Berufsleben zurück. Die nächste Generation hat bereits übernommen oder steht in den Startlöchern.

„Freunde verkauft man nicht", sagt Otto Friedrich im Brustton der Überzeugung. Viele seiner Treugeberinnen und Treugeber gehören zur Familie, deshalb wird wohl eines Tages sein Team das Unternehmen in die Zukunft führen. Auch die Hausverwaltungen von Georg Zielbauer und Monika Martorana werden eines Tages von den Mitarbeiterinnen weitergeführt werden.

Karl Fichtinger ist inzwischen in seiner IC Hausverwaltung „in Wirklichkeit nur noch Gast": „Ich darf am Dienstag reinkommen und den Schreibtisch benutzen, und am Freitagvormittag tu ich dort a wenig blöd reden, wie es meine Art ist. Ansonsten kümmert sich mein Sohn David um das Geschäft. Irgendwie habe ich den Sohn schon freundlich ersucht, also überredet, zu übernehmen. Er hat die HAK gemacht und Politikwissenschaft studiert. Ich bin froh, dass er das weitermacht."

Peter Nemeth und sein Sohn Oliver führen die Hausverwaltung heute gleichberechtigt, in vielen Hausverwaltungen ist schon die nächste Generation tätig.

Karl Wiesflecker hat einen 20-jährigen Sohn: „Der will wirklich und diskutiert auch viel mit mir. Ob das so bleibt und er das Unternehmen dann tatsächlich übernehmen wird, weiß ich natürlich nicht. Und ob ich ihm das wirklich antun soll, weiß ich auch noch nicht. Ich bin als Junger ins kalte Wasser gestoßen worden und habe mir meine ‚dicke Haut' systematisch erarbeiten müssen. Dahingehend lasse ich meinen Sohn noch in Ruhe. Ich glaube, wenn er dann richtig einsteigt, wird er umso mehr spüren, dass das Wachsen der dicken Haut Zeit braucht. Ich wünsche mir natürlich eine Nachfolge in der Familie in die fünfte Generation, er soll aber ein wenig unabhängiger seine Entscheidung treffen können. Ich habe mit der Generationenfrage einen anderen Umgang."

Kaufmännisches Denken und Leistungsgedanken haben Nikolaus Rosam und seine Frau den Kindern früh mitgegeben: „Wir haben den Kindern auch nie Taschengeld gegeben. Wir haben gesagt: ‚Ihr könnt Geld verdienen, wenn ihr was tut!' Kleinere Sachen wie Müll runtertragen, Holz hacken oder beim Catering meiner Frau mitmachen. Und da haben sie auch ordentlich verdient. Taschengeld war nie ein Thema." Während seine Tochter kein Interesse an der Hausverwaltung zeigte, war Sohn Vincenz von Kindesbeinen an daran interessiert: „Er hat schon als Kind geholfen, Belege zu sortieren." Inzwischen ist Vincenz seit vier Jahren im Familienbetrieb tätig, besucht den TU-Lehrgang und wird das Unternehmen übernehmen. „Das Unternehmen wächst sehr stark, das ist auch meinem Sohn zu verdanken. Er ist sehr umtriebig und akquiriert. Er treibt mich auch vor sich her und sagt: ‚Komm, Papa, weiter! Mach! Ruf ihn an! Geh dort hin! Tu das!'"

Auch die Söhne von Marko Weinberger stehen schon in den Startlöchern: „In der Zwischenzeit muss sich der Verwalter unterschiedliche Hüte aufsetzen, man kann innerhalb einer Familie die Aufgabenbereiche untereinander aufteilen: Technik, Recht, Steuer, Kommunikation. Ich denke, mehrere

Familienmitglieder können sich eine Kanzlei teilen, wenn sie wollen. Und es bedarf einer Person, die diese Generation dann arbeiten lässt und sich nicht mehr einmischt. Dann gilt es, den Hut zu nehmen, einen Strich zu ziehen und zu sagen: ‚Die Schule ist jetzt vorbei, jetzt ist es so weit.'" Am Ende unseres Gesprächs fragen wir Marko Weinberger: „Gibt es etwas, was Sie noch sagen wollen, was Ihnen am Herzen liegt?" – „Dass ich meinen Eltern sehr, sehr dankbar bin dafür, dass sie mir, dass sie uns die Chance gegeben haben, die Hausverwaltung weiterzuführen. Und ich hoffe, dass das meine Kinder einmal ähnlich sehen werden."

II.
Mieterschutz und Konzession –
die Hausverwaltung nach dem Ersten Weltkrieg

Nach dem Ersten Weltkrieg schützte das neue Mietengesetz die Parteien der Zinshäuser. Der nun geltende Friedenskronenzins verunmöglichte jedoch für Jahrzehnte ein ertragreiches Bewirtschaften der Immobilien. Das Hausverwalten wurde aufgrund des neuen Gesetzes herausfordernd und zum konzessionierten Gewerbe.

Der Weg zum Mietengesetz war steinig und lang. Arbeitssuchende, die vom Bauboom, der Industrialisierung und der Hoffnung auf ein besseres Leben in der Kaiserstadt magnetisch angezogen wurden, ließen sich Mitte des 19. Jahrhunderts wegen der geringeren Lebenshaltungskosten außerhalb des Linienwalls in den Vororten nieder. Wenn ein Fuhrwerk Waren in die Kaiserstadt lieferte, hieß es am Linienwall: „Halt!" Entlang des Walls, an dessen Stelle in etwa später der Gürtel als Hauptverkehrsader um die inneren Bezirke gebaut wurde, befanden sich die Linienämter, an denen Verzehrungssteuer auf die mitgeführten Waren eingehoben wurde. Schätzungen zufolge verdreifachte diese Steuer die Lebenshaltungskosten innerhalb des Linienwalls, so Historiker Gerhard Halusa vom

Österreichischen Gesellschafts- und Wirtschaftsmuseum. Deshalb leistete sich der Fuhrwerker, der Waren in die Stadt geliefert hatte, sein Bier oder sein Gulasch auch nicht innerhalb des Walls, sondern fuhr auf dem Heimweg ein Gasthaus in einem Vorort an. Wenn er zum Beispiel mit seinem Gespann die Hauptverbindung Richtung Linz für den Heimweg nahm, bot sich die Gaststätte „Zum Goldenen Mond“ in Reindorf gegenüber dem damals noch viel größeren Schwendermarkt für eine Pause an. Seit 1843 gehörte das Haus an der heutigen Adresse Mariahilfer Straße 196 samt der damals darin befindlichen Gaststätte den Vorfahren von Treuhänder Peter Rustler. Die inzwischen international tätige Rustler-Group hat bis heute ihren Sitz in diesem Gebäude, das seit der Eingemeindung von Reindorf 1892 zum Bezirk Rudolfsheim-Fünfhaus gehört. Seine Urahnen, die Gastwirte, seien fleißige Leute gewesen, so Peter Rustler im Gespräch. Die nächste Generation habe dann das Eckhaus in der Lehnergasse gebaut. Generell habe man im 19. Jahrhundert als „vernünftige Leute“ ein Haus gebaut und mit den Mieten abbezahlt, so seien Ottakring entstanden, Hernals, Meidling, „alles ist so entstanden“. Rustler erzählt, unter den Kunden der Hausverwaltung seien auch Großfleischhauer und andere Gewerbetreibende gewesen. Und Ulrike Assem ergänzt: „Das war damals keine schlechte Symbiose: Unten das Geschäft, das Personal im Haus, hinten im Hof konnte man arbeiten und die Pferde und Kutschen unterstellen. Deshalb gab es auch die großen Tore. Und das Haus war damals auch eine Investition in die Altersversorgung.“

Was die Verwaltungstätigkeit der damaligen Hausbesitzer und Hausbesitzerinnen anbelangt, zeigt sich Peter Rustler überzeugt, dass diese in der Monarchie den Zins selbst kassiert hätten: „Die waren in den Häusern, die haben keinen Verwalter gebraucht. Das war recht einfach, die haben die Kronen einkassiert und fertig.“ Damals war der Zins pauschaliert, es gab noch keine ausgewiesenen Betriebskosten.

Diese Hausbesitzer, meist Gewerbetreibende, die selbst im Haus lebten und arbeiteten, wurden bald von Investoren abgelöst, die in anderen Dimensionen dachten, nicht an Altersvorsorge, sondern an schnelle Gewinne.

In den Vororten, wo sich die Arbeiterschaft niedergelassen hatte, entstanden wegen der ebenfalls niedrigeren Grundstückspreise die Fabriken der Gründerzeit, um die wiederum neue Wohnviertel aufgezogen wurden. „Wer damals eine Zinskaserne baute, hatte sein Investment in einem guten Jahr wieder herinnen", sagt Gerhard Halusa, „Hausbauen war ein Bombengeschäft." Man brachte so viele kleine Wohnungen wie möglich in den Zinshäusern unter, die starke Nachfrage aufgrund des Zustroms immer neuer Arbeitsuchender sorgte für hohen Zins. Bis zu zwei Drittel ihres Lohns musste die Arbeiterschaft für das Wohnen ausgeben. Zur Entlastung vermietete man das Kabinett unter oder überließ ein Bett oder vielleicht sogar nur eine Matratze Bettgehern und Bettgeherinnen, die dort im Schichtwechsel schliefen. Das Allgemeine Bürgerliche Gesetzbuch kannte keinen Mieterschutz. Wer seinen Zins nicht bezahlen konnte, stand also schnell auf der Straße. Bis zu sechs Mal pro Jahr zog eine Arbeiterfamilie um 1900 laut Halusa um, auch weil sie eine günstigere Zimmer-Küche-Wohnung gefunden hatte oder mit einem neuen Arbeitsplatz in der Regel auch gleich den Wohnort wechselte.

Die Sozialreportage des bürgerlichen Armenarztes Viktor Adler über die Lebens- und Arbeitsbedingungen der „Ziegelbehm" erschien 1888 und richtete das öffentliche Augenmerk erstmals auf die unerträglichen Umstände, unter denen diese Bevölkerungsgruppe in Wien lebte: Arbeiterinnen und Arbeiter aus Böhmen, die in der Wienerberger Ziegelfabrik in Favoriten die Bausteine für die Ringstraßenpalais und neuen Wohnquartiere der seit Mitte des Jahrhunderts eingemeindeten Vorstädte produzierten. In der Ziegelfabrik am Wienerberg entstanden auch die industriell gefertigten Schmuckelemente, mit denen die Fassaden der Zinshäuser verziert wurden. Dadurch wirkten die Häuser nach außen hin oft repräsentativ, während im Inneren Substandard herrschte – mit Bassena und Toilette am Gang, manchmal noch mit Plumpsklo im Hof.

Um 1900 verfügten nur fünf Prozent der 400 000 Wohnungen in Wien über einen Wasseranschluss und eine Toilette. Als Beispiel für die damaligen Wohnverhältnisse nennt Historiker Halusa eine Zinskaserne, die sich auf dem Gelände des heutigen Rabenhofs, eines Gemeindebaus im Bezirk Landstraße, befand. 200 Mieterinnen und Mieter teilten sich zwei Plumpsklos im Hof, so Halusa: „Und was ist die Lösung dieses Problems? Ganz einfach: der Kübel in der Wohnung. Wenn der voll ist, wird er hinuntergetragen und ausgeleert."

Diese prekären Wohnverhältnisse wurden für die Bewohnerinnen und Bewohner der Zimmer-Küche- oder Zimmer-Küche-Kabinett-Wohnungen noch belastender, als ab 1909 die Lebenshaltungskosten aufgrund von Missernten und hohen Weltmarktpreisen stiegen. Auch die Vororte waren inzwischen eingemeindet worden, und jetzt kam auch hier die Verzehrungssteuer für Güter des täglichen Bedarfs zur Anwendung. 1911 gingen die Menschen auf die Straße, die „Hungerrevolte" wurde mit Waffengewalt niedergeschlagen.

Es sollte noch schlimmer kommen. Im Ersten Weltkrieg herrschte galoppierende Inflation, die Preise verdoppelten sich Jahr für Jahr. Die Bezüge der Menschen hielten mit der Inflation nicht Schritt und viele Familien liefen Gefahr, auf der Straße zu stehen. „Man konnte nicht erwarten, dass Ehemänner und Väter motiviert im Krieg kämpften, während zu Hause die Kündigung oder die Mieterhöhung drohte", beschreibt Rechtshistoriker Gerald Kohl von der Universität Wien die Anfänge des Mieterschutzes ab 1917. Als erste Maßnahme wurden in den beiden letzten Kriegsjahren 1917 und 1918 kaiserliche Verordnungen zum Mieterschutz erlassen: Zinsbindung und Kündigungsschutz. Kohl verweist darauf, dass es sich bei diesen Verordnungen weniger um den Schutz des sprichwörtlichen „kleinen Mannes“ als vielmehr um „Maßnahmen zum Schutz des Mittelstandes“ gehandelt habe. Denn anders als in anderen Großstädten Europas lebten in Wien auch der Mittelstand und selbst sehr wohlhabende Menschen zur Miete.

Seit 1879 war das Stockwerkseigentum, also das anteilige Eigentum an einem Haus, nicht mehr möglich. Entweder besaß man ein ganzes Haus oder man lebte zur Miete, also im Zinshaus. Erst viel später, 1948, wurde durch das Wohnungseigentumsgesetz wieder anteiliger Immobilienbesitz zur Eigennutzung möglich.

Die insgesamt vier kaiserlichen Verordnungen zu Kündigungsschutz und Zinsstopp aus dem Ersten Weltkrieg bilden die Basis für das Mietengesetz, das am 23. Dezember 1922 in Kraft trat. Der 23. Dezember 1922 ist somit die Geburtsstunde eines wahrlich österreichischen Spezifikums, nämlich des Friedenskronenzinses. Nur sehr große Wohnungen und Geschäftslokale, die schon vor dem Ersten Weltkrieg Tausende Kronen an Zins gekostet hatten, durften weiter frei vermietet werden, unterlagen also keiner Zinsreglementierung. Für das Gros der Wohnungen galt jedoch von nun an der Friedenskronenzins, der als „Gottseibeiuns“ Generationen von Hausherren und Hausfrauen und deren Verwaltungen begleitete.

Als Stichtag für den Friedenskronenzins zog der Gesetzgeber den 1. August 1914 als symbolisch letzten Friedenstag heran. Das heißt, die Anzahl der Kronen, die damals an Zins bezahlt worden war, bildete 1922 die Basis für den jeweiligen Umrechnungsschlüssel. Das 150-Fache des Friedenszinses machte nun den Instandhaltungszins aus, der wie die Betriebskosten, die erstmals vorgeschrieben werden durften, ein Durchlaufposten war. Der zweite Zins, der Grundzins, machte die Hälfte des Friedensjahreszinses aus und sollte nach den Vorstellungen des geistigen Vaters des Mietengesetzes, des sozialdemokratischen Abgeordneten und Juristen Josef Danneberg, eine „Hausherrenrente" darstellen, also die Altersversorgung der Hausbesitzer und Hausbesitzerinnen. Nach Angaben der Mietervereinigung entsprach dieser Grundzins, gemessen an der Wirtschaftskraft des Jahres 1922, einer fünfprozentigen Rendite der Immobilie.

Eine Woche, nachdem das neue Mietengesetz in Kraft getreten war, titelte am 1. Jänner 1923 die Hausbesitzer-Zeitung „Unsere Weihnachtsbescherung" und kritisierte den geringen Grundzins:

„Tausende altersschwache Gewerbsleute und deren Witwen, die jahrzehntelang in unermüdlicher Arbeitsfreude sich ihre Altersversorgung mühevoll abdarbten, sehen sich um ihre Zuversicht betrogen und müssen mit dem ihnen gnädigst gewährten halben Friedenszins weiter hungern, von dem sie zum Überfluß die auf das Vierfache erhöhten Hypothekenzinsen und die für das kommende Jahr vielfach erhöhte Bodenwertabgabe zahlen sollen. Man zwingt sie zum Verkaufe ihrer erbgesessenen Scholle, aber fraglich ist nur, ob sich in dem lieben Österreich überhaupt noch jemand finden wird, der ein Haus kauft, das er erhalten soll, aber darin nicht wohnen darf..."

Enttäuschend war für die Hausbesitzer und Hausbesitzerinnen auch, dass das für sie so ungünstige Mietengesetz mit den Stimmen der ihnen traditionell nahestehenden christlich-sozialen Abgeordneten angenommen worden war. Dieses Abstimmungsverhalten stützt die These des Rechtshistorikers Gerald Kohl, wonach der Mieterschutz eine „Maßnahme zum Schutz des Mittelstands" gewesen sei. Die Christlichsozialen hatten vor, dieses unleidige Mietengesetz so schnell wie möglich aufzuheben, was ihnen und später der ÖVP aufgrund mangelnder Mehrheiten bis auf die Jahre des Mietrechtsänderungsgesetzes unter der Alleinregierung Klaus verwehrt blieb und am Ende vom politischen Gegner, der SPÖ unter Kanzler

Bruno Kreisky, durch eine Neufassung als Mietrechtsgesetz realisiert wurde.

Das Mietengesetz bedeutete also äußerst schmerzhafte Einschnitte für die Hausbesitzer und Hausbesitzerinnen und damit das Ende einer Wiener Type der österreichischen Klassik und so mancher Couplets. „D' Hausherrnsöhnl'n“, deren Vater „a Hausherr und a Seidenfabrikant“ war, hatten ab 1922 in der Regel nicht mehr das davor besungene feine Leben: lernfaul, arbeitsscheu, vergnügungssüchtig und bei all dem immer noch gut bei Kasse, so das Klischee. Dass vieles oft schneller ein Ende findet als erwartet, nahm die sechste und letzte Strophe des Couplets aus der Feder von Wilhelm Wisberg schon um 1880 vorweg:

> Auf der Straß'n erst unlängst, was is' uns da g'scheh'n?
> A Mann mit an Besen schreit: „Servas Kolleg'n!“
> „Wieso denn Kolleg'n?“, hab'n ma gruaf'n aufgebracht,
> doch er hat uns drauf g'sagt: „I' hab's grad a so g'macht!
> Hab's Geld verdraht, i hab glaubt, es wird net gar,
> bis der letzte Knopf hin war, in a drei, a vier Jahr.
> Jetzt kehr i die Straßen, das is doch schenant,
> Und mein Vater war a Hausherr und a Seidenfabrikant,
> und mein Vater war a Hausherr und a Seidenfabrikant.“

Die Medien jener Zeit verfassten nach dem Inkrafttreten des Mietengesetzes Nachrufe auf den „Hausherren“ als Wiener Original. So erinnerte das Neue Wiener Tagblatt unter dem an Grillparzer angelehnten Titel „Des Hausherren Glück und Ende. Ein Nachruf“ an den Hausbesitzer des Vormärz, bevor Immobiliengesellschaften oder Mietengesetze branchenwirksam wurden:

„Sein Haus war zumeist ehrlich erarbeitet. Jeder Ziegel kreuzerweis in jahrelanger Erwerbstätigkeit zusammengespart. Es gab steigernde Haustyrannen, die zu Georgi und Michaeli die Vielgestrengen, gegen säumige Mieter Hartherzigen und Harthörigen spielten. Doch auch väterlich milde und gütige Hausinhaber genug, die sogar auf den ihren verarmten Mietern großmütig erlassenen Zins noch eine Flasche kräftigenden Rotwein, ein Suppenhenderl oder eine bezahlte Apothekerrechnung draufgaben. Der Wiener Hausherr von Anno Vormärz stolzierte immer in Schlafrock und gestickten Pantoffeln einher, er hatte ein Samtkäppchen mit goldener Quaste auf dem Haupt oder einen betroddelten Fes und schmauchte aus einem türkischen Tschibuk, wenn er sich breit zum Fenster auf die Gasse hinauslegte." Inzwischen sei es wohl angenehmer, hieß es in dem namentlich nicht gezeichneten Artikel, Hausmeister zu sein als Hausbesitzer.

Ebenfalls im Neuen Wiener Journal erschien im September 1922, kurz vor Inkrafttreten des Mietengesetzes, die Charakteristik „Der Hausherr – Eine Figur aus dem alten Wien", in der Verfasser Alois Plenk etwas wehmütig zurückblickt:

> Sie würden große Augen gemacht haben, die alten, urständigen Hausherren, die schon längst in ihren Grüften und eigenen Gräbern schlafen, wenn sie hätten der Massenversammlung in der Volkshalle des neuen Rathauses anwohnen können, in welcher soviel über die Notlage der heutigen Wiener Hausbesitzer gesprochen worden ist. Hausherr im Alten Wien zu sein, hieß ja keine Sorge mehr kennen. Hatte man es dahin gebracht, ein Haus zu besitzen, da war man gut aufgehoben in dieser Welt, da fehlten die „Backhendeln" und das „Weinderl" niemals auf dem Tisch, und auch den täglichen Besuch des Stammgasthauses konnte man sich gönnen, ohne befürchten zu müssen, ein empfindliches Loch in die Brieftasche zu machen. So geringfügig die Mieten auch waren, dem Hausherrn ermöglichten sie in der

Regel doch, einen behaglichen Lebenswandel zu führen, zumal die meisten von ihnen auch noch „Geschäftsmänner“ waren, das heißt irgendeinem Erwerbe nachgingen. So viel Bonhomie den alten Wiener Hausherren von zeitgenössischen Lokalschriftstellern auch nachgesagt wird und so sehr man ihre Leistungen auf dem Gebiete der Wohltätigkeit anerkannte, in puncto pünktlicher Bezahlung des „Zinses“ kannten sie nur in den allerseltensten Fällen Ausnahmen. Johann Nestroy, der Wiener Aristophanes, hatte den Nagel auf den Kopf getroffen, als er die Sentenz prägte: „Was wollen sie denn alles, diese Wiener Hausherren? Nicht genug, daß sie Parteien haben, verlangen sie auch, daß ein Zins gezahlt wird.“
Wie gewaltig unterschied sich, was die Lebens- und Geschäftsführung betraf, der Hausherr in der Inneren Stadt von seinen Standesgenossen in den einzelnen Bezirken. Während der Hausherr am Thury, in Erdberg, am Hungelbrunn oder in Matzleinsdorf zumeist in seinem Hause wohnte und dadurch mit seinen Mietern im ständigen persönlichen Kontakt stand, traf dies bei den ‚Stadthausherren‘ nur vereinzelt zu.
Mit ganz geringfügigen Veränderungen hielt das in den vorangegangenen Zeilen beschriebene Verhältnis zwischen Hauseigentümern und Wohnparteien bis gegen das Jahr 1870 an.
Dann brach das Ende der Idylle heran, die um diese Zeit einsetzende bedeutende Bautätigkeit ließ in allen Wiener Bezirken ganze Zeilen der alten Häuser verschwinden; Baugesellschaften wurden Eigentümer der Neubauten und die Herrschaft der Zinskasernen hub an. Sie hat dem so lange bestehenden Patriarchentum das Grab geschaufelt, aber immerhin war es noch vor dem Kriege eine nicht unangenehme Sache, Wiener Hausbesitzer zu sein.

> Die Mieterschutzverordnung und die den Hausherren gegenüber bekundete Kommunalpolitik haben aber das ins Gegenteil verkehrt. Heute muß jeder Einsichtige sagen, daß die Wiener Hausbesitzer von ihrem Besitztum faktisch nichts haben, als Aerger und Plage, und darum ist es auch gar nicht verwunderlich, daß sie, die einst so Vielbeneideten, nun im Chor ihre Stimmen erheben und fordern, daß man auch ihre Klagen höre und ihre Wünsche berücksichtige.

Tatsächlich gab es im Vorfeld des neuen Mietengesetzes mehrere Versammlungen der Hausbesitzer und Hausbesitzerinnen. Schon im Februar 1922 hatten sich Tausende von ihnen in der Volkshalle des neuen Wiener Rathauses zusammengefunden, um sich gegen den „Rathausmarxismus" aufzulehnen, berichtete die katholische Reichspost in ihrer Ausgabe vom 6. Februar 1922. Die Kosten für Verwaltung und Erhaltung eines Hauses seien seit dem Friedensjahr 1914 exorbitant gestiegen und würden inzwischen das Fünfzehnfache des Brutto-Friedenskronenzinses ausmachen, hieß es bei der Versammlung. Besonderer Unmut herrschte auch wegen der geringen Entlohnung der Verwaltungstätigkeit. Hausbesitzer und Hausbesitzerinnen würden überlegen, so die Reichspost, gänzlich auf die Hausverwaltung zu verzichten:

„Die Verwaltung eines Hauses verursacht großen Arbeitsaufwand. Die berufsmäßigen Häuserverwalter erklären, daß eine Person bei voller Ausnützung nur ungefähr 20 Häuser fortlaufend verwalten kann. Es wären also für die 40 000 Häuser Wiens 2 000 Beamte notwendig, die bei den heutigen Lohnverhältnissen jährlich zwei Milliarden Kronen erfordern würden. Heute bekommen die Hausbesitzer als Entlohnung für die Verwaltung ihrer Häuser nur ungefähr 350 Millionen Kronen, ein Betrag, in dem auch das gesamte Zinsreinerträgnis enthalten ist. Die Hausbesitzer werden sich gewerkschaftlich organisieren und fordern, dass sie für ihre Verwaltungsarbeit, die fast nur der Gemeinde zukommt, auch von der Gemeinde entsprechend bezahlt werden. (Stürmischer Beifall.)"

Das Mietengesetz 1922 sieht einen geteilten Zins vor: Zusätzlich zu den Betriebskosten wird auch ein Instandhaltungszins vorgeschrieben. Beides wird im Verhältnis zu den Friedenskronen berechnet. Und das Gesetz erlaubt den Mieterinnen und Mietern Einblick in die Abrechnung der neuen Betriebskosten, die die einkommensschwachen Schichten weiter belasten, lautet die Zusammenfassung von Historiker Gerhard Halusa.

Ein Geschäft war ein Zinshaus nun nicht mehr. Der Bauboom der privaten Investoren war vorbei und die öffentliche Hand sprang in Wien mit dem sozialen Wohnbau ein, um den Wohnungsbedarf zumindest ansatzweise zu decken. Schon 1919 war der Spatenstich für den ersten Gemeindebau erfolgt, den Metzleinstaler Hof am Margaretengürtel.

„Natürlich konnte der private Hauseigentümer nicht auf Steuergelder zurückgreifen, um so etwas zu finanzieren, das muss man auch dazusagen", so Ulrike Assem. Ab 1922 war Wien Bundesland und konnte daher eigenständig Steuern einheben. Die neue Wohnbausteuer sollte den sozialen Wohnbau finanzieren. „Und da ist etwas, das andere Städte nicht haben, nämlich dass Wien nach dem Ersten Weltkrieg selbst Wohnbau betrieben hat mit zum Großteil modernen, guten Architekten. Natürlich sind diese Wohnungen heute nicht mehr taufrisch, aber für die Not, für die damalige Zeit ist sehr viel geschehen", sagt Assem. Rechtlich betrachtet, sind auch diese Gemeindebauten Zinshäuser. 2024 wird jeder vierte Mensch in Wien in einer der rund 220 000 Wohnungen der „Hausfrau Stadt Wien" leben.

Mit dem neuen Mietengesetz 1922 wurde das Verwalten eines Zinshauses erstmals komplexer, was den Beginn der professionellen Hausverwaltung bedeutete. Schon vor dem Ersten Weltkrieg, im Sommer 1913, hatte die Hausbesitzer-Zeitung die Hausverwaltungen kritisch beurteilt:

> Zu dieser Funktion des „Hausverwalters“ fühlt sich jeder berufen, der lesen und schreiben kann, der nachweisbar unbescholten ist, und der das Zeug in sich fühlt, mit Energie auftreten zu können, es sind dies verschiedene Kategorien unserer Staatsbeamten in Aktivität oder in Ruhe, einige Architekten, einige Advokaten, einige Steuer-, Magistrats- und Privatbeamte, das Sicherheitswachkorps ec.
> Alle diese streben die Erlangung von Hausverwaltungen an, weil sie sich entweder eine Gratiswohnung sichern oder ein Nebeneinkommen sichern wollen und sind der Meinung, daß die Verwaltung eines Hauses eine ganz einfache Sache sei: Zins einnehmen, daraus Steuern und Satzpostzinsen bezahlen, den Parteien kündigen oder mit den Zinsen steigern, Zinsertragsbekenntnisse von der vorjährigen Schablone abschreiben und ergänzen, Reparaturen vornehmen lassen, die Rechnungen hiefür bezahlen und schließlich dem Hausbesitzer eine Verrechnung der Ein- und Ausgänge vorzulegen und Überschüsse an ihn abzuführen.
> Dem ist aber nicht so. Zur Verrichtung dieser Tätigkeiten genügt ein halbwegs intelligenter Hausbesorger und finden wir es sehr häufig, dass der Hausbesorger alle diese Funktionen vollbringt, vielleicht ausgenommen das Bezahlen der Satzpostzinsen und die Verrichtung jener Wege, die eine besondere Vollmacht erfordern.

Vom Personal der Hausverwaltungen sei hingegen zu erwarten, dass es alle Branchenblätter und Werke des Verbandes der Hausbesitzer lesen würde und über Wissen in den Bereichen Recht und Steuer verfüge, hält die Zeitung der Hausbesitzer fest. Wir erkennen, dass hier die Vorstellung von der Verwaltung als verlängertem Arm der Eigentümer und Eigentümerinnen Konturen angenommen hat.

Einen Unterschied für die Hausbesitzer und Hausbesitzerinnen mache nun die Entlohnung, so das Branchenblatt, denn ein professioneller Hausverwalter gäbe sich nicht mit einer Jahrespauschale oder kleinen Wohnung zufrieden, sondern verlange zwischen zwei und fünf Prozent der Zinseinnahmen. Zu Recht, „denn ein verständiger Hausverwalter wird uns [...] durch die sorgfältige fachmännische Führung der Verwaltung die Entlohnungsdifferenz in Ersparung bringen. Und es gilt auch hier der Erfahrungssatz: ‚Für wenig Geld, auch wenig Musik!'" Diese Überlegungen haben auch hundert Jahre später für die Hausverwaltung und ihre Honorare unverändert Gültigkeit.

Nach dem Ende der Monarchie interessierten sich zum Beispiel arbeitslose Offiziere für den Beruf des Hausverwalters, erinnert sich Ulrike Assem an Erzählungen in der Branche. „Die haben sich das dann zum Teil selbst angeeignet. Es gab ja keine Ausbildung, außer dass man von einer Gutsverwaltung kam oder Schreibkraft in einer Rechtsanwaltskanzlei oder einem Notariat war und so Einblicke in das Umfeld gewonnen hat. Der Jurist wurde damals Anwalt oder Richter, aber nicht Hausverwalter. Das war zu minder. Und ein Beamter hätte seinen Job nicht verlassen, um Hausverwalter zu werden."

Advokaten, schrieb die Presse 1913, wären selten zur Hausverwaltung befähigt, „weil sie diese Stellung als nebensächliche ansehen und deshalb meist nicht persönlich ausüben, sondern durch ihre Kanzleipersonale ausüben lassen." Diese Kritik an Rechtsanwälten in der Funktion des Hausverwalters hört man gelegentlich bis heute mit derselben Argumentation.

Viele der damals gegründeten Hausverwaltungen entstanden ursprünglich aus sogenannten Schreibtisch- oder Fensterbrett-

Verwaltungen. Das bedeutete, dass Beamte und Beamtinnen mit Zahlenverständnis in ihren Privatwohnungen feinsäuberlich die Zinsbücher für andere führten.

1926 wurden die Realitätenvermittlung und die Gebäudeverwaltung der Gewerbeordnung unterstellt und an einen Befähigungsnachweis gebunden, sie wurden also damals ein konzessioniertes Gewerbe.

Die Zwischenkriegszeit war von galoppierender Inflation und der Währungsreform geprägt. Beides hatte auch auf die Vermögensverhältnisse der Großeltern von Monika Martorana starken Einfluss. Ihre Großmutter besaß gemeinsam mit ihrem Mann eine Großfleischerei mit bis zu dreizehn Mitarbeitern am Firmen- und Familiensitz in der Nobilegasse in Rudolfsheim-Fünfhaus. Das eigentliche Hirn hinter dem erfolgreichen Fleischhauermeister war die Großmutter, die oft zu ihr gesagt habe: „Was mich dein Großvater Geld gekostet hat!“ Und Monika Martorana erklärt: „Die Großmutter wollte nämlich zwei weitere Häuser kaufen, mit Garagen. Und da hat ihr ein bisschen Geld auf den Kaufpreis gefehlt, aber der Großvater hat gesagt: ‚Bei uns werden keine Schulden gemacht.‘ Und die Oma hat mir erzählt: ‚Und dann hab ich das Geld nehmen können, bin in die Stadt gefahren und hab drum grad a Stückl Butter kriegt.‘ Da ist das Geld nichts mehr wert gewesen.“

Diese Generation, die Inflation und Währungsreform erlebt hat und weiß, wie es sich anfühlt, wenn einem das Geld zwischen den Fingern zerrinnt, habe ein Zinshaus noch anders gesehen. Ihre Großmutter habe sich keinen Profit erwartet, sie hätte Häuser gekauft, „nur damit ich nicht wieder mein Geld verlier“. Ihre Großmutter habe den Zins noch selbst kassiert, erzählt uns Monika Martorana: „Da sind am Monatsersten die Mieter zu ihr gekommen und haben bezahlt. Und die Großmutter hat auf Zetterl Empfangsbestätigungen geschrieben, die die Mieter bekommen haben.“ Die Aufgabe des

Verwalters sei damals in erster Linie die Wohnungsvergabe gewesen.

1925 sollte die Währungsreform von Kronen auf Schilling die seit dem Weltkrieg galoppierende Inflation aufhalten. „Die Friedenskronen bildeten auch nach der Währungsumstellung auf Schilling im Jahr 1925, später 1938 auf Reichsmark und ab 1945 wieder auf Schilling, die Basis für die Berechnung des zulässigen Hauptmietzinses und blieben für weitere Jahrzehnte wesentliche Rechengröße. Man durfte pro Friedenskrone zuerst 30, dann 60, dann 90 Groschen verlangen plus Betriebskosten. Dann hat man den Zins auf einen Schilling, dann auf zwei Schilling erhöht, es kam schon zu einem Nachziehen", beschreibt Ulrike Assem die Entwicklung des Friedenskronenzinses über die folgenden Jahrzehnte, an der man auch gut das Prinzip des „Gröscherlgschäfts" erkennt.

Das Mietengesetz und damit der Friedenskronenzins werden sechzig Jahre, bis 1982, die österreichische Immobilienwirtschaft prägen. In keinem anderen Land waren kriegsbedingte Reglementierungen und Zinsstopps so lange wirksam wie in Österreich. Weltkrieg, Inflation, das Ende der Monarchie, die erste Republik und Währungsreformen haben die Wiener Zinshäuser und ihre Bewohner und Bewohnerinnen überstanden. Die Eigentümer und Eigentümerinnen sowie die Hausverwaltungen hofften, dass das Haus irgendwann wieder Gewinn abwerfen würde. Doch das würde noch Jahrzehnte dauern.

Von Gröscherln und Millionen – das Ablösesystem im Zinshaus

Aus dem Alltag erzählt ...

Mit dem Mietengesetz von 1922 war der Friedenskronenzins auf Jahrzehnte so gut wie eingefroren. Das galt auch für die Verwaltungshonorare, die bis in die späten 1960er-Jahre ein Zehntel des Friedenskronenzinses ausmachen sollten. Ein „Gröscherlgschäft" mit äußerst bescheidenen Zukunftsaussichten also für die Vermieter und Vermieterinnen und ihre Hausverwaltungen. Deshalb sahen sich die Hausverwaltungen als verlängerter Arm des Hausherrn oder der Hausfrau nach einem Zusatzeinkommen um und fanden dieses im Ablösesystem, das für Generationen den Wohnungsmarkt prägen würde. Wer eine Wohnung mieten wollte, „kaufte" sich durch eine einmalige Barzahlung das Mietrecht, bekam damit also einen Mietvertrag. Diese Ablösen waren verboten.

Die Hausbesitzer kochten vor Zorn, als zwei Monate nach Inkrafttreten des Mietengesetzes bekannt wurde, dass es der Politik gelungen war, „durch Freimachung von bisher vom Staate benützten Räumen und deren Abgabe an Industrie und Handel für unseren notleidenden Staat eine ‚Ablöse' von einer Milliarde zu erzielen". Sie machten ihrem Zorn im Branchenblatt, der Hausbesitzer-Zeitung, Luft. Ihnen hatte man Ablösen bei Androhung von Geldstrafen oder gar Arrest verboten, und der Staat durchbreche das Gesetz einfach, heißt es sinngemäß in der Ausgabe vom 1. März 1923.

Nachdem also die Politik mit gutem (oder eher schlechtem) Beispiel vorangegangen war, wundert es nicht, dass in den 1920er-Jahren die Ablöse ungeniert in jeder Zeitungsannonce von Wohnungssuchenden oder umgekehrt von anbietenden Verwaltungen gedruckt wurde, gemeinsam mit dem Wort Friedenszins. Das Ablösesystem wurde also schnell zum Standard.

Das ging sogar so weit, dass Zeitungsberichten zufolge der Besitzer eines Zinshauses in der Zirkusgasse im Jahr 1927 das Gericht anrief, weil er der Meinung war, sein Verwalter hätte ihm eine Ablösezahlung unterschlagen – also etwas, das es de jure gar nicht geben konnte. Zum Glück fanden sich damals Zeugen, die bestätigten, dass bis auf ein kleines Geldgeschenk kein größerer Betrag im Spiel gewesen war, und die Klage wurde abgewiesen. Man stelle sich die Situation so vor: Jemand geht zu Gericht, um jemanden anzuzeigen, der einen Auftragsdiebstahl nicht ordnungsgemäß durchgeführt habe.

Josef Rohr, der bis zum Jahr 2006 viele Jahrzehnte als Gebäudeverwalter in Wien und später auch als Bauunternehmer aktiv war, weiß: „Die Hauptaufgabe des Verwalters in dieser Zeit war die Wohnungsvergabe. Und da musste er für den Eigentümer die verbotene Ablöse kassieren. Verbotene Ablösen waren jahrzehntelang die Haupteinnahme des Hauseigentümers. Das hat jeder gewusst. Jeder hat gewusst, dass er eine Wohnung nur dann bekommt, wenn er sie ‚kauft'. Das war selbstverständlich. Ich hatte auch enge Beziehungen zur Mietervereinigung. Die waren nicht böse, dass jemand eine verbotene Ablöse nimmt. Das war selbstverständlich und die Wirklichkeit des Marktes."

So selbstverständlich und üblich, dass es später sogar eine „Faustregel" zu ihrer Berechnung gab. Ulrike Assem rechnet vor: „Der monatliche Friedenskronenzins für eine Substandardwohnung betrug damals 30 Schilling. Zum Vergleich: Im Wirtshaus hat ein Viertel guten Weins damals sechs Schilling gekostet, der Zins entsprach also dem Wert von fünf Vierteln Wein. Dafür waren zu Mietbeginn als Faustregel 1 000 Mieten fällig, in unserem Beispiel also eine Ablöse in Höhe von 30 000 Schilling." Die Ablösen seien die einzigen relevanten Einnahmen der

Vermieter und Vermieterinnen gewesen, unterstreicht Assem: „Denn sonst, wenn zwei Kellerfenster kaputt waren, war auch schon der Zins für einen Monat wieder weg." Der Zins reichte also gerade für Kleinreparaturen.

Wer größere Investments tätigen wollte, hatte damals keine Möglichkeit, für einen höheren Zins zu sorgen, erklärt Treuhänder Otto Friedrich: „Wenn der Hausbesitzer Wasser in die Wohnungen eingeleitet hätte, hätte er trotzdem nicht mehr als 30 Schilling verlangen dürfen. Das WC war sowieso am Gang und die Bassenawohnungen, also Wohnungen mit Wasseranschluss nur am Gang, florierten. Das war eine ungute Situation. Die Ablösen sind meistens schwarz bezahlt worden, im Kuvert sind die im Safe gelegen, und wenn der Eigentümer gekommen ist, hat er sein Kuvert bekommen und ist wieder gegangen. Und dem Haus war auch nicht gedient, weil die Einnahmen nach wie vor 30 Schilling waren, wie davor Kronen. Was wollen Sie mit so wenig Geld machen?"

Die Kehrseite des Ablösesystems war also, dass kein offizielles Geld für Investitionen vorhanden war, der Zustand der Zinshäuser dadurch immer schlechter und Wien zunehmend eine graue, unattraktive Stadt wurde. In weiterer Folge kam es zu einer Fülle von §7-Verfahren nach dem Mietengesetz, das heißt, zu einer Zinserhöhung für dringende Sanierungsarbeiten.

Investitionen zur Verbesserung ihrer Substandardwohnungen zahlten die Mieter und Mieterinnen aus eigener Tasche. So hat auch Edmund „Mundl" Sackbauer als typischer Bewohner eines Zinshauses der 1970er-Jahre in der ORF-Serie „Ein echter Wiener geht nicht unter" von Ernst Hinterberger als Filmfigur mit Kultstatus in die eigene Wohnung investiert. Als am Ende der Serie das Zinshaus in der Hasengasse einem Neubau weichen muss, versteht der Magistratsbeamte Mundls Ärger darüber nicht: „Ich versteh wirklich nicht, was die Leute gegen schönere Wohnungen haben. [...] Die Leute sitzen lieber in ihren verwohnten, abbruchreifen Substandardwohnungen." – „Was haßt Substatartwohnungen, hearst, unser Haus ist no lang ned abbruchreif, weil i hab das Häu…, das Klo hab ich neu eingebaut bei uns und a Badwann hab i auch reingmacht, ned."

Wenn Mundl Sackbauer ein Bad nahm, saß er hinter einem Vorhang in der Wohn-Bad-Küche in einer Sitzbadewanne, die sich in einer Lade unter der Abwäsche versteckte, die bei Bedarf ausgezogen wurde. Vor ihrem Umzug in eine Gemeindewohnung sitzen Mundl und seine Frau Toni in der schon fast leeren Wohn-Bad-Küche und Toni tut es um die Tapete leid:

„Weißt, um was' schad ist? Um unsere Tapeten, die sind fast wie neu." – „Die hab ich eh 'pfuscht." – „Ist eh sauber geworden, die Wohnung. Wennst denkst, wie's da ausgschaut hat, als wir einzogen san." – „Eh, gleich nach'm Krieg, als ma gheirat ham, da war der Großvater noch im Kabinett."

Ein Sittenbild jener Zeit zeichnet auch die Folge „Die Wohnung", in der Sackbauer-Sohn Karli mit seiner Freundin Irmi eine Wohnung sucht und in einem unseriösen Adressenbüro gegen Vorauszahlung einer Gebühr die Adressen leerstehender Wohnungen bekommt. Die Wohnungen sind schrecklich, nur eine Wohnung gefällt Karli und Irmi, für diese müssten sie aber astronomische 160 000 Schilling an Ablöse bezahlen.

Solche Adressenbüros waren ein freies Gewerbe und nicht Mitglied der damaligen Innung der Immobilientreuhänder. Als Verwalter Peter Nemeth Mitte der 1970er-Jahre in solch einem Büro seine Karriere startete, wurde dort die Gebühr für die Aushändigung der Adressen allerdings erst nach Zustandekommen eines Mietvertrags fällig. Da die Wohnungssuchenden von dem Büro nur die Adressen bekamen, woraufhin sie diese freien Wohnungen unbegleitet besichtigen gingen, bestand natürlich die Gefahr, dass sie unter der Hand direkt Mietverträge abschlossen und das Adressenbüro um seine Courtage (Maklergebühr) für die Vermittlung umfiel. Peter Nemeth erzählt: „Meine Aufgabe war, nach drei Monaten den Hausbesitzer anzurufen und so zu tun, als gebe es eine polizeiliche Anfrage zu dem Mieter, dessen Daten wir natürlich kannten: ‚Hier spricht Inspektor X, in Ihrem Haus an der Adresse Sowieso wohnt ein Herr Zapfl.' – ‚Nein, nein, da wohnt kein Zapfl, da wohnt der Poldi Huber.' Da hab ich dann in unseren Unterlagen nachgeschaut, ob wir dem Poldi Huber eine Adresse gegeben haben. Und falls ja, hat das Imperium zugeschlagen – in Form eines Briefes mit Zahlungsaufforderung. Manche haben gesagt: ‚Sie sind von der Polizei? Geben Sie mir die Nummer, ich rufe zurück.' Da hab ich gewusst, da komm ich nicht weiter. Da hab ich schön verdient mit zwei Stunden Aufwand, habe natürlich mit sehr viel Präsenz telefoniert, als würde der Mensch dringend gesucht."

Adressenbüros mit falschen Inspektoren, Zeitungsinserate für „Bastlerhits" in „verkehrsgünstiger Lage", Friedenskronenzins und Ablöseunwesen, Bassena und Klo am Gang, schwarze Fassaden, all das war Wien. Doch auch in gutbürgerlichen Wohnungen hieß es für die Mieterinnen und Mieter oft, viel eigenes Geld in die Hand zu nehmen. Verwalter Nikolaus Rosam erinnert sich an den Einzug seiner Familie in eine sehr schöne, große Wohnung mit Stuckdecken in der Josefstadt: „Aber da ist eine Million Schilling hineingeflossen, damit die bewohnbar wird. Sternparkett abschleifen, das Bad musste neu gemacht werden, die Küche eingerichtet." Für die Mieter und Mieterinnen heute unvorstellbar.

Für sehr große, „herrschaftliche" Wohnungen, für die schon vor dem Ersten Weltkrieg ein hoher Kronenzins bezahlt worden war, sah das Mietengesetz grundsätzlich freie Mietzinsbildung vor. Trotzdem traf man auch in diesem Top-Segment auf die dann natürlich entsprechend höhere Einmalzahlung. Thomas N. Malloth erzählt uns: „Die Wohnung meiner Mutter liegt neben der französischen Botschaft am Schwarzenbergplatz. 230 Quadratmeter, 230 Schilling. Bis heute. Dividiert durch 13,7603. Ablöse: 1 Million Schilling. Schwarz. Das ist so viel wie heute 1 Million

Euro, ident. Das war Anfang der 1970er-Jahre. Natürlich war diese Million verboten. Aber meine Mutter hat sie nie zurückgefordert, Verträge sind einzuhalten. Die war damals beim ORF und hat einen Kredit aufgenommen für eine Mietwohnung! Und hat 20 Jahre den Kredit zurückgezahlt. Das Geld hat sie dem Hausbesitzer gegeben. Die 1970er-Jahre waren geprägt von einem im Grunde legalitätsfernen Immobilienmarkt."

Zwischen 1969 und 1974 war der Wohnungsmarkt de jure liberalisiert, es bestand nun die Möglichkeit, an Mieteinnahmen gut zu verdienen, was das Ende des Ablösesystems bedeuten sollte und den Beginn des Investments zur Erhaltung der Bausubstanz. Die ÖVP-Alleinregierung unter Bundeskanzler Josef Klaus erließ das Mietrechtsänderungsgesetz (MRÄG). Wer ab 1. Jänner 1969 zügig, also innerhalb von sechs Monaten, eine leerstehende Wohnung neu vermietete, durfte freien Zins verlangen – auch für Substandardwohnungen. Treuhänder Otto Friedrich erinnert sich an die Preise neuer Verträge nach der Marktliberalisierung: „Die Zimmer-Küche-Wohnung kostete jetzt 500 Schilling, 650 Schilling für Zimmer-Küche-Kabinett, zwei Zimmer mit Küche haben 850 oder 900 Schilling gekostet. Die Häuser haben plötzlich wieder ‚getragen', es war wieder Geld da, die Eigentümer konnten investieren. Das war eine glückliche Zeit. Die Mieterinnen und Mieter konnten sich das gut leisten, weil ja die Ablösen gefallen sind." Investiert wurde steuerschonend mit Unterstützung jener Hausverwaltungen, die wie Otto Friedrich schon damals begannen, Immobilienmanagement zu betreiben.

„Die Bäume sind damals auch nicht in den Himmel gewachsen", erinnert sich Jurist und Treuhänder Peter Rustler an jene Zeit. Die Erträge hielten sich also weiter in einem überschaubaren Rahmen. Und laut Verwalter und Jurist Oswald Wachsmann hat sich in vielen Häusern gar nichts geändert, weil freie Vermietung nach dem MRÄG auch die Möglichkeit einer Ablöse vorsah, die man nicht einmal genau deklarieren musste. Es hieß unverändert: „Lieber Mietinteressent, zahlst du jetzt eine einmalige Ablöse, dann bist du wieder zum Friedenskronenzins drinnen."

Unter der SPÖ-Alleinregierung von Bruno Kreisky wurde dann wieder einen Gang zurückgeschaltet. Bei Neuvermietungen durften ab 1974 bei einer Substandardwohnung maximal vier Schilling pro Quadratmeter verrechnet werden, bei bestehenden Verträgen wurde der Zins eingefroren. „Ziel war es, den Vermieter zur Wohnungszusammenlegung bzw. Standardanhebung zu veranlassen", erklärt Ulrike Assem. Doch abgesehen vom großen finanziellen Aufwand sei dies nur dann möglich gewesen, wenn zwei nebeneinanderliegende Substandardwohnungen frei wurden. Das aber war selten, wie es generell selten war, dass eine Wohnung frei wurde. Denn die Mieterinnen und Mieter hatten viel Geld für die Ablöse und Investitionen in die Wohnung bezahlt, ihre Verträge waren unbefristet, und so lebten viele Menschen sehr oft ihr Leben lang in derselben Wohnung.

Diesem Umstand verdankt Georg Flödl, geschäftsführender Partner von Immobilien Funk, ein berührendes Erlebnis: „Wir haben uns 2018 in einem Zinshaus in Ottakring als neue Hausverwaltung vorgestellt, auch bei einer alten Dame, sie war damals schon über 90 Jahre alt. Sie lebte seit ihrer Geburt in dieser Wohnung, heizte unverändert die Zimmer-Küche-Kabinett-Wohnung mit einem einzigen Ofen. Die Zeit schien dort stehengeblieben, auch was die Möbel anbelangte: eine Küchenkredenz und ein Waschtisch mit Emaille-Lavoirs in der Lade. Es gab eine Wasserentnahmestelle in dieser Wohnung, die Toiletten waren am Gang. Die alte Dame machte einen sehr zufriedenen, ja, eigentlich glücklichen Eindruck auf mich, sie hat dann noch ein paar Jahre gelebt. Mich berührte so sehr zu erkennen, dass man heute an manchen Stellen bis auf den Kühlschrank noch lebt wie vor fast einhundert Jahren, während sich die Umgebung durch die fortschreitende Stadtentwicklung in diesem Zeitraum grundlegend verändert hat, nicht nur in Ottakring. Diese Wohnung war wie eine Zeitkapsel aus der fernen Vorstadt, die Ottakring einmal war, an der die Stadtentwicklung im Zeitraffer vorbeigerauscht ist."

Die Ablösen und andere Einnahmen lagerten bis zur Abholung je nach Ablagesystem der Hausverwaltungen in Kisten, Kuverts, Taschen oder Safes. Oliver Brichard, der mit seinen Teams 700 Häuser verwaltet, übernahm das Unternehmen von seinem Vater Gerhard Brichard, der aus der Versicherungsbranche kam. „Eines der Schlüsselerlebnisse meines Vaters war der Besuch bei einem Hausverwalter für einen Eigentümer. Dieser Hausverwalter saß an einem großen Schreibtisch und entlang der langen Wand hinter diesem Schreibtisch standen Kisten. Jede Kiste repräsentierte ein Haus. Also waren in jeder Kiste sämtliche Unterlagen, Verträge, sämtliches Bargeld, die das jeweilige Objekt betrafen. Und wenn der Hausbesitzer sehr, sehr lästig war, dann hat sich dieser Hausverwalter umgedreht, hat die entsprechende Kiste in die Hand genommen, etwas Geld herausgenommen und dem Hausbesitzer gegeben. Das war Hausverwalten Anfang der Siebzigerjahre."

Monika Martorana von Comfort-Real erinnert sich an ihre Großmutter, die immer über deren Verwalter geschimpft habe, der hätte immer nur Geld von ihr verlangt, aber nie etwas gebracht. Als Martorana ein Haus ihrer inzwischen verstorbenen Großmutter zur Verwaltung übernahm, wunderte sie sich über die geringen Mieteinnahmen. Die Mieter erzählten ihr von hohen Ablösen, die ihre Großmutter wohl nie gesehen hatte. Insgesamt sei bei den Wohnungsvergaben „bis 1990 ganz viel grennt", meint Martorana, aber natürlich nicht in allen Hausverwaltungen.

Da Ausnahmen bekanntlich die Regel bestätigen, gab es laut Josef Rohr auch Wohnungen, für die keine Ablösen zu bezahlen waren: „Das war in den großen Häusern im 1. Bezirk zum Beispiel, die Versicherungen oder Banken gehörten, da konnte man keine schwarze Ablöse nehmen. Das gab es bei diesen Unternehmen nicht. Wer hat dann die schönen Wohnungen bekommen? Niemand gratis natürlich. Die haben die Direktoren und die Menschen von den Banken und Versicherungen bekommen, und die haben dann billig wohnen können zum Friedenskronenzins."

Für sehr viel Aufregung bei einem mit uns bekannten Verwalter und seinem Treugeber sorgte Anfang der 1990er-Jahre eine der vermutlich letzten Ablösen über 1,3 Millionen Schilling für eine Innenstadtwohnung mit Flügeltüren, Sternenparkett und Friedenskronenzins. Alle waren mit dem Deal zufrieden, aus Spaß beschwerte sich der Hausverwalter über das Plastiksackerl, in dem der neue Mieter die Geldbündel überreicht hatte: grell, gelb, rot, von Löwa – den Supermarkt gibt es schon lange nicht mehr. Eine elegante Tragtasche von Braun & Co. wäre dem Anlass entsprechender gewesen, machten sich die beiden Männer lustig, oder wenigstens von Altmann & Kühne. Nun machten sich Hausverwalter und Hausbesitzer gemeinsam vom Karlsplatz per U4 in Richtung Döbling auf den Weg. Die Filiale der Hausbank in Döbling hatte noch geöffnet, gleich würden sie die Millionenablöse auf das Konto des Hauseigentümers einzahlen. Solche Bareinzahlungen waren damals noch möglich. Konzentriert in ihr Gespräch über die nächsten anfallenden Vermietungen vertieft, hätten die beiden fast vergessen, bei der Station Spittelau auszusteigen. Ein Schritt, ein Sprung, geschafft!

„Wo ist das Sackerl mit dem Geld?", fragte der Verwalter, als sie zum Ausgang gingen. Die Männer sahen einander an, schrien gleichzeitig Vorwürfe und Beschuldigungen in die Luft, ruderten beim Laufen mit den Armen, sprangen ins nächste Taxi in Richtung Heiligenstadt, hetzten die Treppe hinauf, hechteten in den ersten Zug, der dort nach der großen Kehre einfuhr und fanden tatsächlich das hässliche Löwa-Sackerl auf dem Sitz, auf dem es der Hausverwalter oder der Hausbesitzer – wir wollen uns in den Streit über den Verursacher des Dramas nicht einmischen – abgestellt hatte. Ob auch eine elegante Tragtasche von Braun & Co noch dort gestanden wäre, ist eine andere Geschichte.

„Die finanzielle Situation war über viele Jahre für den Hausbesitzer und damit auch für seinen Treuhänder sehr unbefriedigend. Es herrschte oft Unverständnis der Eigentümer, die immer noch im Ohr hatten, dass man mit einem Zinshaus monatliche Erträge hat und das gemütlich sei", so Ulrike Assem, „und wenn es hart auf hart ging, konnte man auch eine Strafe für die Ablöse ausfassen und musste sie zurückzahlen. Auch das hat es gegeben."

Als der Ablöse in den 1980ern nicht mehr der Friedenskronenzins als „Zuckerl" gegenüberstand, hieß sie „Investitionsbetrag", „Möbelablöse" oder „Unkostenbeitrag". Bei einer Investitionsablöse von 150 000 Schilling war der tatsächliche Wert „vielleicht 50 000 Schilling für eine Küche oder einen Einbauschrank", erklärt Peter Nemeth, „und für den Rest der Ablöse hat man dann dem Mieter eventuell ein Weitergaberecht eingeräumt, befristet mitunter, oder ein Untermietrecht." Junge Immobilienmanager wie Lukas Eybel, Geschäftsführer der BE Real, wundern sich heute zu Recht, wenn ihnen solche Mietverträge mit Weitergabe- oder Vorschlagsrecht in die Hände fallen.

Die Verhandlungen wegen zu hoher „Investitionsbeiträge" mehrten sich, auch Peter Nemeth erlebte eine mit. „Ich hatte eine Wohnung in Neubau zu vergeben: ruhige, begrünte Hoflage, 45 Quadratmeter, 2 000 Schilling Miete und 50 000 Schilling Ablöse. Ich habe als Verwalter den Mieter ausgesucht. Nur drei Mal im Leben habe ich mich in Menschen getäuscht", sagt er und klopft auf Holz – dreimal auf den Tisch vor sich –, „und wenn ich die drei heute sehen würde, bekäme ich heute noch einen Zorn. Wir machen den Vertrag in der Wohnung, Abwicklung erledigt, Wohnung übergeben. Drei Monate später bekomme ich einen Brief vom Gericht, der Mieter hat geklagt und wollte von den 50 000 Schilling den Großteil wieder zurück. Ich bin in Ohnmacht gefallen. Ich hatte vom Mietrecht nicht die geringste Ahnung. Ich wusste zwar, dass es möglicherweise nicht ganz korrekt ist, eine Ablöse zu verrechnen, aber für mich war alles okay, es gab einen Gegenwert und faire Miete. Der Richter fragte: ‚Sie haben angeblich 50 000 Schilling bezahlt, können Sie das beweisen?' Der Mieter nahm sein Sparbuch raus, man sah, dass er an dem Tag die entsprechende Summe abgehoben hatte, und sein Freund, der im Gerichtssaal saß, hätte ihn im Stiegenhaus perlustriert und gesehen, dass er das Geld bei sich habe, keinen Mietvertrag und keinen Schlüssel. Auf dem Rückweg hingegen hätte er einen Vertrag und einen Schlüssel gehabt, aber kein Geld mehr. Der Richter fragte ihn: ‚Und warum haben Sie das gemacht?' – Mieter: ‚Ich habe gewusst, dass die Ablöse zu hoch ist, und die will ich zurückhaben; und deshalb musste ich das so machen, sonst hätte ich die Wohnung nicht bekommen.'

Was für ein …! Für den Richter war der Beweis erbracht, ich saß im Gerichtssaal mit 170 Blutdruck und hab mich gefragt, in welcher Welt lebe ich? Das hat mich Nerven gekostet. Ich werde nie eine Wohnung oder ein Haus kaufen, das will ich mir nicht antun, dass ich da mitspiele. Da gehe ich lieber auf Reisen oder in ein sauteures Restaurant."

Die Beweisführung mittels Sparbuchs wurde in den 1980er-Jahren gängige Methode zwecks Rückforderung von Ablösen. Die Ablösewirtschaft habe der Branche ein gewisses Schmuddel-Image eingebracht, drückt Ulrike Assem es aus, „mit dem Verdacht, der Hausverwalter hat da sicher was mitgeschnitten, was eingesteckt, was getan, was nicht in Ordnung war. Diesen Ruf hatte man schnell, auch wenn viele Unternehmen alles perfekt und korrekt gemacht haben. Der Beruf war immer mit einem gewissen Hautgout behaftet."

Der Hautgout, eine gewisse Anrüchigkeit, schien auch branchenintern seine Wirkung gezeigt zu haben. Bis Ende der 1980er-Jahre, so Oliver Brichard, hätten sich die Verwalter auch untereinander „sehr, sehr stark misstraut“. Dieses gegenseitige Misstrauen sei wohl auch aus der Grauzone mit den Ablösen gekommen. Die nächste Generation wird kooperieren, sich als Immobilienmanager sehen und die Wiener Zinshäuser zukunftsfit machen. Dafür hat diese Generation später das Gesetz auf ihrer Seite.

III.
Verdunkelung und Wiederaufbau – Zweiter Weltkrieg und Nachkriegszeit

Mit dem „Anschluss" Österreichs an Nazideutschland durfte bald nicht mehr an Jüdinnen und Juden vermietet werden. Die Parteien mancher Zinshäuser feierten, wenn ihr Haus „judenfrei" war. Nach dem Krieg fiel den Hausverwaltungen der Wiederaufbau der Zinshäuser zu, neue Paragrafen regelten deren Verwaltung. Zur Klientel der Kanzleien zählten nun Überlebende des Holocaust im Ausland.

1938 war Österreich Geschichte. Die Zinshäuser standen nun in der Ostmark, der Friedenskronenzins wurde in Reichsmark bezahlt. Im Mai 1939 trat das „Gesetz über Mietverhältnisse mit Juden" in Kraft, das besagte, dass sich jüdische Mieterinnen und Mieter nicht mehr auf den Mieterschutz berufen konnten, sofern ihnen ein Ersatzquartier angeboten wurde. Ersatzquartiere befanden sich in der Regel in Gemeinschaftswohnungen: große Wohnungen, die noch nicht arisiert worden waren, in denen dicht gedrängt jüdische Familien lebten. Verträge mit Jüdinnen und Juden konnten nun de jure vorzeitig aufgelöst werden. Jüdische Hausbesitzer und Hausbesitzerinnen durften nur noch mit behördlicher Genehmigung vermieten.

Schon vor Inkrafttreten des Gesetzes, am 1. April 1939, titelte die Illustrierte Kronen-Zeitung:

> Die „Weiße Fahne" auf dem Planettaplatz
> Von einem Hernalser Zinshaus auf dem Planettaplatz weht seit gestern eine weiße Fahne. Sie soll die Freude und den Frieden anzeigen, da gestern um die Mittagsstunde der letzte Jude das Haus verlassen hat. Nicht weniger als sieben jüdische Parteien mußte das Haus beherbergen. Sechs von ihnen sind schon früher weg, dem „letzten Mohikaner" wurde nun von der Hausverwaltung gerichtlich gekündigt. Der Hausvertrauensmann Pompl meinte, der Anlaß müsse gefeiert werden und so machten einige Parteien eine schöne, lange Fahne. Als der Jude um die Mittagszeit das Haus verließ, stand Herr Pompl wie ein Admiral auf der Kommandobrücke beim Bodenfenster und seine Frau, die Frau Zimmermann und die Frau Gröger stießen die Fahne schwungvoll hinaus. Auf dem Platz hatte sich unterdessen eine Unmenge Leute eingefunden, die das Freudenfest unbedingt mitfeiern wollten und die weiße Fahne mit großem Beifall begrüßten.

Der Planettaplatz heißt heute wieder Parhamerplatz, wie schon vor der NS-Herrschaft. Zwischenzeitlich war er nach Otto Planetta benannt, einem der beiden Dollfuß-Attentäter des Juli-Putsches von 1934.

Ende 1939 erinnerten die Zeitungen die Hausverwaltungen daran, dass die „Zuweisung von Judenwohnungen nach wie vor anmeldepflichtig" sei. Wer „Volksgenossen" ohne Zustimmung des Wohnungsamtes einziehen lasse, müsse mit einer Anzeige beim jeweiligen Fachverband rechnen. Abgesehen von dieser „Warnung" ging die Presse mit dem Hausverwalter in den Kriegsjahren eher freundlich um, die Kleine Volks-Zeitung widmete ihm ein Porträt, wonach er freundlich Bassena-Streitigkeiten schlichtete, wenn es auch – darauf legt der zitierte Hausverwalter M. Wert – mit der Romantik vergangener Zeit vorbei wäre. Er habe, anders als die Kollegen vor zwanzig Jahren, mehr zu tun, als nur Miete zu kassieren: „Wenn man, wie etwa ich, allein im alten Wiener Stadtgebiet 114 Häuser mit 1633 Mietern zu verwalten hat, dann können Sie sich die Fülle von Arbeit wohl vorstellen. Tritt ein Baugebrechen ein, stimmt etwas im Luftschutzraum oder mit der Verdunklung nicht, wer trägt die Verantwortung den Behörden gegenüber? Der Hausverwalter. Wer hat die Interessen des Hauseigentümers zu vertreten? Sein bevollmächtigter Hausverwalter. Und wer soll es schließlich allen Mietern – wenn so vierzig, fünfzig in einem Haus wohnen – recht machen? Der Hausverwalter."

Während sich die Hausverwaltungen um Luftschutzkeller und Verdunkelung kümmerten, kämpfte der Wiener Metallhändler Max Wachsmann, ein Protagonist in unserer Geschichte des Zinshauses und seiner Verwaltungen, in verschiedenen Konzentrationslagern ums Überleben. Sein Sohn aus zweiter Ehe, Oswald Wachsmann, erzählt uns, wie seinem Vater mehrmals die Flucht gelang. Er schaffte es schließlich über die steirische Grenze in das damalige Königreich Jugoslawien. Als die Nazis 1941 dort einmarschierten, wurde Max Wachsmann erneut festgenommen und ins Konzentrationslager Jasenovac an der Save verbracht. Jeden Morgen verließ er mit seinem Trupp den von der Ustascha betriebenen Lagerkomplex zum Arbeitseinsatz. Als er sich eines Morgens unbeobachtet wähnte, stürzte sich Wachsmann in die Save und tauchte unter, die Schüsse, die ihm das Wachpersonal hinterherjagten, prallten an den Eisschollen ab. Ohnmächtig wurde Max Wachsmann etwas flussabwärts auf der anderen Uferseite des Flusses von Partisanen aus dem eiskalten Wasser gezogen. Er dankte den Partisanen für sein Leben und soll daraufhin alles riskiert haben, um deren Widerstand gegen die Invasoren zu unterstützen, erzählt uns Hausverwalter Oswald Wachsmann: „Mein Vater hat sich in einer Kurve die Böschung zur Bahnstrecke hinunterrollen lassen. Dort, wo der Zug langsam gefahren ist, ist er zwischen den Achsen auf das Gleis gelangt, hat eine Haftbombe an den Zug angebracht und hat sich zwischen den Achsen wieder durchrollen lassen. Das muss einmal einer zusammenbringen, noch dazu, wo er ja durch die KZ-Aufenthalte geschwächt war."

Wie die meisten Überlebenden des Holocaust habe sein Vater über seine Erlebnisse nie erzählt, davon erfahren hat Oswald Wachsmann von Herrn Levental, einem hochrangigen Polizeibeamten im ehemaligen Jugoslawien. Ihn lernte Oswald Wachsmann im Familienurlaub kennen. Als sein sparsamer Vater einen Strafzettel am Urlaubsort nicht akzeptieren und mit dem zuständigen Beamten sprechen wollte, standen einander Wachsmann und Levental, der eigentlich Löwenthal aus Simmering war, gegenüber und fielen einander in die Arme. Levental war einer der Partisanen gewesen, die Max Wachsmann aus der Save gezogen hatten.

Für den Metallhändler Wachsmann war das Material der Abbruchhäuser nach dem Krieg wichtig. Bei seiner Rückkehr aus Jugoslawien musste er erfahren, dass seine Frau und der gemeinsame Sohn von den Nazis ermordet worden waren. Er hatte alles verloren und begann mit Mitte vierzig noch einmal von vorne. Dabei leistete er sich selbst wie seiner neuen Familie wenig. Oswald Wachsmann erzählt uns: „Der Vater hat nach dem Krieg Tag und Nacht im Alteisengeschäft gearbeitet und viele Demolierungen akquiriert. Nach dem Krieg gab es ja viele Abbrüche und da war Alteisen anfallend. Von den alten Häusern, die Kriegsruinen waren, gab es die schweren Stahlträger. Er ist Tag und Nacht herumgefahren und hat geschaut oder war in den Kaffeehäusern unterwegs, im Prückel, Schwarzenberg oder im Babenberger Hof. Dort hat er akquiriert: ‚Wo sind Abbrüche, wo kann man Eisen kaufen?' Das ging viele Jahre so, später habe ich ihn als Kind manchmal begleitet." Für den damals Sechsjährigen führte während der Materialsuche seines Vaters eine Begegnung im Babenberger Hof zu einer persönlichen Sternstunde: Sein Vater stellte ihm Hermann Leopoldi vor, dessen Lieder Wachsmann aus dem Radio kannte. Auf die mutig vorgetragene Bitte des Buben hin setzte Leopoldi sich nach dem Kartenspiel ans Klavier, um den „Krankenkassenpatienten" zu spielen. Als er im Text aussetzte, konnte der Bub stolz soufflieren. „Na, Gott sei Dank bist du da", sagte Leopoldi zu Oswald Wachsmann, der sich gerührt zurückerinnert und heute noch den gesamten Liedtext auswendig weiß.

1945 waren in Wien mehr als 6 000 Gebäude völlig zerstört, rund 40 Prozent des Gebäudebestandes waren schwer beschädigt. Auch das Haus an der Adresse Mariahilfer Straße 196, Familien- und Firmensitz der Hausverwaltung Frieda Rustler, war ausgebombt. Die Nachbarhäuser wiesen ebenfalls schwere Schäden auf, vor allem an den Dächern und Fenstern, so Treuhänder Peter Rustler: „Zuerst ist es nach dem Krieg wichtig gewesen, die Dächer dicht zu bekommen. Wenn irgendwo eine Bombe eingeschlagen hat, sind die Ziegel durch die Luft geflogen. Oft hat der Luftdruck genügt, dass die Dachziegel rundherum weg waren. Man musste schauen, dass man das wieder dicht bekommt. Und da gab es ganz geschickte Dachdecker, die irgendwie Ziegel aufgetrieben haben, teilweise von Abbruchprojekten, und die Dächer wieder dicht gekriegt haben. Es war eine Zeit, in der man Papierfenster hatte. Das war ein durchscheinendes, gelbliches Papier, das mit Drähten verstärkt war, deshalb hat es besser gehalten." Der Rustler'sche Familiensitz erhielt laut Allgemeiner Bauzeitung vom 16. Oktober 1946 die Abrissgenehmigung und wurde in der Folge neu aufgebaut.

„Zur Milderung der Wohnungsnot", so Ulrike Assem, „wurden mit dem Wohnungsanforderungsgesetz in der Fassung von 1945 Wien und andere Städte ermächtigt, Wohnungen sowie Geschäfts- und Büroräume an Vorgemerkte, das waren meist ausgebombte Personen, zum gesetzlichen Mietzins zu vergeben." Im Oktober 1945 veröffentlichte die Wiener Zeitung einen entsprechenden Aufruf an „Hausbesitzer und Hausverwalter", freie oder frei werdende Wohnungen zu melden. Mieterinnen und Mieter hatten „überzählige" Räume zu melden, also solche, die sie nicht selbst bewohnten. Dieses Wohnungsanforderungsgesetz kannte laut seinem §3 auch Ausnahmen: Wer etwa ohne Förderungen, das heißt nur aus Eigenmitteln, durch Kriegseinwirkung unbewohnbare Wohnungen in seinem Haus wiederhergestellt hatte, musste diese Wohnungen nicht als Leerstand melden.

Nicht jede Wohnung in einem §3-Haus war also in Topzustand. Die Schauspielerin und Autorin Olga Barenyi beschreibt in ihrem Essay „Wollen Sie mich einmal besuchen?", der 1949 in der kommunistischen Volksstimme erschien, ihr Leben in einem solchen §3-Haus:

> Alles habe ich im Haus. Wasser ist auch reichlich vorhanden. Im Kabinett regnet es durch den Plafond,
> im Zimmer rinnt das Wasser von den Wänden herunter, und in der Küche spritzt es durch die schadhafte Wasserröhre. Nur im Klosett gibt es kein Wasser.
> Alles kann man aber auch nicht haben. Gas und elektrisches Licht wären auch da, wenn die Leitungen in Ordnung wären.
> Ich besitze eine sogenannte Paragraph-3-Wohnung. Nach welchem Paragraph ich einmal verurteilt werde, falls unser lieber Hausverwalter eines gewaltsamen Todes sterben sollte, weiß ich vorläufig noch nicht. Es wäre aber schade um ihn. Er ist ein sehr guter Geschäftsmann und beinahe ein Wohltäter. Das letztere behauptet er sogar selbst. Beinahe – sagt er, so bescheiden ist er.

> Und wirklich, er läßt uns drei Parteien in dieser schönen Ruine wohnen und verlangt fast nichts dafür, außer den paar tausend Schilling, die ein jeder von uns für die Wohnung bezahlen mußte. Außerdem selbstverständlich den Zins und die Betriebskosten, die selten mehr als 50 S monatlich ausmachen. Richtig, noch etwas. Das Stiegenhaus sollen wir auf unsere Kosten aufbauen lassen. Und ob Sie mir glauben oder nicht, die zwei anderen Parteien weigern sich. Ich nicht, ich sehe vollkommen ein, daß man gelegentlich eine Stiege braucht, wenn man im zweiten Stock wohnt. [...]
> Ich will mich nicht rühmen, ich glaube aber, behaupten zu dürfen, eine Musterösterreicherin zu sein. Ich würde sogar die direkten Steuern zahlen, wenn ich das Existenzminimum verdienen würde. Natürlich bin ich eine strenge Normalverbraucherin. Und, bitte – meine Bekannten behaupten, ich sei schwachsinnig. Nichtsdestoweniger habe ich einen Freund, der mich richtig einschätzt. Unseren lieben Herrn Hausverwalter nämlich. Der klopft mir immer wohlwollend auf die Schultern und sagt – ja, wenn alle Mieter so wie Sie wären, dann wäre das Leben leicht.

Anfang 1949 kam es – Zeitungsberichten zufolge – öfter vor, dass Häuser einsturzgefährdet waren und deshalb gestützt werden mussten. Manche Hausgemeinschaften beteiligten sich laut diesen Berichten auch an den Kosten für Reparaturen und wurden dabei manchmal über den Tisch gezogen oder übervorteilt. Vorerst ging es in erster Linie darum, trocken und nicht lebensgefährlich zu wohnen.

Für die jetzigen Generationen ist die Vorstellung, ohne Besitz oder Hausrat vor einer Ruine zu stehen, wohl unvorstellbar. Solches zu erleben, hinterlässt Spuren, was folgende Geschichte, die uns Nikolaus Rosam erzählte, anschaulich zeigt:

Kurzwarengeschäfte gehörten früher zum Straßenbild wie Bäckereien oder Gemüsegeschäfte. Sie waren einfach da und man vermisste sie erst, als es sie nicht mehr gab und man einen Knopf verloren hatte oder eine Hundeleine brauchte. Ein solches Kurzwarengeschäft betrieb vor vielen Jahren in der Engerthstraße eine Klientin des Hausverwalters Rosam in ihrem Zinshaus. „Die Frau war wirklich wohlhabend, trotzdem stand sie tagein, tagaus im Geschäft", erzählte er uns, „und jedes Mal, wenn jemand aus einer der Mietwohnungen in dem Haus auszog und irgendein Möbelstück zurückließ, ließ die Frau ihren Neffen diese Möbelstücke auf den Dachboden schleppen". Das seien ja „sheine mebl", meinte sie, „einer der Nachmieter wird sich bestimmt darüber freuen." Das über die Jahrzehnte wachsende Möbeldepot auf dem Dachboden wurde für Verwalter Rosam zum Sicherheitsrisiko. Es gelang ihm einfach nicht, die Hausbesitzerin davon zu überzeugen, die „sheinen mebl" auf die Deponie verfügen zu lassen.

Plötzlich blitzte in einem Gespräch mit dem Neffen der Hausbesitzerin der Funke einer Hoffnung auf. Seine Tante müsse ins Krankenhaus, so der Neffe, zum Glück nichts Schlimmes. Aber auf jeden Fall wäre dann in dem Zinshaus für ein paar Tage die Luft rein, kombinierte der kluge Hausverwalter und organisierte im Einvernehmen mit dem Neffen eine Entrümpelungsfirma, die ein Heidengeld dafür verlangte, die „sheinen mebl" zu entsorgen. Die Menschen, die als Ausgebombte vom Wohnungsamt auf Basis des Wohnungsanforderungsgesetzes eine Wohnung zugewiesen bekamen, hätten wohl viel für einen Tisch oder eine Kredenz von diesem Dachboden gegeben.

Nikolaus Rosam betrachtet als studierter Historiker Stücke aus Nachlässen besonders wertschätzend, deshalb warf er nach dem Tod einer Mieterin ein paar Bündel Briefe nicht sofort weg:

„Liebe Amalia, ich bedanke mich für deinen ausführlichen Brief. Es ist schön zu hören, dass in Wien ...", so und ähnlich begannen die Briefe, die ein Wehrmachtssoldat von der Front einer ihm unbekannten Wienerin schrieb. „Brief an einen unbekannten Soldaten“ hieß die Aktion, die junge Frauen während des Zweiten Weltkriegs animieren sollte, Briefe oder Pakete mit Strümpfen oder gar einer Wurst an unverheiratete Soldaten oder solche ohne Freundin an die Front zu schicken. Diese Briefe aus der Heimat sollten nach den Vorstellungen der Nationalsozialisten die Kampfmoral der Soldaten steigern und gleichzeitig auch ihre Vorsicht im Feld erhöhen. Eine dieser jungen Briefeschreiberinnen wohnte in einem Haus der Familie Rosam. Nikolaus Rosam überließ die Briefe aus dem Nachlass dem Kriegsarchiv – und 150 Kilo Würfelzucker einem Pferdestall. Denn für viele Menschen, die den Krieg erlebt hatten, war auch in Friedenszeiten Zucker eine für den Notfall gehamsterte Energiequelle und Tauschwährung geblieben.

Die Besatzungsmächte standen nach dem Krieg zunehmend einer immer größer werdenden Wohnungsnot und schlechter Versorgung der österreichischen Bevölkerung gegenüber. Ab 1949 machte der sogenannte Marshallplan der USA – offiziell hieß das Wirtschaftsförderungsprogramm European Recovery Program (ERP) – auch Mittel für den Wohnbau frei. Ulrike Assem fasst die Entwicklung folgendermaßen zusammen: „Die Laufzeit der Wohnhauswiederaufbaukredite betrug zuerst 100 Jahre, das war ja gigantisch. Sie wurde dann verkürzt auf 75 oder 50 Jahre, zinsenfrei. Das war einmalig und ein wesentlicher Anschub, dass das Stadtbild wieder auf gleich gekommen ist.“ Manche Häuser waren völlig zerstört, bei anderen war nur ein Trakt einer Bombe zum Opfer gefallen. Mit den neuen Fördermitteln wurde wieder aufgebaut, zum Teil im neuen Wohnungseigentum.

Der Wiederaufbau hat das Gesicht der Zinshäuserzeilen zum Teil verändert. Aus Kostengründen sei es durchaus vorgekommen, dass die Fassaden der Häuser abgeschlagen wurden, so Ulrike Assem. Fassaden mit Bombenschäden wurden entstuckt und anschließend glatt verputzt. Wer durch die Stadt geht, kann Eckhäuser mit zwei unterschiedlichen Fassaden entdecken: Eine Hausfassade zeigt sich noch im Stil des Historismus, die andere Seite wurde nach Bombenschäden abgeschlagen und ist heute schnörkellos.

Auch nach dem Krieg sei der Zins unverändert kassiert worden, so Treuhänder Peter Rustler. Der Hausmeister habe kassiert und der Verwalter oder die Verwalterin, wie seine Mutter, die Gründerin der Hausverwaltung Frieda Rustler, holte das Geld dann ab. „Das war besonders spannend im russischen Sektor, im 20. Bezirk. Da haben sich die Verwalter gefürchtet, von hier (Rudolfsheim-Fünfhaus war französischer Sektor, Anm.) in den 20. Bezirk zu fahren und dann mit dem Geld wieder zurückzufahren. Die Mutter ist allein mit der Straßenbahn hingefahren, sie hat dort drei, vier Häuser verwaltet", erinnert sich Peter Rustler.

Auch Monika Martoranas Großmutter, die während der Inflation in den 1930er-Jahren mit dem Gewinn der familieneigenen Fleischerei am Ende kein Zinshaus, sondern nur noch ein Stück Butter kaufen konnte, sah sich in den 1950er-Jahren wieder um ein Investment um. Und der Großvater, so Monika Martorana, war wieder der, der gebremst habe: „Brauchma ned!" Die Großmutter fand das Haus in der Pouthongasse in Rudolfsheim-Fünfhaus, in der Martorana heute ihren Firmensitz hat: „Der Großvater hat ihr nur deshalb die Genehmigung gegeben, weil die Märzstraße damals eine relativ belebte Einkaufsstraße war. Ich erinnere mich, als ich ein Kind war, hat es in der Hütteldorfer Straße alles gegeben. Heute gibt es dort gar nichts mehr. In der Märzstraße gibt es heute unten nur noch Kaffeehäuser und Friseure. Und bei uns heroben ist es etwas besser von der Infrastruktur. Das durfte die Oma damals also kaufen, weil der Opa meinte: ‚Wenn du ein Haus kaufst, muss zumindest ein Geschäftslokal drinnen sein, weil damit kann man Geld verdienen. Mit den Wohnungen verdient man kein Geld.' Heute hat sich das umgedreht. Ich bin selbst mit der Hausverwaltung in das Geschäftslokal im Erdgeschoß gezogen, nachdem es drei Monate vermietet war, dann Leerstand, dann das ganze von vorn. Aus, Ende! Ich bau das um, mach mir unten das Büro. Und die ehemaligen Büroräume habe ich heute als Wohnung vermietet."

Nach dem Abzug der Besatzungsmächte am 26. Oktober 1955 hofften auch jene Menschen, die vor dem NS-Regime in die USA, Australien oder andere Länder flüchten konnten, auf bessere Erträge ihrer Zinshäuser in der alten Heimat. „Die in die USA emigrierten Österreicher, die gehofft hatten, jetzt ein Haus wieder ordentlich bewirtschaften zu können, sind eines Schlechteren belehrt worden, indem der Friedenskronenzins geblieben ist", beschreibt Verwalter und Jurist Oswald Wachsmann die Stimmung 1955. Er erzählt, die Menschen wären entrüstet gewesen darüber, dass der Staat nicht einmal einen Mietzins einheben ließ, der die Erhaltung eines Hauses ermöglichte. Wirtschaftlich gesehen waren die Häuser kein Geschäft mehr, dazu kamen die Eintrittsrechte: „Die Eintrittsrechte haben wir heute noch. Inzwischen mit fiesen und dreisten Tricks sondergleichen, wo schon Ungeborene eintreten, wenn nur die Großmutter dort gewohnt hat."

Die USA-Emigranten und Emigrantinnen verkauften damals also zu Diskontpreisen. Max Wachsmann kaufte das erste Zinshaus in Wien Ende der 1950-Jahre um 250 000 Schilling. „Das war eine Gassenfront von 20 Laufmetern und 4 Stock hoch. Es war aber in sehr schlechtem Zustand. Es gab einfach kein Geld, es ordentlich zu renovieren, es wurde immer nur das Notwendigste gemacht, damit es sich nicht verschlechterte. Und so ist mein Vater nach und nach zu den Häusern gekommen, mit dem reellen Einkommen aus dem Alteisenhandel. Ich habe dann nach dem Tod meines Vaters 1987 die Erbschaft angetreten mit meiner Mutter und meinem Bruder, wir hatten zahlreiche Kredite zu bedienen, die für den Ankauf der Liegenschaften aufgenommen worden waren. Mein Vater hat immer gesagt: ‚Es wird irgendwann einmal ein besserer Ertrag sein, dann werde ich das schon zurückzahlen können.'"

Ab den späten 1950er-Jahren waren also viele Zinshäuser auf dem Markt. „Damals gab es Häuser ohne Ende. Wenn man zehn Häuser hatte zum Verkaufen, hat man halt zwei oder drei inseriert. Und das war mühsam! Damals waren wir froh, wenn sich überhaupt jemand für eine angebotene Immobilie interessierte", so Treuhänder Otto Friedrich. Er war Mitte der 1960er mit seinem Partner Paul Padelek auch als Makler aktiv und hatte vom Verwalter eines Zinshauses in Favoriten den Auftrag, das Zinshaus auf dem Markt anzubieten. „Wir haben es inseriert, es war aber sehr teuer. Dann habe ich den Verwalter angerufen, man sollte doch mit dem Preis hinuntergehen, wenn man das verkaufen wolle, aber der hat das abgelehnt: ‚Nein, nein, die Eigentümer verlangen so viel!' Dann habe ich etwas nicht ganz so Seriöses gemacht: Ich bin in das Grundbuch gegangen und habe mir das abgeschrieben. Das hieß damals zwischen acht und zwölf Uhr, mit Bleistift, man durfte nur auf einen Zettel abschreiben. So wusste ich, wem das Haus, ich glaube in der Erlachgasse, gehörte: drei Damen aus New York. Und da in der Urkundensammlung immer die Adressen stehen, habe ich die Damen angeschrieben. Ich wisse, dass sie das Haus verkaufen wollten, und möchte ihnen mitteilen, dass der geforderte Kaufpreis von sagen wir 350 000 Schilling um 100 000 Schilling zu teuer sei. Dann bekomme ich eine freundliche Antwort: Sie danken für mein Interesse, so viel würden sie ja gar nicht verlangen. Sie wären mit viel weniger auch zufrieden. Da stimmte also etwas nicht. Der Punkt war, dass der Verwalter das Haus teurer gemacht hatte, damit er es nicht aus der Verwaltung verliert. Da dachte ich mir, es werden vermutlich mehr Menschen in den USA leben, die diesbezüglich Probleme haben."

Otto Friedrich inserierte daraufhin gemeinsam mit Paul Padelek, dass sie Zinshäuser zu kaufen suchten, worauf sich ein Herr K. aus New York meldete, dem mit seinen drei Brüdern ein Haus in der Riemergasse gehörte. Die vier seien im Juli einen Monat in Wien und wollten in dieser Zeit das Haus verkaufen. Otto Friedrich wusste, das würde nicht einfach werden: „Eine Rarität! Ein Zinshaus im 1. Bezirk! Im Juli! Kein Mensch in Wien! Zufällig habe ich mich an eine Bekannte aus Montecatini erinnert, die einmal gemeint hatte, ich solle mich melden, wenn ich ein Haus im 1. Bezirk hätte – und das hat tatsächlich geklappt." Otto Friedrich erzählt weiter: „Herr K. war zufrieden und meinte: ‚Herr Friedrich, Sie sollten nach Amerika kommen, nach New York. Ich kenne selbst einige Leute, die Häuser haben. Es gibt auch eine Zeitung: „Der Aufbau – An American Weekly in German".' Und dort wurde inseriert auf Seite 3: „Otto Friedrich ist dann und dann in New York, man erreicht ihn telefonisch so und so". Da ist es zugegangen, ein Wahnsinn! Das erste Mal war ich sechs Wochen in New York, das zweite Mal auch. Vor meiner ersten USA-Reise hat meine Mutter eine Abschiedsparty für mich gegeben, das war wirklich eine große Sache damals.

Ich bin draufgekommen, dass die Verwalter auf den Häusern draufsitzen wie die Henne auf dem Ei, und bevor sie ein Haus verlieren, machen sie lieber falsche Angaben und tätigen falsche Aussagen. [...] In der Regel blockierten die Verwalter den Verkauf der von ihnen verwalteten Immobilien. Wenn ich etwas wissen wollte, was für den Verkauf dienlich war, bekam ich keine Antwort."

Für manche seiner Fälle brauchte Otto Friedrich detektivischen Spürsinn:

„Ich inseriere wieder einmal, da ruft mich eine Dame an: ‚Mr. Friedrich, ich habe ein Haus, wann kann ich Sie sehen?'

‚Ich bin zwei, drei Tage hier, jederzeit.' – ‚Gut, dann treffen wir uns in diesem Restaurant. Ich halte die Zeitung in der Hand.'

Wir treffen uns, ich frage sie: ‚Wo haben Sie Ihr Haus?' – ‚In der Klosterneuburger Straße.'

‚Aha, welche Nummer?‘ – ‚Das weiß ich nicht.‘

‚Hm, ich auch nicht.‘ – ‚Wieso wissen Sie die Nummer nicht?‘

‚Gnädige Frau, ich sehe Sie heute zum ersten Mal.‘ – ‚Ach so, Sie sind nicht mein Manager?‘

‚Nein, ich bin nicht Ihr Manager.‘ – ‚Wer ist dann mein Manager?‘

‚Gnädige Frau, das weiß ich auch nicht.‘

Dann hat sie mir das Haus beschrieben, ich bin zurück nach Wien gefahren und konnte die Besitzverhältnisse klären. Der Verwalter war Rechtsanwalt und Sohn eines bekannten ordentlichen Verwalters. Der hat der Besitzerin keine einzige Abrechnung zukommen lassen. Das Haus gehörte ihr und ihrem Bruder, der war schon sechzehn Jahre davor verstorben. Ich habe der Klientin dann die Eigentumsübertragung empfohlen und mich in ihrem Auftrag darum gekümmert. Im Zuge der Verwaltungsübernahme, ich war bereits bevollmächtigt, habe ich dem verwaltenden Rechtsanwalt geschrieben, dass ich von der Eigentümerin beauftragt bin. Schreibt mir der zurück: ‚Sie ist nur die Hälfte-Eigentümerin.‘ Schreib ich zurück: ‚Nein, sie ist auch die Erbin zugleich, weil der Bruder vor sechzehn Jahren gestorben ist.‘ Schreibt er: ‚Das weiß ich gar nicht.‘

Der hat sechzehn Jahre eine falsche Steuererklärung abgegeben für einen verstorbenen Menschen, ein Wahnsinn!

Im Lauf der Jahre habe ich hundert, hundertzwanzig Liegenschaften akquiriert. Wenn Sie gut sind und ehrlich, werden Sie weitergereicht. Und da haben sich auch Freundschaften entwickelt, wirkliche Freundschaften.“

Freundschaften entstanden nicht nur über den Atlantik hinweg, sondern auch über den Eisernen Vorhang, gibt Ulrike Assem Einblick: „Wenn Sie einen Blick in den 1927 herausgegebenen Wiener Häuserkataster nach J. Wolfgang Salzberg werfen, erkennen Sie die breite Palette der Herkunft der Eigentümer aus allen Regionen der Monarchie. Über alle politischen und wirtschaftlichen Umbrüche hinweg haben viele ausländische

Eigentümer und Eigentümerinnen ihre Häuser behalten und erhalten. Die Hausverwalter waren speziell für Eigentümer, die hinter dem Eisernen Vorhang lebten, oft über mehrere Generationen wichtigste Vertrauenspersonen und nicht selten auch Freunde. Da Hauserträge von den Ostblockstaaten abkassiert wurden, war es kontraproduktiv, sie an die Eigentümer zu überweisen. Auch Transporte über die Grenze im Reisegepäck waren nicht zu empfehlen. Es ging bei den bescheidenen Zinserträgen nicht um Reichtümer, deshalb wurden dann die selten genehmigten Reisen dazu genutzt, mit den Guthaben aus dem Zinshaus ein paar angenehme Tage in Wien zu verbringen."

Von Fassaden und Provisionen – die Hausverwaltungen und die Gewerke

Aus dem Alltag erzählt …

Ölgemälde in schweren Goldrahmen, Teppiche, in denen auch Fliegengewichte versanken, und sehr viel Bargeld in sehr großen Safes – so soll es vor ein paar Jahrzehnten noch in vielen erfolgreichen Hausverwaltungen ausgesehen haben. Manche Hausverwalter besaßen angeblich Amischlitten, einer soll sogar einen bewaffneten Chauffeur gehabt haben. Vom „Gröscherlgschäft" des Verwaltungshonorars auf Basis des Friedenskronenzinses war das eher nicht finanzierbar. Hier dürften in vielen Fällen die Gewerke eingesprungen sein.

Obwohl sie wie Tag und Nacht sind, die Handwerksbetriebe und die Hausverwaltungen, haben sie die meiste Zeit ihrer gemeinsamen Geschichte zum Nutzen beider Seiten friedlich koexistiert. Zu Beginn der professionellen Hausverwaltung, nach der Einführung des Mietengesetzes in den 1920er-Jahren, herrschte jedoch erst einmal der Krieg der Worte: „Bornierte Frechheit" titelte zu Allerheiligen 1928 die Hausbesitzer-Zeitung. Das Baugewerbe hatte den Verwaltungen laut und vor allem öffentlich vorgeworfen, sie würden 30 Prozent Provision verlangen! „Es sind Lumpen und nichts anderes, die Herren Gewerbetreibenden, die der notleidenden Hausbesitzerschaft eine 30-prozentige Provision antragen und vielleicht auch bezahlen; sie sind aber noch größere Lumpen, wenn sie es der Öffentlichkeit bekanntgeben …" Immerhin würde kein Hausbesitzer von seinem Haus leben können, die Gewerbe würden jedoch nur von den Hausbesitzern leben. Unter diesem Artikel findet sich eine Werbeeinschaltung des Stadtbaumeisters Barber aus Gersthof, der darin für solide Fassadenrenovierung und Kreditvermittlung wirbt. Blättert man die Ausgaben des Branchenblatts jener Zeit durch, erkennt man an den Werbeeinschaltungen die enge Verknüpfung zwischen Dachdeckern, Installateuren und Versicherungen auf der einen und den Hausverwaltungen und ihren Treugebern und Treugeberinnen auf der anderen Seite.

Viele der Themen, um die 1928 gestritten wurde, sind heute noch Gegenstand von Diskussionen, etwa ob den Hausverwaltungen generell eine Provision zustehe. Die Allgemeine Bauzeitung vom Dezember 1928 zitiert einen pragmatischen Baumeister, der damals nicht einsehen wollte, „warum sich der Realitätenverwalter nicht einen Zuschlag sichern soll. Angeblich soll ja eine Provision bis zu 10 Prozent auch vom Gerichte und auch seitens der Mietervertreter anerkannt sein."

Mitte der 1970er-Jahre machte sich Georg Zielbauer als Verwalter selbstständig. Er erinnert sich, dass zu dieser Zeit ein Gerichtsurteil den Hausverwalter in seiner Funktion als Treuhänder ins allgemeine Bewusstsein rückte: Dieser dürfe keine Einnahmen am Eigentümer vorbei einkassieren, sondern müsse alle Einnahmen, die er von Dritten erhalten habe, an den Eigentümer oder die Eigentümerin abgeben. So das Urteil. Wobei niemand dem Eigentümer vorschreiben könne, was dieser mit dem Geld mache, der könne es seinem Verwalter natürlich weitergeben.

Als „unsittlich" bezeichnet ein Kläger in einem Gerichtsstreit 1935 die Provision, trotzdem wird sie über Jahrzehnte, wie auch die Ablöse, eine wichtige Einnahmequelle für die von Friedenskronenzins und davon abhängigen Verwaltungshonoraren nicht verwöhnten Beteiligten. Zehn Prozent des Auftragsvolumens als Provision wurde Usance, denn, so Ulrike Assem, „er hätte ja auch einen anderen Professionisten nehmen können."

Natürlich verdienten sich damals die Hausverwaltungen ihren Anteil an der Provision, holten Angebote ein und verglichen diese, entschieden als Treuhänder zu Gunsten von

Hausherr oder Hausfrau, übernahmen jegliche Administration. Wir hören öfter, dass diese verdeckten Provisionen damals zu Weihnachten zwischen Eigentümer oder Eigentümerin und Hausverwaltung halbe-halbe geteilt wurden, quasi ein Geschenk vom Christkind.

Das Prinzip des Provisionsgeschäfts blieb wohl, unabhängig von der Höhe der Provision, über Jahrzehnte unverändert. Wie es in der Praxis funktionierte, erlebte Mitte der 1990er-Jahre ein Unternehmer, der mit dem Gedanken spielte, eine Hausverwaltung zu übernehmen. Der Besitzer der Hausverwaltung lud den Interessenten an einem Freitag in sein Büro ein, wo sich Folgendes zutrug: „Ich bin in das Büro des Hausverwalters gekommen und da war ein Podest, so 30 cm hoch. Auf diesem Podest standen sein Schreibtisch und sein Stuhl. Ich habe mich auf einen Besucherstuhl unterhalb des Podests gesetzt. Da meinte er: ‚Na, wenn du meine Hausverwaltung kaufst, dann darfst du schon zu mir heraufkommen.' Ich sagte: ‚Ja, gerne', erklomm das Podest und durfte neben ihm sitzen. Das war schon eine enorme Ehre. Mir ist das später bewusst geworden, alle Hausverwalter waren ja damals fast wie Notare. Die waren eine mächtige Figur, das ist heute lange nicht so. Und zum ‚Herrn Verwalter' zu gehen, das war nicht einfach. Um den sozialen Unterschied noch zu betonen, hatte er eben dieses Podest. Und auf diesem Podest saß er in einem Drehstuhl. Zuerst habe ich nicht verstanden, warum dieser Drehstuhl da ist, aber das Rätsel lichtete sich bald.

Der Hausverwalter sagte: ‚Heute ist ein toller Tag, heute kommen die ganzen Lieferanten, da müssen wir heute Abrechnungen machen. Aber Sie sind da ganz ruhig und Sie schauen sich das einmal an.' Und das war tatsächlich mein erster Einblick in eine Hausverwaltung. Das war 1994. Hinter dem Hausverwalter stand ein großer Tresor und darin lagen die Tausender. Ein Wahnsinn! ‚Als Verwalter müssen Sie immer Geld haben, das ist ganz wichtig. Aber bar!', flüsterte der Hausverwalter mir verschwörerisch zu. ‚Alles auf der Bank ist nicht gut, weil das öffentlich ist! Aber bar kann Ihnen niemand etwas sagen.'

Dann ist der Elektriker hereingekommen. Und der ist bar ausbezahlt worden. Das waren 100 000 Schilling, die hat der Hausverwalter da runtergezählt. ‚Ja, ja, ich weiß eh', hat dann der Elektriker gesagt und dann sind 5 000 Schilling auf die andere Seite gewandert. Dann ist der nächste gekommen, das gleiche Spiel.

Aber der Coolste war der letzte Besucher. ‚Ha! Dieser Baumeister, das ist so ein richtig unguter Typ. Ich werde den ...', der Hausverwalter regte sich furchtbar auf. Man muss wissen, dass der Mann von kleiner Statur war. Und der Baumeister war fast zwei Meter groß. ‚Da warten wir noch kurz, bis wir den hereinrufen', sagte der Verwalter, nahm seinen Sessel und drehte diesen – drrr, und auf einmal ist er viel höher gesessen. Ich hab das alles irgendwie gar nicht gepackt. ‚Sie müssen auch ein bisschen höher werden, ganz wichtig', sagte er. Und bevor der Baumeister reingekommen ist, da stand ein Holzdrehstuhl, ich weiß das heute noch, den hat der Hausverwalter ganz nach unten gedreht, sodass er ganz niedrig wurde. Dann ist der Baumeister gekommen, der hat sich hingesetzt und ist auf dem Sessel fast gelegen mit ausgestreckten Beinen.

‚Grüß Sie, Herr Verwalter!'

‚Grüß Sie, Herr Baumeister, ich habe heute einen jungen Mann dabei, der vielleicht die Hausverwaltung übernehmen wird und lernen soll, wie das hier abläuft ...'

Und da ist es um 500 000 Schilling gegangen, so hoch war die offene Rechnung des Baumeisters. ‚Na, bumm!', dachte ich. Das wurde zelebriert, Kaffee wurde serviert. Und dann hat der Verwalter gesagt: ‚Herr Baumeister, wollen Sie ein Glas Sekt?' – ‚Ja, gerne', klang es vom Boden auf das Podest herauf. Dann ist der Verwalter zum Safe gegangen und hat die halbe Million herausgenommen und zum Zählen angefangen. Das hat schon einmal fünf Minuten gedauert. Er hat gesagt, er zählt nur einmal, denn zweimal wird nicht gezählt. Der Baumeister hat konzentriert zugeschaut, wie sein Geld da runtergezählt worden ist. Und bei einer bestimmen Summe hat der Verwalter aufgehört zu zählen. Und der Baumeister sagt: ‚Herr Verwalter, was ist jetzt? Da fehlen schon noch ein paar Tausender.' – ‚Ich hab schon den nächsten Auftrag für Sie, da behalte ich gleich die Provision ein.' – ‚Aber doch nicht so viel', jammerte der Baumeister. Schließlich ging er doch mit dem Geld und dem neuen Auftrag in der Tasche. Damit war dieser Freitagvormittag erledigt und auf dem Schreibtisch des Hausverwalters lag ein ordentliches Packel Geld. Und ich denk mir: ‚Und was macht er jetzt mit dem Packel?' – ‚Das teil ich immer zwischen mir und meiner Schwester auf, deshalb ist der Freitag immer so ein schöner Tag für uns', erklärt der Hausverwalter. – ‚Aha!' – ‚Da wird nichts verbucht, das brauchen wir nicht verbuchen.'

Das war mein erster Eindruck von einer Hausverwaltung. Später habe ich dann gelernt, dass das nicht nur dort so funktionierte."

Selbstverständlich gab es immer Hausverwaltungen, die ihren Status als Treuhänder sehr ernst nahmen und keine verdeckten Provisionen (Kick-backs) annahmen, wie Josef Rohr: „Niemals habe ich Kick-backs angenommen. Niemals! Aber nicht, dass Sie glauben, ich war deshalb bei den Professionisten beliebt. Die haben nicht gesagt: ‚Der Rohr, der nimmt nix.' Nein, die waren bös, im Allgemeinen waren die bös. Denn bei denen, die genommen haben, waren sie die Herren. Der Verwalter konnte dann nämlich nicht sagen: ‚Sie, lieber Herr, das haben Sie falsch gemacht, das haben Sie zu spät gemacht, nicht in der richtigen Qualität ...' Der musste den Mund halten."

Als Treuhänder sei er immer seinen Treugebern verpflichtet gewesen, so Rohr, es ging um das günstigste Angebot. Und wer von einem Professionisten fünf Prozent schwarz nehme, der würde seinen Eigentümer am Ende zu 25 Prozent schaden, weil er nicht mehr die richtige Leistung verlangen könne und werde. Das sei der eigentliche Verlust, nicht die fünf Prozent.

Ähnlich argumentiert Karl Fichtinger von der IC Hausverwaltung in Neubau: „Wenn mir jemand einen Kaffee bezahlt oder ein Wasser spendiert, lehne ich das nicht ab. Aber es muss sich auch ohne Kick-back ausgehen. Vor allem kann ich dann sagen: ‚Oida, putz di!', wenn's nicht passt."

Oft war es keine Provision, die die Hausverwaltung im Idealfall für den Treugeber oder die Treugeberin in Empfang nahm, sondern in manchen Hausverwaltungen wurden wegen angeblicher Mängel oder weil der vereinbarte Zeitpunkt der Fertigstellung minimal überschritten worden war, von den Bargeldstapeln auf den Schreibtischen Scheine abgezogen. So oder so, in jedem Fall sammelte sich vor Jahrzehnten in so manchem Safe, in Kartons oder Plastiksackerln ein manchmal gar nicht so kleines Vermögen.

Ein bekannter, alteingesessener Hausverwalter war in seinem Grätzel dafür bekannt, dass er in seinem Safe sehr viel Bargeld deponierte. Im Haus vis-à-vis dem der Gebäudeverwaltung befand sich eine Bankfiliale, und auch der Direktor dieser Filiale wusste von dem Schatz im Safe. Als einmal ein Bankkunde dringend drei Millionen Schilling brauchte und die Bank nicht über ausreichend Bargeld verfügte, bat der Bankmanager den Hausverwalter telefonisch um Hilfe. Und der sprang gerne helfend ein.

Das ist eine nette Anekdote über Nachbarschaftshilfe, die in dieser Form heute undenkbar ist. Neue Gesetze zur Bekämpfung von Geldwäscherei und Terrorismusfinanzierung haben den Bargeldfluss ausgetrocknet und zum Ende des Systems schwarzer Provisionen beigetragen. Es war aber vor allem die Branche selbst, die ihr Image zunehmend leid war und die neue Wege gehen wollte. Anfang der 1980er-Jahre berichteten auch neu gegründete Wirtschaftsmagazine detailliert über die Branche, deren Rechte und Pflichten, die Dos und Don'ts. Auch die Treugeberinnen und Treugeber wurden informierter. Und schließlich sensibilisierte in den 1980er-Jahren die beginnende Akademisierung die junge Generation.

Das Verhältnis zwischen den Hausverwaltungen und den Gewerken werde vor allem von den für den jeweiligen Beruf notwendigen Eigenschaften geprägt, erörtert Immobilienmanager Oliver Brichard: „Auch wenn der Hausverwalter heute keine Aktenberge und Ärmelschoner mehr hat, möchte er dennoch alles schön geordnet haben. Alle Geschäftsfälle müssen logisch nachvollziehbar, transparent und korrekt sein. Nehmen wir als Beispiel den Regieschein eines Handwerkers, der die Dokumentation dessen Zeit- und Arbeitsaufwandes darstellt. Wenn solch ein Regieschein unvollständig ist und offene Fragen zurücklässt, ruhen wir nicht, ehe alles klar ist: Was wurde jetzt konkret getan, welche Kosten sind entstanden, wer hat was bestätigt usw.? Umgekehrt rauft sich wahrscheinlich ein Handwerker das Haar, wenn er von uns den Auftrag erhält, im ersten Stock eines Hauses eine lockere Fliese zu fixieren, und es im ganzen Stockwerk keine einzige Fliese gibt. Da braucht es viel Verständnis auf beiden Seiten."

Ein mit uns bekannter Verwalter betreut ein barockes Palais im 1. Bezirk. Vor ein paar Jahren ging es darum, im Rahmen einer Sanierung den Parkettboden in einem der Prunksäle zu erneuern. Der Saal soll 600 Quadratmeter groß gewesen sein, also ein toller Auftrag für den Handwerksbetrieb. Der alte Boden war schon herausgerissen und alles für den Parkettverleger und sein Team vorbereitet worden. Es war nämlich Eile geboten, der Saal in der Beletage war für einen Empfang gemietet worden, Hunderte Gäste wurden erwartet. „Machen Sie sich keine Sorgen, ich ziehe das ganze Personal für den Saal ab, wir werden mit Volldampf arbeiten", beruhigte der Handwerker den ob des Zeitdrucks etwas nervösen Hausverwalter.

Als der Verwalter ein paar Tage später den neu parkettierten Saal in Augenschein nehmen wollte, fiel er fast in Ohnmacht. Kein Parkett, nur der Estrich. Erbost rief er den Parkettleger an: „Wollen Sie mich ins Grab bringen? Sollen die Gäste im Smoking und Abendkleid auf dem Estrich herumlaufen?“ – „Ich verstehe Ihre Aufregung nicht, wir haben mit Volldampf gearbeitet, alles rausgerissen und neu gemacht, wie ausgemacht.“ – „In welchem Raum haben Sie das Parkett rausgerissen?“ – „Unten, im Erdgeschoß ...“

Der Hausverwalter rannte hinunter, den Tränen nahe. Und tatsächlich, im großen Saal im Erdgeschoß lag statt des denkmalgeschützten einzigartigen Parkettbodens mit Würfel- und Sternenmuster neues Parkett. Erst nach langer Zeit fand sich ein Tischler, der das Würfel- und Sternenparkett nachmachen konnte. Der Schaden war durch Versicherungen gedeckt, doch ein Stück Barock war unwiederbringlich verloren. Wie auch die Stimmung beim Empfang auf Estrich.

Die Gewerke haben umgekehrt in den Zinshäusern oft Erlebnisse, auf die sie wahrscheinlich gerne verzichtet hätten. Wie der Renovierungstrupp, der in einem von Monika Martorana verwalteten Haus in der Ottakringer Hippgasse eine Wohnung sanierte. Beim Stemmen für neue Elektroleitungen brachen die Handwerker durch die Wand, was laut Martorana gelegentlich passiert. Und so landeten die Elektriker in der Eckwohnung einer betagten Mieterin, von wo ihnen Verwesungsgeruch entgegenschlug. Seit zwei Wochen dürfte die Verstorbene dort schon gelegen sein. „Sie hat niemanden gehabt“, so Monika Martorana.

Die Hausverwaltungen haften dafür, dass die von ihnen ausgewählten Gewerke alle notwendigen Voraussetzungen erfüllen, wie Gewerbeberechtigung oder Sozialversicherung. „Ich kann einen Einzelunternehmer, der allein mit einer Schneeschaufel ausrückt, nicht mit der Schneeräumung für hundert Objekte beauftragen“, erklärt Oliver Brichard, „es wäre mein Auswahlverschulden, wenn der das Volumen nicht schafft.“

Josef Horvath, Besitzer der APPM Property Management, hat seinen eigenen Weg gefunden, um mögliche Angriffspunkte im Verhältnis zu den Gewerken zu vermeiden: „Ich sage allen Neukunden, die ich gewinne, sie sollen mir eine Liste von Professionisten schicken. Die Firmen bekommen dann ein Blatt, was sie zu liefern haben. Wenn sie die Anforderungen erfüllen, sind sie in der Liste für die jeweilige Liegenschaft.“

Die Prüfung der Gewerke vor Beauftragung sei inzwischen sehr umfassend, so Brichard, auch aufgrund der vielen Subunternehmen, nicht nur auf den Baustellen: „Wir achten darauf, dass wir Firmen beauftragen, deren Personal seit Jahren an Bord ist, denn so empfindet es Zugehörigkeit und garantiert Qualität. Das Wichtigste am Handwerker für die Hausverwaltung ist die Qualität.“

Subunternehmen und Schwarzarbeit bescherten einem Verwalter bei einem Baustellenbesuch einmal ein Erlebnis der besonderen Art. Der Hausverwalter kam zur Inspektion eines Eckzinshauses, das gerade generalsaniert wurde. Als er sein Auto in der Nähe parkte, fiel ihm an der rückseitigen Ecke des Hauses eine sehr große Holzplatte auf. „Komisch, welchen Zweck soll das Trumm erfüllen?“, fragte sich der Verwalter, als er um die Ecke zum Hauseingang ging: „Ich sehe da Blaulicht, und Beamte der Finanzpolizei stürmen das Gebäude. Ich geh rein und mich schreit einer von der Finanzpolizei an: ‚Wer sind Sie?‘ – ‚Ich bin der Verwalter!‘ – ‚Weg!‘

Die stürmen also das Haus und auf einmal kommen ihnen auf der Treppe vier Arbeiter entgegen und wollen sie daran hindern hinaufzugehen. Die können also da nicht raufstürmen. Ein Geschrei und Chaos! Und ich denk mir: ‚Warum ist die Baufirma so deppert? Na, ich tu mir das jetzt nicht an und geh raus.‘ Auf einmal sehe ich, wie sich diese große Platte bewegt, dahinter kommt ein Loch zum Vorschein und fünfzig Arbeiter stürmen wie die Wahnsinnigen heraus. Die Finanzpolizei hat das natürlich nicht gesehen. Einer von den Arbeitern ruft mir im Vorbeirennen zu: ‚Verwalter, gusch, sonst kriagst ane!' Kurz darauf war die Holzplatte wieder an ihrem Platz. Ich hab das alles überhaupt nicht gepackt. Dann bin ich wieder in das Haus zurückgegangen und die Finanzer haben geschrien: ‚Wo sind die Leute, die Arbeiter?' – ‚Naja, wir vier', haben die vier Hackler von der Treppe gesagt, ‚heute haben wir viele abziehen müssen für eine andere Baustelle.' Die vier Bauarbeiter mussten sich ausweisen, die waren alle ordnungsgemäß bei der Baufirma angestellt. Einer der Beamten neben mir sagte dann nur noch: ‚Das war heut a Oaschtag, das gibt's ja nicht. Wir haben ja a Anzeige, dass das da so ist. Wo sind die alle?' Ohne ‚Notausgang' wäre der Bauunternehmer nicht um eine saftige Strafe wegen Schwarzbeschäftigung herumgekommen."

Es war und ist also nicht immer alles eitel Wonne im handwerklichen Alltag. Wo Menschen am Werk sind, passieren Fehler, es entstehen zusätzliche Kosten oder es kommt gar jemand zu Schaden.

Hausverwalter Peter Nemeth erinnert sich an eine Explosion in einer großen Wohnung in der Wiesingerstraße, die von einem Parkettbodenleger verursacht worden ist. „In der Wohnung war ein sogenannter Bodenstandkessel für die Warmwasseraufbereitung und Zentralheizung, der hat wie eine Kombitherme eine Zündflamme, allerdings fast auf Fußbodenniveau. Der Handwerker lackierte den Boden, dadurch kam es zu Dämpfen und – bumm! Der Parkettverleger hat schwer verletzt überlebt, durch den Druck hat sich eine Ziegelwand versetzt! Was machst du jetzt mit dem Haus? Die oberen Stockwerke evakuieren? Da braucht man viel Fachkenntnis oder jemanden, dem man vertrauen kann. Ich hab damals einen Statiker gerufen, der gesagt hat, die oberen Wohnungen sind bewohnbar. Aber mündlich, da bleibt auch die Haftung."

Bis heute fällt gelegentlich der Vorwurf der sogenannten „In sich"-Geschäfte, an denen Hausverwaltungen beteiligt sein sollen. Das bedeutet, dass sie als Hausverwaltung ihren eigenen Handwerksbetrieb oder den der Schwägerin oder Ehefrau beauftragen, natürlich ohne den Preis zu drücken wie bei den „notleidenden Bau- und Maurermeistern", wie anno 1928 der Vorwurf lautete. Auch heute könne es vorkommen, dass Verwalter verdeckt an Handwerksunternehmen beteiligt sind, hören wir von Rechtsanwalt und Verwalter Clemens Limberg, das wäre jedoch der falsche Zugang. Der richtige Zugang sei völlige Transparenz. Da es schwierig geworden sei, gute Professionisten vor allem für kleine Arbeiten zu finden, haben Clemens Limberg und seine Geschäftspartnerin und Ehefrau Miriam Limberg ihre Hausverwaltung um einen Handwerksbetrieb erweitert. „Was wäre, dachten wir, wenn wir einen Hausarbeiter beschäftigen, den wir zu Selbstkosten weiterverrechnen?", so Clemens Limberg. Gesagt, getan, der Hausarbeiter erledigte gleich im ersten Jahr 400 Einsätze: „Das waren Kleinaufträge zu 150 oder 200 Euro, die ordentlich und zuverlässig erfüllt wurden. Wenn etwas nicht repariert werden konnte, haben wir fairerweise auch keine Rechnung gestellt. Von den 400 Einsätzen hatten wir keine einzige Beanstandung. Das ist ein toller Wert! Sonst gibt es mindestens zehn Prozent Rückfragen, zum Preis oder zur Leistung. Und deshalb haben wir das ausgeweitet, wir haben Elektriker, Baumeister und in Kürze auch einen Installateur, in Summe acht oder neun Handwerker. Das dirigiert meine Frau, die ist eher für das Technische zu haben und fühlt sich auf Baustellen zu Hause." Die Limberg'schen Handwerker übernehmen nur kleine Aufträge, für die man keinen Kostenvoranschlag bekommt, alle anderen Aufträge würden unverändert ausgeschrieben.

Die verlängerten Dienstleistungsketten werden in der modernen Hausverwaltung ein immer größeres Thema. Wir werden erkennen, dass es hier Widener und Deepener gibt wie in der Europäischen Union, also Verwaltungen, die sich in ihrem Bereich sehr spezialisieren, und andere Verwaltungen, die ihr Angebot erweitern.

Mit einem Fuß im Kriminal – die Hausverwaltung und das Rotlichtmilieu

Aus dem Alltag erzählt …

„Das erste Immobilien-Gutachten in meinem Leben war ein Puff im Böhmischen Prater", erzählt uns Thomas N. Malloth. „Ich hab nicht gewusst, dass es ein Puff ist, aber um sieben Uhr in der Früh hab ich es dann gemerkt. Die Damen sind dort gesessen und haben Tee und Kaffee getrunken. Die hatten gerade Schichtende und ich bin bewerten gekommen. Der Besitzer, Puff-Charly, hat mir das Honorar im Vorhinein gegeben, damals 600 Schilling. Ich hab gesagt: ‚Sie brauchen mir das Geld noch nicht geben, Sie haben ja noch kein Gutachten.' – ‚Bua, des mochst scho!'"

Mit Heinz Bachheimer vulgo Roter Heinzi, einem bekannten Bordellbesitzer vom Gürtel, habe ihn beruflich einiges verbunden, so Malloth: „Wann immer ich in dem Milieu was gebraucht habe, als Verwalter, Bauträger oder Bewerter, habe ich den Heinzi angerufen: ‚Ich habe wieder eine Frage an Sie!' – ‚Dann kumm!' Dann bin ich zum Naschmarkt gefahren, dort sind wir in einem Hinterzimmer gesessen und er hat gesagt: ‚Pass auf, das machen wir so …' Das waren lustige Zeiten."

Es fanden sich in der Klientel der Hausverwaltungen genauso Angehörige des Rotlichtmilieus, denn auch im Milieu wurde Zinshausbesitz als gute Investition gesehen. Einer der Treugeber der Hausverwaltung Kramas war Willi S., der Besitzer eines Animierlokals. Verwalter Karl Wiesflecker erinnert sich: „Ich hab mit dem die Abrechnungen gemacht. Einmal im Jahr bin ich mit den gesamten Mieteinnahmen zu ihm in sein Café gefahren. Und immer wollte unbedingt eine unserer Angestellten mit der Abrechnung mitkommen. Und ich hab das Bargeld mitgenommen. Das war immer so in der Größenordnung von 250 000 Schilling. Willi hat nie Geld abgehoben und sich auch immer im Haus alles selbst bezahlt. Also habe ich die Mieteinnahmen eins zu eins dort hingebracht. Unsere Mitarbeiterinnen sind aus zwei Gründen mitgegangen: Erstens das Pufferlebnis und zweitens hat er ihnen einen Schmattes gegeben für die Arbeit. Vor der Tür des Lokals ist so eine Bulldogge mit Stachelhalsband gelegen, vor dem Lokal ist der weiße Rolls Royce gestanden und drinnen sind die Mädels aufgesprungen, wenn ein Mann reingekommen ist. Und der Willi sagte: ‚Lasst's den Magister in Frieden, der kommt zu mir, der bringt euch keine Marie, der bringt die Marie nur mir. Burli, wie schau ma aus?' – ‚Alles gut, Herr S., danke!'

‚Wie viel is denn heuer?' – ‚250 000 Schilling, Herr S.'

‚Ah ja, dann geb ich mein Buam an Fuffzger, den braucht der, und mit dem Rest kann ich zwei Mal mein Boot tanken und dann is a verblasen.'

Dann haben wir Kaffee und Kuchen bekommen und die Abrechnung gemacht. Der Kollegin, die jeweils mit war, hat er dann 20 000 Schilling gegeben. Pfff. Einmal war ich allein dort, mir hat er es nicht gegeben. ‚Danke, loss ma den Papa schön grüßen!', sagte er zum Abschied. Das war immer ein Erlebnis."

Auch Karl Fichtinger hatte als Verwalter Erfahrung mit einem einschlägigen Betrieb: „Der Puffbesitzer hat ein Toupet getragen, das hat ausgesehen wie eine Pudelhaube. Aber wir haben uns immer stressfrei unterhalten, ich kann nichts Schlechtes sagen über den. Der dürfte in der Szene eine schillernde Figur gewesen sein, denn als ich einmal einem Anwalt von dem erzählte, war der ganz baff: ‚Was, den kennst du? Der hat wen erschossen!' Ich konnte mir das nicht vorstellen, aber egal.

Dann kommt der Strizzi eines Tages und sagt: ‚Die Barfrau, die Kanaille, betrügt mi!'" Der Betrug der Frau soll darin bestanden haben, dass sie im Supermarkt Champagner kaufte und dann unter der Hand in der Bar ausschenkte. Eines Tages habe der Geschäftsführer des Lokals den Besitzer einfach „ausseglahnt“, also aus dem eigenen Unternehmen geworfen, erzählt Fichtinger: „Und der Strizzi sagt zu mir: ‚Du musst mir helfen, du musst mir helfen!‘ Aber mir waren die Hände gebunden, im Mietvertrag stand der Geschäftsführer, was soll ich da machen? Der Strizzi war bei mir offiziell nix. Der Geschäftsführer stand hinter der Budel und sie hat die Kunden betreut, ein Familienunternehmen war das. Man glaubt es nicht, die sind dann in Konkurs gegangen.“

Früher war Prostitution in Wohnungen erlaubt, setzt uns Georg Zielbauer ins Bild. Um die dreißig Eigentumswohnungen in von ihm verwalteten Anlagen seien wohl früher von den Eigentümerinnen und Eigentümern entsprechend vermietet worden. Gelegentlich hätte es Probleme gegeben, wenn die Kunden in der Nacht wo falsch angeläutet hätten, so Zielbauer, aber in Wirklichkeit habe es keine ernsthaften Schwierigkeiten gegeben. Die folgenden Geschichten stammen aus eben jener Zeit, als Prostitution in Wohnungen laut Gesetz noch möglich war.

Anfang der 1990er-Jahre hatte ein mit uns bekannter Hausverwalter eine Hausbegehung in einem Zinshaus in der Leopoldstadt. Durch einen entsprechenden Aushang am Schwarzen Brett hatte er die Bewohner und Bewohnerinnen des Hauses informiert. Als der Verwalter das Haus betrat, wunderte er sich, weil es in dem Stiegenhaus hoch herging und riesige Scheinwerfer im zweiten Stock das ganze Stiegenhaus ausleuchteten. Er ging hinauf, um zu schauen, was dort los sei. Kaum angekommen, wischte jemand mit einer Puderquaste in seinem Gesicht herum und zerstrubbelte seine Hausverwalter-Frisur. Er war so perplex, dass er im ersten Augenblick nicht wusste, wie er reagieren sollte, erzählt er uns. Eine junge Frau sagte: „Du bist spät dran. Also Szene 1: Du gehst an die Tür, läutest,

Olga öffnet nackt, Gegenschuss auf dich…" – „Sind Sie noch zu retten, ich bin der Hausverwalter!" – „Hey, coole Storyline", rief die Regieassistentin, „hast du ein Klemmbrett dabei oder irgendetwas, das amtlich aussieht? Und kannst du vielleicht einen noch strengeren Blick aufsetzen?" Ein Pornodreh im eigenen Haus war dem Verwalter zu viel, vor allem, weil man ihm die Rolle des Hauptdarstellers zugetraut hatte. Er beendete umgehend die Dreharbeiten und trennte sich in der Folge von einigen seiner Mieterinnen in der Leopoldstadt.

Auch die folgende Geschichte würde so heute nicht mehr passieren, nicht nur wegen des Datenschutzrechts: Ein Zuhälter hatte vor vielen Jahren in einem Zinshaus fünf sanierungsbedürftige Wohnungen als Büros gemietet und diese saniert. Plötzlich waren in diesen fünf Wohnungen fünf Untermieterinnen, die dort Stundenprostitution nachgingen. Das sorgte bei den Mietern und Mieterinnen des Hauses für große Aufregung, denn es ging dort zu wie in einem Taubenschlag. Als der Zuhälter fünf Kameras an den Türen dieser „Büros" montierte, wohl um die Frauen respektive deren Umsätze zu kontrollieren, schlug das dem Fass den Boden aus. Wenn der Hausverwalter den Zuhälter aufgrund der Mietverträge schon nicht loswurde, setzte er sich zumindest mit seiner Forderung durch, dass diese Kameras wieder abmontiert würden. Bis zu einem bestimmten Datum sollte das geschehen. Kurz vor diesem Termin wurde in die Wohnung einer Nachbarin eingebrochen und viel Wertvolles gestohlen. Die Polizei sichtete das Material der Kameras und konnte den Einbrecher identifizieren – ein in der Gegend bekannter Krimineller. So hatten die Stundenprostitution und die Kameras zumindest für die eine Mieterin einen Vorteil gebracht. Sie bekam ihren Besitz zurück und der Zuhälter prahlte im ganzen Grätzel, dass die Polizei ohne ihn und seine Technik noch immer im Dunkeln tappen würde.

Die Sex-Branche muss sich heute aufgrund der Gesetzeslage überlegen, wie und vor allem wo sie ihre Dienste anbietet. Dabei soll sich die Online-Plattform Airbnb als taugliches Instrument herausgestellt haben, erfuhr Verwalter Nikolaus Rosam nach einer verdeckten kriminalpolizeilichen Ermittlung in einem von ihm verwalteten Haus. Wenn jemand bei solchen Geschäften in einer Wohnung erwischt wird, kommt es zur Versiegelung der Wohnung, einer Anzeige auf freiem Fuß und seitens der Aufgeflogenen zur Suche nach einer neuen Arbeitsstätte auf Airbnb. Ein Kripo-Beamter erklärte Rosam, wie die Polizei in solchen Fällen ermittelt: „‚Ganz einfach, da geht man ins Internet auf entsprechende Seiten, dann ruft ein Kollege dort verdeckt an, macht sich einen Termin aus und alles kommt ins Laufen.' Allerdings bekommt man die Adresse erst, wenn man tatsächlich bucht. Das macht die Polizei dann, der Kollege geht rein, bahnt an, und bevor es ans Eingemachte geht, geht der Beamte raus, holt seine Kollegen und die Personalien werden aufgenommen etc."

„Kriminalfälle, wie etwa Hanfplantagen, hat jede größere Hausverwaltung", erklärt Rechtsanwalt und Verwalter Limberg. „‚Unsere' größte Drogenplantage hatten wir in einem schönen Zinshaus auf der Wieden, in einer ruhigen, gutbürgerlichen Gegend. Da hatten wir einen Mieter, der zusätzlich zu seiner Wohnung auch ein Souterrainlager gemietet hatte. Und auch im Keller wollte er noch Räume mieten. Er hat immer alles pünktlich bezahlt. Eines Tages ruft uns die Polizei an und informiert uns, dass sie in diesem Haus eine Drogenplantage ausgehoben haben. Das muss im großen Stil gelaufen sein, denn der Mann kam einige Jahre in Haft. Er war Mitte zwanzig und hat sich als Student ausgegeben, was er vermutlich auch war, bis sich dieses Geschäft als lukrativer herausstellte. Das war ‚unsere' größte Plantage, wir hatten ja mehrere. Da kommen die Betreiber kurz in U-Haft, sind aber schnell wieder draußen.

Eine Drogenplantage wäre ein Kündigungsgrund, aber den Mann mussten wir nicht kündigen, der kündigte von sich aus, denn mit dem großen Geld war es ja schlagartig vorbei. Von der Polizei habe ich dann erfahren, wie sie solchen Plantagenbesitzern das Handwerk legt. Anscheinend ist es so, dass man sich bei entsprechendem Verdacht den Stromverbrauch des Verdächtigten ansieht, weil der Stromverbrauch bei solchen Plantagen exorbitant hoch sein soll."

Ein Verwalter im 19. Bezirk hatte in einem seiner Häuser ein großes Geschäftslokal zu vermieten. Es war nicht leicht zu vermieten, weil es nahezu riesig war und wenige Fenster hatte, ein großer Teil des Lokals war im Keller. Das Schicksal schien es gut mit dem Verwalter zu meinen: Ein Unternehmer, der Räumlichkeiten zur Lagerung von Autoreifen suchte, mietete das Objekt. Kaution und sogar Miete für ein Jahr im Voraus bezahlte der neue Mieter cash. Nach einem halben Jahr gingen beim Verwalter Anrufe der Hausbewohner und Hausbewohnerinnen ein, dass es im Haus extrem nach Hanf rieche, vor allem im Eingangsbereich, woraufhin der Hausverwalter den Mieter im ersten Stock verdächtigte, was dieser empörend fand. Eines Tages kam auch in diesem Fall der Anruf der Polizei, im Keller sei eine Hanfplantage ausgehoben worden. Der Geruch war aus dem Keller über den Lüftungsschacht in den Eingangsbereich gelangt.

Es war an einem lauen Sommerabend, es war sogar noch hell, als ein Verwalter einen großen Leerstand in einem Zinshaus in der Josefstadt in Augenschein nahm. Die große Wohnung sollte bald wieder vermietet werden und er wollte feststellen, welche Sanierungsmaßnahmen davor noch ergriffen werden mussten. Plötzlich hörte er über sich laute Geräusche, als würde jemand mit Metall hantieren. Es klirrte, er hörte schwere Schritte. Das konnten unmöglich die Schritte des Ehepaares sein, das in dieser Wohnung lebte. Der Verwalter wusste zufällig, dass das

Paar auf Urlaub war. „Einbrecher!“, kombinierte der Hausverwalter messerscharf und rief die Polizei. Als vier bewaffnete Beamte eintrafen, war der Hausverwalter sehr erleichtert:

„Gut, dass Sie hier sind. Die Einbrecher sind wohl noch da, hören Sie die Geräusche?“, fragte er die Beamten. „Gehen Sie hinauf!“ – „Gehen Sie hinauf“, sagte ein Polizist. – „Warum soll ich hinaufgehen?“, fragte der Verwalter, „ich bin unbewaffnet und nicht auf solche Situationen vorbereitet.“ – „Ich habe Kinder und Familie“, antwortete einer der Polizisten dem irritierten Hausverwalter. Nach ein paar Minuten Diskussion ging einer der Polizisten voran ins Dachgeschoß, die Kollegen folgten ihm und der Hausverwalter blieb im Stockwerk darunter. Plötzlich ein Geschrei und Chaos: „Da sind sie! Hände hoch! Bleiben Sie stehen!“, das Geräusch laufender Menschen auf dem Dach, dann ein krachendes Geräusch und Schmerzensschreie. Die flüchtigen Diebe hatten die Holzleiter, auf denen die Beamten den Einbrechern aufs Dach folgen wollten, umgeworfen. Zwei Beamte waren noch auf der Leiter gestanden und krümmten sich jetzt vor Schmerzen. Die beiden anderen Polizisten liefen hinter den Einbrechern her, und gemeinsam mit der Verstärkung, die inzwischen eingetroffen war, konnten sie der Einbrecher habhaft werden.

Mitte der 1980er-Jahre war in diesem Land bestimmt noch vieles möglich, woran man heute nicht einmal zu denken wagt. Selbst nach damaligem Maßstab jedoch überspannten manche Menschen den Bogen, wie wir in manchen Erzählungen zu hören bekommen, so in jener über einen Zuhälter und Zinshausbesitzer aus der Leopoldstadt. „Mir schreibt kana vur, wos i mit meiner Hittn moch“, war seine Devise, und so ließ er „die Hittn“ aufstocken, umbauen und sanieren – schwarz, ohne Anzeige und Genehmigung. „Ich bitte Sie, das wird nicht durchgehen, bitte, nehmen Sie doch Vernunft an, sonst muss ich mein Mandat zurücklegen!“ Der Verwalter redete sich den

Mund umsonst fusselig. Als die Baupolizei Probleme machte, erbot sich der Verwalter, „die Hittn“ zu legalisieren, was ihm aufgrund seiner guten Beziehungen und vor allem jahrelangen Erfahrung auch gelang. Einfach war das trotzdem nicht, das wusste auch der Zuhälter.

Es vergingen Monate und es ergab sich, dass der Hausverwalter, ein passionierter Jäger, gegenüber dem Zuhälter einen geplanten Jagdausflug hinter den Eisernen Vorhang, nach Ungarn, erwähnte. „Ah jo, wo san S' denn da genau, und was schiaßn S' denn da?“, fragte der Zuhälter interessiert. Am Freitagabend kam der Hausverwalter im Schneegestöber bei seinem bescheidenen ungarischen Hotel im Wald an. Er bekam seinen Schlüssel und ging zu seinem Zimmer, vor dem zwei junge Frauen in Pelzmänteln auf ihn warteten. Als sie ihn sahen, ließen sie die Mäntel wie im Film zu Boden gleiten. Ein Mensch gewordenes Dankeschön des Zinshaus-Zuhälters für die Legalisierung seiner „Hittn“ in der Leopoldstadt. „Und, was haben Sie dann gemacht?“, fragen wir unseren Gesprächspartner. Dieser bemühte in seiner Antwort das Sprichwort vom geschenkten Gaul – und: Geschenke nimmt man an.

Monate später gab derselbe Hausverwalter bei einer Firma die Sanierung einer Fassade in Auftrag. 40 000 Schilling schwarz als Anzahlung, kein Vertrag, nur ein Handschlag besiegelte das Geschäft. Die Mitarbeiter der Fassadenfirma brachten ein paar Stangen eines Baugerüsts, legten diese in der Einfahrt des Zinshauses ab – und dann passierte gar nichts mehr. Dem Hausverwalter war klar, dass er betrogen worden war, und er schrieb das bezahlte Schwarzgeld gedanklich ab. Bei Gelegenheit erzählte er seinem Zuhälter-Klienten davon und fragte rhetorisch: „Seit wann gilt ein Handschlag nichts mehr?“ Drei Wochen später wurde dem Treuhänder ein riesiger Geschenkkorb geliefert. Der war, wie damals üblich, mit Champagner, einer Bonbonniere und Delikatessen von Julius Meinl am Graben gefüllt, und auch ein Kuvert war darin. Und in diesem Kuvert befanden sich zwanzig

„Blaue“, wie die Tausendschillingscheine damals umgangssprachlich hießen, und eine Notiz: „Die bin ich Ihnen noch schuldig. Die zweite Tranche folgt in Kürze, bitte noch um etwas Geduld. Ihr ergebener…“ Tatsächlich traf wenige Wochen später das zweite Kuvert mit zwanzig „Blauen“ ein. Der Treuhänder freute sich, glaubte wieder an das Gute im Menschen, was er bei Gelegenheit auch dem Zuhälter gegenüber erwähnte. Der sagte nur: „Wer glaubt, dass ein Handschlag nichts mehr wert ist, den überzeugen ein paar Faustschläge, es ist doch immer dasselbe“, und hob sein Whiskeyglas. Der Treuhänder, der weiter an das Gute im Menschen und nicht an Schlägertrupps glauben wollte, legte sein Mandat zurück. Im besten Einvernehmen, sicherheitshalber, immerhin waren die zwei ja pari, also einander nichts schuldig.

IV.
Neubeginn im Neubau – das Wohnungseigentumsgesetz 1948

Nach dem Krieg bedurfte es Mittel für den Wiederaufbau. Die Zinshausbesitzer waren nicht sehr investitionsfreudig, weil ihre Immobilien seit dem Mietengesetz 1922 wenig einbrachten. Auch die öffentliche Hand konnte vorerst nicht einspringen. Deshalb sollten die Menschen ihre eigenen Wohnungen finanzieren, in Form von Wohnungseigentum. Die Basis dafür bildete das Wohnungseigentumsgesetz von 1948.

Wer nicht genug Geld besaß, um sich ein ganzes Haus zu Wohnzwecken zu kaufen, konnte bis 1879 in Österreich Stockwerkseigentum erwerben. Das bedeutete, man kaufte ein Stockwerk eines Hauses – und besaß dessen Wände, Fenster, Decken und Böden. Im Prinzip konnte man mit seinem Stockwerk nach Gutdünken verfahren, sofern man damit nicht die anderen Etagen gefährdete. In Wien spielte Stockwerkseigentum nie eine große Rolle, in Salzburg oder Hallein war es hingegen gängig, so Rechtshistoriker Gerald Kohl. Ab 1879 wurde also rechtlich jener Zustand herbeigeführt, der in Wien schon immer herrschte: Man setzte auf Miete, also auf das Zinshaus. „Die meisten Wohnungseigentümer denken heute noch in den Kategorien des Stockwerkseigentums. Das ist meine Wohnung, das ist mein Fenster, meine Mauer und das durchbreche ich jetzt. Im Kopf herrscht immer noch das Stockwerkseigentum, obwohl es um Miteigentum und die entsprechenden Verwaltungsbestimmungen geht", erörtert Gerald Kohl.

1948 verabschiedete der Nationalrat das Wohnungseigentumsgesetz (WEG), das die gesetzliche Grundlage zur Errichtung von Eigentumswohnungen bildete. Das Wohnungseigentum bedeutete – anders als das Stockwerkseigentum – Miteigentum an einer Immobilie. In der Hausbesitzer-Zeitung vom 10. September 1948 stellte die Redaktion klar: Das neue Gesetz bringe Altmietern, die Baukostenbeiträge geleistet hätten, kein Miteigentum. Ein entsprechender Minderheitenantrag war nicht angenommen worden. Das neue Gesetz bedeute lediglich, so das Branchenblatt, dass der Eigentümer der Liegenschaft die Nutzung von Flächen Dritten überlassen könne.

So kam es nach dem Krieg zu sogenannten Mischhäusern. Wenn das Hinterhaus Bombenangriffen zum Opfer gefallen war, entstand dort Wohnungseigentum, während im Vorderhaus weiter Mieter und Mieterinnen ihren Zins zahlten. Diese Mischhäuser waren in der Abrechnung nicht einfach. So wurden tatsächlich die Betriebskosten der Eigentumswohnungen auf Basis fiktiver Friedenskronen aufgeteilt, erzählt Ulrike Assem. Erst mit der Wohnrechtsnovelle 1997 erfolgte eine Harmonisierung der Betriebskostenabrechnung durch einheitliche Verrechnung nach der Nutzfläche.

Über die eigene Wohnung könne man verfügen „wie ein Hausherr", schrieb der Linzer Jurist Hans Oberndorfer in seinem Aufsatz „Das Wohnungseigentum" in der Fachschrift „Der Aufbau" vom August 1949, die vom Stadtbauamt Wien herausgegeben wurde: „Hinsichtlich der Verwaltung der übrigen nicht im Wohnungseigentum stehenden Bestandteile des Hauses gelten die Bestimmungen des Allgemeinen Bürgerlichen Gesetzbuches weiter."

Über den Verwalter habe man sich zu Beginn des WEG

„kaum den Kopf zerbrochen“, so Rechtshistoriker Gerald Kohl. Er verweist auf die für die Verwaltung relevanten Abschnitte. „In § 836 ABGB heißt es: ‚Ist ein Verwalter der gemeinschaftlichen Sachen zu bestellen, so entscheidet über dessen Auswahl die Mehrheit der Stimmen und in deren Abgang der Richter.‘ Und in § 837 heißt es weiter: ‚Der Verwalter des gemeinschaftlichen Gutes wird als ein Machthaber angesehen. Er ist einerseits verbunden, ordentliche Rechnung abzulegen; andererseits aber befugt, alle nützlich gemachten Auslagen in Abrechnung zu bringen.‘ Und das waren eigentlich die einzigen Bestimmungen zum Verwalter.“ Aufgrund dieser doch recht mageren Angaben, so Kohl, seien die konkreten Rechte und Pflichten des Verwalters dann in den Wohnungseigentumsverträgen geregelt worden, was von manchen ausgenutzt wurde.

Wer nach 1948 eine Eigentumswohnung kaufen wollte, fand ein großes Angebot in den Zeitungen inseriert. Eine Zimmer-Küche-Wohnung in Ottakring soll Anfang der 1950er-Jahre 5 200 Schilling Anzahlung gekostet haben, eine 2-Zimmer-Wohnung in Gumpendorf 8 200 Schilling Anzahlung. Damit erwarben die Menschen einen Anteil an Grund und Boden der Liegenschaft. Beziehen konnte man die Wohnung erst zwei oder drei Jahre später, sie musste nämlich erst gebaut werden. „Damals wurde nicht luxuriös gebaut“, führt Ulrike Assem aus, „da gab es keine Zentralheizung und auch keinen Lift, diesen Luxus mussten sich die Eigentümer dann später schaffen.“ Nach dem Einzug war mit einer nur geringen monatlichen Belastung zu rechnen.

Unter dem Titel „Der kleine Mann und die Eigentumswohnung“ kritisierte die Arbeiter-Zeitung in ihrer Ausgabe vom 4. Dezember 1952, dass sich kein einfacher Arbeiter eine solche Anzahlung leisten könne, wenn er dann nicht auch gleich einziehen könne. Ein Schuss vor den Bug der ÖVP, deren politisches Credo damals das „Wohnungseigentum für den kleinen Mann“ war, „selbst für den sozialistischen Arbeiter“, so die AZ.

Sie fragte in dieser Ausgabe danach, wie es denn nach dem Einzug zu den günstigen monatlichen Kosten kommen könne. Im Prinzip seien die Wohnungen Geschenke an politische Günstlinge, rechnete das Blatt vor, was vom politischen Gegner in Abrede gestellt wurde.

Als Erstes mussten also die Wohnanlagen gebaut werden und sie mussten verwaltet werden, damit sich die Miteigentümerinnen und Miteigentümer nicht in die Wolle kriegten. Manche Bauträger erkannten in der mageren Rechtslage gute Verdienstmöglichkeiten und gründeten Hausverwaltungen, die offiziell von anderen geführt wurden. Die Hausverwaltungen wurden damals bei Unterzeichnung des Wohnungskaufvertrags auf Jahrzehnte beauftragt, ohne Möglichkeit zur Kündigung. Die Auflösung solcher Knebelverträge wurde erst mit dem WEG 1975 möglich.

Gelegentlich kam es zu Unregelmäßigkeiten in den Berechnungen. Es hätte auch an ein Wunder gegrenzt, wenn bei der damaligen Goldgräberstimmung in einem neuen Geschäftsfeld mit magerer Gesetzeslage alles ohne schwarze Schafe abgelaufen wäre. Die Anzahlungen für Wohnungen würden Betrug Tür und Tor öffnen, kritisierte die Arbeiter-Zeitung 1952. So verursachten Bauträger und Verwaltung ab 1955 etwa Missstände in einer Großwohnanlage in Meidling. Der Fall führte zur Gründung der Gemeinschaft der Wohnungseigentümer als Interessensvertretung. Viele Miteigentümer und Miteigentümerinnen hätten nicht gewagt, gegen ausständige oder unkorrekte Abrechnungen der Verwaltungen oder Bauträger aufzubegehren, so die Gemeinschaft der Wohnungseigentümer. Sie fühlten sich diesen verpflichtet, weil sie dank dem Wohnhaus-Wiederaufbaufonds (WWF) oder Wohnbauförderungsgesetz 1953 zu sehr günstigen Konditionen zu ihren Eigenheimen gekommen wären. Die ersten Kredite des WWF liefen gar über hundert Jahre. Damit ist der Intention des Gesetzgebers, der 1948 privates Kapital in den Wohnbau holen wollte, wohl nur zum Teil entsprochen worden.

Einer der geistigen Väter des Wohnungseigentumsgesetzes war Hans Biletti. Familie Weinberger übernahm dessen Hausverwaltung, die heute als Hausverwaltung Weinberger Biletti firmiert. Dass es nicht immer Knebelverträge für jahrzehntelange Verwaltungsbeziehungen braucht, sondern vor allem gute Arbeit, zeigt der Umstand, dass viele Eigentumsanlagen seit den 1950er-Jahren Biletti und später Weinberger Biletti die Treue halten. Marko Weinberger, Eigentümer von Weinberger Biletti: „Wir haben sicher noch etliche Liegenschaften von damals in der Verwaltung. Da kommen dann junge Eigentümer nach und sagen: ‚Ich hätte gerne den Verwaltungsvertrag.' Und ich sage dann: ‚Es gibt keinen Verwaltungsvertrag.' – ‚Was heißt, es gibt keinen Verwaltungsvertrag? Auf welcher Grundlage verwalten Sie dann?' – ‚Wir verwalten Ihre Liegenschaft seit 1955. Ich habe keine Unterlagen.' Es wurde damals verwaltet, das Honorar war im WEG festgelegt und war wertgesichert. Wenn Sie wollen, können wir gerne einen Verwaltungsvertrag aufsetzen, aber es gibt aktuell keinen. Von der Baugrube an ist die Hausverwaltung Biletti beauftragt worden und der Kommerzialrat Biletti war der eingesetzte Verwalter. Und seitdem hat sich nichts geändert."

Seither dürfte gut verwaltet worden sein, sonst hätte die Hausgemeinschaft seit dem WEG 1975 viel Zeit gehabt, an dem Verhältnis etwas zu ändern. Schriftliche Verwaltungsverträge waren damals die Ausnahme.

Die Verwaltung von Wohnhausanlagen nach WEG unterscheidet sich von der Verwaltung eines Zinshauses in einigen Punkten, die persönlichen Vorlieben und Eigenschaften entgegenkommen. Marko Weinberger, leidenschaftlicher Verwalter nach WEG, erklärt das gut an seiner eigenen Verwaltung, verglichen mit seinem Bruder Udo, der in der Verwaltung Weinberger ausschließlich Zinshäuser verwaltet: „Udo ist der Zinshaustyp, der die Immobilie auf möglichst kurzem Weg mit dem Eigentümer entwickeln und optimieren will. Er vermisst im WEG das Interesse der Eigentümer am großen Ganzen." Er jedoch liebe es, viele Menschen zusammenzubringen, sie zu einer gemeinsamen Lösung zu führen. Außerdem bedeute die WEG-Verwaltung auch eine bestimmte Sicherheit: „Wenn der Zinshauseigentümer einen Freund hat, der eine Hausverwaltung gekauft hat und neue Häuser braucht, dann nimmt der Eigentümer das Haus und geht zu dem rüber innerhalb eines Monats. Beim Wohnungseigentum waren früher 51 Prozent der Stimmen notwendig, heute etwas mehr als ein Drittel, damit die träge Masse Eigentümerversammlung die Hausverwaltung kündigt. Ich weiß Ende September, was ich nächstes Jahr an fixen Honoraren habe. Und das ist ein gutes, sicheres Wissen. Ich weiß auch, welches Team ich brauche. Wenn ich einen Investor mit sechs oder acht Liegenschaften habe und der geht von heute auf morgen, dann ist ein ganzes Referat mehr oder weniger arbeitslos. Behalt ich das jetzt? Und was mach ich, wenn ich neue Liegenschaften bekomme? Es hat alles seine Vor- und Nachteile."

Bevor es heute zu einem Verwaltungsvertrag mit einer Eigentümergemeinschaft kommt, steht die Akquise auf dem Programm. Sucht eine Eigentümergemeinschaft eine neue beziehungsweise erstmalig eine Verwaltung, gebe es Vorstellungsrunden, an deren Ende wie bei einem Schönheitswettbewerb ein Sieger oder eine Siegerin das WEG-Krönchen aufgesetzt bekommt. Marko Weinberger: „Das ist so ein Beautycontest, wir lieben das, wenn wir eingeladen werden, unser Angebot zu präsentieren. Meistens ist das das Hinterzimmer einer Gastwirtschaft. Heute nicht mehr verraucht, früher war es verraucht. Da sitzen fünfzehn, zwanzig Leute auf engem Raum, man kommt als Erster, Dritter oder Fünfter da rein, je nachdem, wie viele Hausverwaltungen sie eingeladen haben. Man wartet draußen, bis man hineingerufen wird, und dann findet der Beautycontest statt – wie eine Castingshow. Die Haussprecher und die Sprecher der Stiegen sitzen vorne, die anderen sitzen hinten. Man präsentiert seine Leistungen und beantwortet Fragen. Letztendlich ist das immer eine Bauchentscheidung. Die Leute müssen einen mögen, müssen einen wollen, denn nur dann vertrauen sie einem ihr Vermögen an. Ich mache nie Powerpoint-Präsentationen, sondern ich stehe da vorne und spiele die Rampensau und den Pausenclown. Und ja, immer wieder gewinne ich diese Castingshow."

Als Udo Weinberger als junger Mann bei Biletti volontierte, machte er Bekanntschaft mit der Königsdisziplin im WEG, der Eigentümerversammlung, erzählt uns sein Bruder Marko: „‚Herr Magister', sagte Herr Hanker, der Neffe von Kommerzialrat Biletti und Geschäftsführer der Hausverwaltung Biletti, zu meinem Bruder, ‚Herr Magister, heute haben wir eine Eigentümerversammlung auf dem Bisamberg draußen.' – ‚Ist ok', sagte mein Bruder. – ‚Wir sind da beim Heurigen Soundso. Wenn wir dort sind, stellen wir uns zum Ofen, denn wenn die Leute aggressiv werden, dann hauen wir den Ofen um und rennen weg.' Mein Bruder war gespannt, wie das werden würde. War dann nicht so schlimm, aber die Leute waren dort rustikaler als in der Großstadt. Mein Bruder war ja jung und schnell, aber wie lange der Ofen den Herrn Hanker vor der Meute hätte schützen können, ist fraglich ..."

Angriffe gegen die Hausverwaltungen kommen vor, gehen aber an die falsche Adresse. Entscheidungen trifft die Mehrheit der Miteigentümer und Miteigentümerinnen. Auch in jener Anlage aus den 1970er-Jahren, die um 2005 dringend einer Sanierung bedurfte. Die Fassade musste unbedingt neu gemacht werden und der Einbau eines Aufzugs wäre zeitgemäß gewesen. Es gab eine knappe Mehrheit dafür, aber es fehlte an Geld, weshalb ein Kredit hätte aufgenommen werden müssen. Das hätte pro Kopf eine monatliche Mehrbelastung von 100 Euro auf sechs Jahre bedeutet. „Ich brauche keine Fassade, ich brauche keinen Lift, der Hausverwalter gehört aufgehängt, wo sieht der da eine Mehrheit!", schrieb ein Miteigentümer an alle im Haus, „der

Hausverwalter gehört gestürzt!“ Der Hausverwalter wurde gewarnt, dass diese Versammlung wohl sehr hitzig würde, und ob er nicht lieber mit Personen- oder Polizeischutz kommen wolle. Er lehnte das ab, er würde drei sehr gute Angebote mitbringen, diese sehr gerne diskutieren, und der kritische Eigentümer würde ja auch älter werden und sich dann über einen Aufzug und eine schöne Fassade freuen. Schließlich kam es zu der Versammlung: ein Turnsaal, 150 Personen, 150 Sessel.

„Nieder mit dem Hausverwalter!“, schrie der zahlungsunwillige Eigentümer.

„Wir haben eine Mehrheit!“, schrien andere Eigentümer.

„Jeder, der da mitmacht, wird erschossen!“, schrie der verhaltensoriginelle Mann, stürzte sich auf den Hausverwalter und würgte ihn derart, dass es einige Miteigentümer brauchte, bis er von ihm abließ. Es folgten eine Anzeige wegen Körperverletzung und 80 Prozent Zustimmung zu den geplanten Sanierungsmaßnahmen, erzählte uns der betroffene Hausverwalter.

In der Regel ist die Eigentümergemeinschaft in sich zerstritten, weil Gruppe Pro und Gruppe Contra eine Entscheidung einander nicht grün sind. In solch einer Versammlung fand sich eines Tages Georg Flödl: „Ich erinnere mich an eine Eigentümerversammlung, zu der alle Miteigentümer und Miteigentümerinnen mit ihrem jeweiligen Rechtsbeistand kamen, so verfahren war die Situation damals. Erwartungsgemäß gab es eine hitzige Diskussion, während der ein Rechtsanwalt einen gegnerischen Miteigentümer nur mit dem Namen bedachte, nicht jedoch mit dem akademischen Grad. Da wurde dann zurückgebrüllt: ‚Für Sie immer noch Magister Soundso!‘ Das wurde dann bei uns im Büro zum geflügelten Wort, ist seit Jahren der Running Gag.“

Auch Lukas Eybel kommt regelmäßig zum Handkuss, wenn bei einer Versammlung Personen nicht mit Entscheidungen zufrieden sind. Oft sage er tatsächlich bei Eigentümerversammlungen: „Nur weil Sie am lautesten schreien, haben Sie nicht

Recht. Wenn 90 Prozent der Eigentümer sich für etwas entscheiden, können Sie noch so laut schreien, mir sind die Hände gebunden. Ich kann es nicht." Da könnten die Menschen noch so viele schlechte Google-Rezensionen schreiben, dass ihre Verwaltung nicht tue, was man von ihr verlange, so Eybel.

„Die Querulanten sehe ich emotionslos", sagt diesbezüglich Josef Horvath, er verwalte gerne nach WEG, weil „was liegt, das pickt."

Aus unseren Gesprächen haben wir gelernt, dass im WEG, abgesehen vom Verwaltungsalltag, zwei Fragen entscheidend sind: Wie bekomme ich die Miteigentümer und Miteigentümerinnen im Schnitt jährlich in die Versammlungen, wo sie über relevante Dinge abstimmen sollen, und wie bekomme ich sie von dort schnell wieder hinaus?

Einen guten Tipp, damit möglichst viele der Miteigentümer und Miteigentümerinnen an der Versammlung teilnehmen, gibt uns Familie Handschur. Geschäftsführerin Rita Wachter: „Parkplätze und Müll sind die Streitthemen im WEG. Wenn man bei einer Versammlung möglichst viele Menschen haben möchte, sollte man in der Einladung als Tagesordnungspunkt Parkplatz oder Müll angeben. Wir wollten einmal in einer Wohnanlage eine Sanierung durchbringen, die wirklich notwendig war, eigentlich sogar eine Maßnahme der ordentlichen Verwaltung, die wir auch so hätten beauftragen können. Aber wir wollten eine Versammlung und wussten, da kommen bestenfalls zehn Prozent der Miteigentümer. Also haben wir zu einer Versammlung eingeladen, um den Parkplatz zu besprechen. 85 Prozent der Leute sind gekommen und wir haben die Sanierung durchgebracht."

Hat man die Leute erfolgreich in die Eigentümerversammlung gebracht, gilt es, möglichst ökonomisch zu arbeiten, ohne ausufernde Diskussionen, ist ein weiterer Tipp. „Mein Vater sagte immer im Scherz, wenn du eine Eigentümerversammlung machst, mach sie im November oder Dezember", erzählt Marko Weinberger. „Such dir einen Tag mit Ländermatch oder so aus, gegen sieben Uhr am Abend in der Waschküche oder auf dem Dachboden, da ist es kalt. Und wenn die Zeit im Bild um halb acht beginnt, wollen alle heim. Nur nicht lange dort bleiben. Denn dann sind nicht viele da und du bist schnell draußen. Und nur nicht, dass sie mit einem Sessel kommen."

Die Zeiten, in denen alle Familien um halb acht Uhr vor dem TV-Gerät saßen wie früher um das Lagerfeuer, sind vorbei. Nicht nur in der Medienwelt wurde Digitalisierung zum Schlagwort, auch in den Eigentümerversammlungen. Seit der WEG-Novelle 2022 sind Versammlungen online oder hybrid, also vor Ort mit der Option auf Online-Teilnahme, möglich. Dieses Werkzeug der Online-Konferenz wird von den Hausverwaltungen begrüßt. Nun würden viel mehr Miteigentümer und Miteigentümerinnen als früher teilnehmen, so Lukas Eybel, weil das via Laptop – oder Smartphone – und WLAN von überall aus möglich ist, aus dem Urlaub genauso wie aus dem eigenen Wohnzimmer.

Die Diskussionskultur sei online eine bessere, merkt Peter Stingl an, vielleicht weil man nicht aus dem Hintergrund etwas beitrage, sondern groß auf dem Bildschirm zu sehen sei. Und die Lokale seien wohl auch froh, dass die Versammlungen zunehmend in den Räumen der Hausverwaltungen oder online stattfinden, so Stingl, denn früher seien die Räume zwei oder gar drei Stunden blockiert gewesen und ein großes Geschäft war es für die Gastronomie vermutlich nicht, wenn an einem Obi gspritzt herumgenuckelt worden sei.

Der Faktor Mensch spiele gerade bei Versammlungen vor Ort eine wesentliche Rolle, erklärt Michael Handschur: „Man kennt die Häuser und die Menschen. Dieser Eigentümer ist aggressiv, jener ist freundlich, die eine versteht nichts, die andere telefoniert immer. Man kennt die Leute, und dann kommt ein neuer Miteigentümer, eine neue Miteigentümerin, und dieses komische Gebilde, das man kennt, verändert sich total.

Da reicht eine Person, um das umzudrehen – total spannend. Der oder die Neue spricht zum Beispiel gerne und nimmt die anderen mit. Der, der davor immer viel geredet hat, hasst den jetzt natürlich, aber vielleicht kann man das nützen. Man muss Strömungen rasch spüren."

Die Novelle 2022 zum WEG brachte nicht nur die Möglichkeit, Versammlungen online abzuhalten. Erleichterungen für die Hausverwaltungen brachte auch, dass von nun an für manche Entscheidungen 30 Prozent der Stimmen reichen. Und es wurde die Bildung einer Mindestrücklage für Reparaturen vorgegeben. Für Eigentümer und Eigentümerinnen, die knapp kalkulieren, hat sich dadurch die monatliche Belastung spürbar erhöht. So erzählt uns Josef Horvath von einer pensionierten Witwe, die vor der Pandemie die letzte Darlehensrate bedient hatte. „Sie ruft mich an und sagt: ‚Du, Josef, aufgrund der höheren Rücklage und der gestiegenen Energiepreise geht das wirklich ans Eingemachte. Wenn jetzt Reparaturen kommen, müssen wir mit Darlehen arbeiten. Ich überlege, ob ich verkaufen soll und vom Kapital leben.' Solche Themen sind inzwischen häufig."

Die Eigentumsanlagen der ersten Jahre seien in die Jahre gekommen, so Ulrike Assem, und würden inzwischen viel Geld und Aufmerksamkeit für anstehende Sanierungen bedürfen. Die Hausverwaltungen würden mit Beschwerden eingedeckt, das Verwalten dieser Anlagen sei nicht mehr einfach. Den manchmal betagten Menschen, die in älteren Anlagen leben, fehlen oft die Mittel für die zum Teil kostspieligen Sanierungen, wie etwa in einem kleinen Haus mit vier Einheiten in Hietzing, das Josef Horvath verwaltet: „Drei Miteigentümer hatten für die Sanierung einbezahlt, das Ehepaar, dem die vierte Wohnung gehört, sagte, es könnte das Geld nicht aufbringen. Da ging es um rund 30 000 Euro. Sie meinten, sie hätten eine Lösung und stellten eine Schmuckschatulle vor mich auf den Tisch, mit Gold und Diamanten aus besseren Tagen. Sie wollten, dass ich in Vorlage gehe, denn einen Kredit hätten sie nicht bekommen. Das konnte ich nicht, ich führe ja keine Pfandleihanstalt. Irgendwie haben sie das Geld dann zusammengebracht. Ich weiß nicht wie, aber es ist geflossen."

Der ursprüngliche Gedanke des Wohnungseigentums, nämlich die Idee der solidarischen Hausgemeinschaft, ist über die Jahre verlorengegangen. Der Grundgedanke des Wohnungseigentums liegt im Bienenstock, dessen Bild man heute noch an den Fassaden der WEG-Häuser der ersten Jahre sieht. Peter Nemeth erklärt: „Die Wohnungseigentümer sollten sein wie die Bienen, gemeinsam etwas aufbauen und größer machen. Ich glaube, das ist misslungen. Auch die Miteigentümerversammlungen, kann man in alten Büchern nachlesen, sollten für ein befruchtendes Miteinander stehen."

Ein schönes Erlebnis im Beruf ist, so Michael Handschur, wenn schwierige Versammlungen am Ende gut ausgehen: „Man geht dort hin, hat wirklich schwierige Themen, schaut in die Gesichter der Menschen und weiß, das könnte heute schiefgehen. Das sieht man sofort. Und wenn es trotz allem am Ende des Tages funktioniert, freut man sich, selbst ich in meinem Alter noch. Das ist fast ein Hochgefühl."

Und so wird aus einer der schwierigsten Aufgaben in der Hausverwaltung eine, die oft glücklich macht und in der man verhältnismäßig oft dieses kleine Wort hört, das in dieser Branche sonst so selten fällt: danke!

Vom Zinsbuch zum digitalen Workflow – Arbeitstechniken der Hausverwaltungen

Aus dem Alltag erzählt …

Ein Zinsbuch aus dem Jahr 1888 ist einer der größten Schätze von Treuhänder Otto Friedrich. „Es ist toll, so etwas zu besitzen“, sagt er, „nämlich vom eigenen Haus“. 1888 baute sein Urgroßvater, ein Architekt und Stadtbaumeister, drei Häuser, eines davon ist bis heute im Familienbesitz. Die beiden anderen fielen Verlusten aus wertlos gewordenen Kriegsanleihen zum Opfer. Das Zinsbuch, das Friedrich uns zeigt, ist ein gebundenes Schreibbuch im Format A3, der Einband aus Pappe ist rot-schwarz marmoriert, der Buchrücken aus schwarzem Stoff. „Zinsbuch“ steht in achteckiger roter Umrandung auf den Einband gedruckt, „Stolzenthalergasse“ hat jemand aus der Familie mit der Hand ordentlich in Kurrent darübergeschrieben und die Hausnummer darunter. In diesem Zinsbuch finden sich alle Bewegungen zu dem Zinshaus. „Sehen Sie“, sagt Friedrich, „hier, im November 1888, da wurden die ersten Wohnungen vermietet, Nummer 2 und die Wohnung Nummer 13. Im Februar des nächsten Jahres waren es dann schon mehr Mieter.“ Dazwischen, Ende Jänner 1889, starb Kronprinz Rudolf in Mayerling. Welt- und Familiengeschichte gehorchten ihren eigenen Regeln, hier die Katastrophe, dort das Hochgefühl. „Wohnungsnummer, Lage, Bestandteile, topografische Nummer, Name der Partei, Jahreszins von bis, Abstattung – also Bezahlung“, liest Friedrich die Spalten in seinem Zinsbuch vor, hergestellt von der Geschäftsbücherfabrik M. Trentsensky am Stephansplatz. Ein rotes amtliches Siegel und eine rot-weiß-rote ärarische, also staatliche, Schnur halten die Seiten des sogenannten Nebenbuchs zusammen, das nicht entfernt werden durfte und wichtige Verträge und Unterlagen enthielt.

Solche Zinsbücher, auch Hausbücher genannt, bildeten noch bis Mitte des 20. Jahrhunderts die Grundlagen der Buchführung eines Zinshauses. „Da war alles drin, die Steuer, die Mieteinnahmen, die Betriebskosten, die Professionisten und so weiter. Das gesamte Rechnungswesen wurde über dicke Bücher geführt, händisch. Und wenn ein Buch vollgeschrieben war, hat man mit dem nächsten begonnen", führt uns Ulrike Assem in diesen Teil der Zinshausgeschichte ein. Sie erinnert sich: „Mich hat einmal die Mitarbeiterin eines Verwalters angerufen, der ein Haus übernommen hatte, und ihr war aufgefallen, dass in dem Zinsbuch dieses Hauses eine Wohnung mit roter Tinte geführt wurden. ‚Wissen Sie, was das bedeuten könnte?', fragte sie mich. Da wusste ich von einem früheren Funktionär, das war die vom Hausbesitzer selbst bewohnte Wohnung. Denn der hat ja – vor allem im Alleineigentum – keine Miete bezahlt, sondern nur die Betriebskosten an den Verwalter. Und damit der gleich wusste, warum da 100 Kronen fehlen, war das rot markiert." Nach dem Zweiten Weltkrieg stiegen die Kanzleien langsam auf Ordnersysteme um. „Shannon" nannte man damals in Wien einen Ordner, benannt nach der US-Firma Shannon, die im 19. Jahrhundert die ersten Aktenschränke auf den Markt gebracht hatte.

Unter den Schätzen von Otto Friedrich findet sich weiters eine handgeschriebene Zinsliste aus dem Jahr 1939: „Türnummer, Name – die Mieter kannte ich ja teilweise alle noch –, Hauptmietzins, Zinsgroschen, Hausgroschen, Betriebskosten und Zins. Und hier auf der linken Seite war immer die Betriebskostenaufstellung. Hier steht in Reichsmark: Koloniagebühren, Rauchfangkehrer, Wassermehrverbrauch … Ich bin dann, mit 17 oder 18 Jahren, in den ‚Adel' aufgestiegen und durfte mit dem Lineal die Linien der Zinsliste machen. Das hier war noch die Schrift meiner Mutter."

Zu „Zins- und Hausgroschen“ ergänzt Assem: Das waren Steuern zur Finanzierung des sozialen Wohnbaus, die auf die Mieterinnen und Mieter umgelegt wurden. Neben den Zinsbüchern als Hausordner, den Zinslisten als Einnahmen-Ausgaben-Rechnungen und den Zinsvorschreibungen für die Mieter und Mieterinnen wurden auch die Quittungen per Hand geschrieben. Ein alteingesessener Hausverwalter erzählt uns, wie er früher mit Kautionen verfuhr. Nachdem er bei Abschluss eines Mietvertrags die Kautionssumme erhalten hatte, versah er diese mit einer Nummer und legte sie in den Tresor. Als Quittung erhielten die Zahlenden ein Zettelchen mit der Nummer der Kaution und – auf der Rückseite – der Stampiglie der Hausverwaltung. Das Prinzip sah vor, dass die Kaution gegen Vorlage des Zettels beim Auszug aus dem jeweiligen Zinshaus zurückgezahlt wurde. Jedes verlorene oder vergessene Zettelchen bedeutete für die Mieterinnen und Mieter, dass sie um ihre Kaution kamen. Der Hausverwalter erzählt, in seinem Tresor habe er für gewöhnlich immer viel Bargeld gelagert, aber man stelle sich einmal diese Überraschung vor: Als er einen „Tresorsturz“ machte, lagen da 600 000 Schilling, die er nicht zuordnen konnte. Ein damals enormer Betrag! Wem das Geld gehörte, konnte er nicht mehr rekonstruieren. Wir merken uns, man sollte jeden „Kaszettel“ zweimal umdrehen, bevor man ihn entsorgt.

Was nicht handschriftlich notiert wurde, wurde damals mit der mechanischen Schreibmaschine geschrieben. Um die Schriftstücke fehlerfrei zu halten, verlangte man von den Schreibkräften ausgezeichnete Sprach- und Maschinschreibkenntnisse. Eine Löschtaste gab es nicht; wenn einmal ein Typenhebel sein Schriftzeichen aufs Papier gestempelt hatte, gab es keinen Weg zurück. Unter Umständen machte man den Fehler durch xxxxx unleserlich oder versuchte, falsche Zeichen wegzuradieren, wobei der Radiergummi schmierte und das Briefpapier in jedem Fall in Mitleidenschaft zog.

Von der besonderen Sorgfalt bei der Vorbereitung der Briefkorrespondenzen in der Hausverwaltung seiner Familie erzählt Wolf-Dietrich Schneeweiss: Die Hausverwaltung Schneeweiss hatte ihren Sitz über Jahrzehnte im Tuchlaubenhof, dessen damaliger Besitzer der wichtigste Klient des Familienunternehmens war. In den 1960er-Jahren zelebrierte sein Großvater das Verfassen des allmonatlichen Geschäftsbriefs an diesen wichtigsten Klienten, so Treuhänder Schneeweiss: „Dieser Brief wurde perfekt mit der Schreibmaschine geschrieben, mit Pauspapier, also Blaupapier, mit dem ich später selbst noch gearbeitet habe. Für die Generationen, die das nicht mehr kennen: Das Blaupapier wurde zwischen zwei Bögen Briefpapier gelegt, wodurch während des Schreibens eine Kopie für die Ablage entstand. Mein Großvater stand neben der Sekretärin und diktierte dieser den detaillierten Monatsbericht sowie seine Vorschläge und Ideen für die optimale Nutzung und Verwertung der Immobilie. Einen halben Tag, manchmal sogar einen ganzen, wurde an diesem Brief gefeilt." Anschließend wurde das Schreiben der Österreichischen Post anvertraut, die ihn nach Australien beförderte, wohin der Treugeber Ende der 1930er-Jahre emigriert war. Wochen später langte dann, ebenfalls auf dem Postweg, dessen Einverständnis bezüglich der vorgeschlagenen Vorgehensweise ein.

Wenn man als Kind in den 1960er- und 1970er-Jahren unbeaufsichtigt Zeit hatte und dazu die Erlaubnis der Eltern, die noch viele Buchungen vor sich hatten, hielt einen nichts zu Hause und man unternahm eigene Erkundungstouren durch die Straßen und Gassen. So machten es Wolf-Dietrich Schneeweiss und seine Schwester. Sie erforschten die aufregende Umgebung des Tuchlaubenhofs, wo damals noch der Autoverkehr floss und in dessen Untergeschoß sich das bekannte Tuchlauben-Kino befand. Als Kind des Hausverwalters genoss Schneeweiss hier unschätzbare Privilegien, etwa Einladungen zu Filmvorführungen – auch nicht ganz jugendfreier Filme. Bis heute erinnert er sich an „Die vier Söhne der Katie Elder" mit John Wayne und Dean Martin in den Hauptrollen.

Per 1. Jänner 1973 ging ein Beben durch die Hausverwaltungen des Landes. Das Umsatzsteuergesetz 1972 brachte die neue „Mehrwertsteuer“, also Vorsteuerabzug und einen Regelsatz von 16 Prozent sowie einen verringerten Satz von 8 Prozent, der auch auf Mieten eingehoben wurde. „Mit dem Vorsteuerabzug hat sich das System völlig verändert. Das war für die Branche eine unglaublich herausfordernde Zeit. Das alles umzustellen, war eine Herkulesaufgabe“, so Treuhänder Schneeweiss. „Meine Mutter ist damals nächtelang gesessen, jede Mietzinsvorschreibung musste umgeschrieben werden, es gab ja keine EDV, keinen Computer.“ Die Leistung seiner Eltern könne rückblickend nicht hoch genug geschätzt werden.

Die Technik, und hier insbesondere die Rechentechnik, scheint die einzige Schraube, an der nachfolgende Generationen drehen konnten, um der Hausverwaltung ihren eigenen Stempel aufzudrücken, sich von der Vorgängergeneration abzugrenzen, eine eigene Handschrift zu zeigen. Denn die allgemeinen Verwaltungsabläufe und Aufgaben haben sich über die Jahrzehnte nicht wirklich verändert. „Der große Punkt zur Unterscheidung ist die EDV. Das war bei meinem Vater so und später auch bei mir“, so Marko Weinberger: „Unser Vater hat uns immer erzählt, wenn er am Ende des Monats auf dem Weg in die Verwaltung um die Ecke bog, sind die Hausbesorger auf dem Gehsteig bei der Hausverwaltung angestanden. Die haben damals den Zins kassiert, in Schilling im Sackerl, und sind mit diesen Sackerln zur Hausverwaltung marschiert. Dafür sind sie auch entlohnt worden. Das Verwaltungsteam hat das gezählt, in den Safe gelegt und später auf die Bank gebracht. Damals hat es auch weniger Mietausfälle gegeben, weil das ja jemandem peinlich war, wenn er nicht zahlen konnte.“

Zu diesem Zeitpunkt geschah es Otto Friedrich und seinem damaligen Partner Paul Padelek, dass ihre Hausbesorger zwar zuverlässig die von ihnen kassierten Zinse ins Büro brachten, aber Langfinger sich in der Verwaltung daran bedienten.

„Das waren 3 000 oder 4 000 Schilling, die gefehlt haben, die wir dann ersetzen mussten. Da haben wir gesagt, wir stellen auf Zahlschein um und haben als Erste Mitte der 1960er-Jahre den Computer in der Hausverwaltung eingeführt", so Otto Friedrich. „Wir sind zu IBM gegangen und haben gesagt: ‚Wir wollen mit dem Computer eine Zinsliste erstellen.' Die haben gesagt: ‚Was wollen Sie da, wie soll das gehen?' Ich habe ihnen das erklärt und dann die Nummer 1 als Kundennummer bekommen. 001."

„Als mit dem Umsatzsteuergesetz von 1972 der Vorsteuerabzug kam, hat das der Branche einen großen Reinigungsprozess gebracht", blickt Oliver Brichard auf die Entwicklung zurück, „eine Professionalisierungswelle, denn so manch herkömmliche Hausverwaltung alten Stils konnte da nicht mehr mithalten." Bald seien dann die ersten Lochkartencomputer gekommen, so Brichard, und man begann, „irgendwelche Abrechnungen zu erstellen mit irgendwelchen Lochkarten".

Für elektronische Rechenprozesse brauchte man in den Anfangsjahren der Automatisierung zuerst immer noch Papier. Papier in Form von sogenannten Lochkarten, erklärt uns der Kustos für Datenverarbeitung am Technischen Museum Wien, Otmar Moritsch. Die Informationen, die man der Rechenmaschine zur Bearbeitung geben wollte, wurden durch Lochung der Karten für die Maschine lesbar. Man „fütterte" die Rechenmaschine also mit Lochkarten, die der Rechenmaschine etwa verrieten, zu welcher fortlaufenden Nummer ein bestimmter Mieter, eine Adresse, Nettozins, Betriebskosten oder Steuer gehörten. Die Rechenmaschine war dann in der Lage, diese Informationen zu filtern oder zu sortieren, je nachdem, welches Rechenergebnis gewünscht war. Dieses konnte dann wiederum auf Lochkarten gespeichert, ausgedruckt oder archiviert werden.

Otto Friedrich fuhr ab Mitte der 1960er-Jahre monatlich mit dem Auto und seinen Lochkarten zu IBM und zwei Tage später erhielt er die ausgedruckten Zinslisten sowie die ausgedruckten

Zahlscheine. „Da waren wir stolz, diese Zinslisten zu haben. Die Mieter zahlten also ein, wir nahmen den Zahlschein, und wenn der angenommene Mieter Meier im Jänner seine Miete bezahlt hatte, haben wir auf der Zinsliste ein schwarzes Hakerl gemacht, der nächste Monat war rot, der übernächste grün. Das war damals noch eine überschaubare Größe, aber so haben wir die Mieteinnahmen kontrolliert.

Und wenn man einmal in diesem IBM-Kader drinnen war, dann ging es weiter. Wir bekamen dann eine eigene Lochmaschine, mit der wir die Mietzinsvorschreibungen erfassen und die Hauptmietzinsabrechnungen machen konnten. Ich habe damals eingeführt, dass man mit dem Eigentümer monatlich abzurechnen hatte. Das hat sonst keiner gemacht, das weiß ich. Wir haben einen Sortierer gehabt mit lauter Fächern, da sind die Lochkarten durch die Gegend geflogen und in das richtige Fach hinein. Die rosa Karte war der Saldo-Vortrag, die normalen Karten waren die Bewegungen, die blaue Karte war der Saldo der Betriebskosten und die grüne war die Schlusskarte. Und so haben wir die Buchhaltung gehabt. Das war damals bahnbrechend. Die Maschine hat – tatatatatatatatata – die ganze Nacht gearbeitet. Man ‚fütterte' den Rechner mit einem ordentlichen Stapel Lochkarten. Das hat so eineinhalb, zwei Stunden gedauert, bis die durch waren. Währenddessen bin ich zum Heurigen gegangen. Um dreiviertel zehn bin ich zurückgekommen und habe die Maschine neu ‚gefüttert'. Und um acht in der Früh war alles fertig und wir hatten monatliche Abrechnungen."

Georg Zielbauer überlegte Ende der 1970er-Jahre die Anschaffung eines Rechners: „Der hätte ein Vermögen gekostet, ich glaube 500 000 Schilling, das war damals richtig viel Geld. Damals gab es schon Magnetkarten als Speichermedium. Wir haben uns dann gegen die Anschaffung entschieden, weil das in keiner Relation stand zu unseren Einnahmen."

Die damals größte Hausverwaltung, Gasselseder in der Augustinerstraße in der Inneren Stadt, hatte sich Ende der

1970er-Jahre ihren ersten Computer geleistet, einen grünen Kienzle-Computer, berichtet Nicolette Weinberger, „laut wie sonst was!". Sie war 1979 eine der jungen Frauen, die eingestellt wurden, um die Unterlagen des Unternehmens für die Automatisierung aufzubereiten, erzählt sie: „Alles sollte auf Magnetkarten gespeichert werden. Da mussten wir zum Teil in uralten Akten mit Friedenskronenlisten auf Pergament herumwühlen. Teilweise mussten wir überhaupt einmal herausfinden, mitunter noch von den Zetteln der Hausbesorger, die früher den Zins kassiert hatten, ob es überhaupt einen Mietvertrag gab oder ob die Mieter nach dem Krieg eine Zuweisung hatten. Da gab es oft keinen Mietvertrag, das heißt, wir mussten evaluieren, wer die Mieter der Wohnungen waren. Die Hausverwaltung Gasselseder verwaltete damals über 500 Häuser. Das waren zwei Jahre Arbeit, alle Daten zusammenzutragen und via Kienzle auf den Magnetkarten zu speichern."

Inzwischen begann auch Marko Weinbergers Vater mit der Implementierung seiner EDV. Marko Weinberger erinnert sich: „Das waren Computer, das kann man sich nicht vorstellen, riesige laute Maschinen. Die Zinslisten wurden über einen Nadeldrucker gedruckt. Da hat meine Mutter immer ihr Büro verlassen und in einem anderen Raum gearbeitet, so laut war das damals."

Die automatische Zinsliste der Hausverwaltungen begann langsam Gestalt anzunehmen, wenn es auch noch einige Jahre dauern sollte, bis die Automatisierung alle Kanzleien erreichte. Wo Menschen arbeiten, passieren Fehler, sagt man. Maschinen machen solche in der Regel selten, deshalb würde folgende Geschichte aus den späten 1970er-Jahren heute vielleicht so nicht mehr passieren: Die Mitarbeiterin einer Hausverwaltung war eines Tages nicht so aufmerksam wie üblich und verwechselte zwei Zinslisten. Und so gingen von diesem Tag an die Erträge der Liegenschaft A an den Eigentümer des Hauses B, umgekehrt erhielt der Eigentümer des Hauses A die Erträge der Liegenschaft B. Die Adressen der beiden Immobilien klangen ähnlich und auch die Nutzflächen waren annähernd gleich, was die Verwechslung wohl begünstigte. Allerdings warf eine der beiden Liegenschaften in den fünf Jahren, in denen niemand die Verwechslung bemerkte, rund 20 000 Schilling mehr ab. Als der Hausverwalter den Fehler zufällig entdeckte, wurde ein Rückzahlungsmodus vereinbart. Wer von den beiden Eigentümern dann feierte, ist nicht überliefert. Es ist jedoch davon auszugehen, dass zumindest der andere von da an bei Erhalt der Zinsliste wenigstens einen kurzen Blick darauf warf, ob ihm ein paar Namen der Mieterinnen und Mieter bekannt vorkamen.

Thomas N. Malloth bricht eine Lanze für die menschliche Arbeit: „Ich habe 1980 meine Zinslisten noch händisch geschrieben. Wenn ich mir heute die Fehlerquote in computerisierten EDV-Listen anschaue, war unsere Fehlerquote meist geringer. Du tippst beispielsweise bei der Umsatzsteuer 1, 2 oder 0 ein, vertippst dich einmal, bei 800 Buchungen pro Tag wird nie jemand draufkommen. Ich habe damals jede Hauseigentümer-Abrechnung mit Bleistift geschrieben und dann die Posten mit der Rechenmaschine addiert. Bei der Rechenmaschine ist hinten ein Papierstreifen herausgekommen, den hast du dann abgerissen, hast ihn neben die Liste gelegt und abgehakerlt, ob du alles richtig eingegeben hast. Das war's."

Manches erleichterten (neue) Maschinen aber dennoch, schildert uns Malloth: „In der Schreibmaschine mit den hohen Tasten ist der Finger versunken. Das war eine Sensation, als die elektrischen Maschinen kamen mit der Löschtaste. Ich hab noch eine, mit Kugelkopf. Die nächste Sensation war, dass es dann elektronische Maschinen gab, die sich ‚Mit freundlichen Grüßen' gemerkt haben. Es war unglaublich! Lange vor dem Computer. Der Höhepunkt der Computerisierung in meinen Anfangszeiten war eine Lochkartenmaschine von Siemens. Für jeden Mieter gab es eine Lochkarte, die hast du in die Maschine hineingeschoben und aufgrund der Löcher hat die erkannt, dass der 100 Schilling Miete hat. Da ist man gesessen, reingeschoben, reingeschoben, reingeschoben und auf der anderen Seite ist am Ende eine Zinsliste rausgekommen. Das ist dann immer schneller geworden."

„Als ich in den 1980er-Jahren in die Hausverwaltung einstieg", erinnert sich Oliver Brichard, „hat mein Vater jeden Tag in der Früh die Eingangspost durchgesehen und auf die Angestellten verteilt. Und am Ende des Arbeitstages sind dann die Angestellten gekommen mit den Postmappen, haben die vorbereiteten Briefe vorgelegt und mein Vater hat sie unterschrieben. Er wusste über alles Bescheid. Wir hatten im Jahr 2023 200 000 Geschäftsfälle. Es ist undenkbar, dass ich über alles Bescheid weiß. Wir haben 60 Mitarbeiter und Mitarbeiterinnen, das ist eine ganz andere Form, eine Frage der Unternehmensgröße."

Wichtige Unterlagen brauchen Ablagen und Ordner. Zu Beginn der Bürotechnik ermöglichte das Pauspapier die Anfertigung einer Kopie, heute wird gescannt und auf dem Computer gespeichert. Dazwischen lag die Fotokopie. In jedem Büro standen Kopiergeräte unterschiedlicher Größe und von unterschiedlicher technischer Raffinesse, auch in der von Oswald Wachsmann. Ihm eilt ein ausgezeichneter Ruf als leidenschaftlicher und vor allem auch sehr erfolgreicher Jurist vor Gericht voraus. Einer seiner Streitfälle betraf besagte Fotokopien: In einem Atelier im Dachgeschoß eines der Wachsmann'schen Häuser lebte 1988 ein Mieter zum Niedrigstzins für Kategorie D, weil er das Atelier nach dem Krieg bombenbeschädigt übernommen haben will. Über die Jahrzehnte stiegen naturgemäß die Betriebskosten, was der Mieter nicht glauben wollte. Deshalb forderte er bei Oswald Wachsmann Kopien der Unterlagen an. „Ich habe gesagt: ‚Gerne, ich schicke es eingeschrieben, es entstehen also Kosten. Und ich habe einen kleinen Kopierer, das macht dann 8 Schilling pro Kopie.' Sagt der Mann, er würde überhaupt nicht einsehen, warum er acht Schilling pro Kopie bezahlen solle, ich solle gefälligst in einen Copy-Shop gehen, weil das billiger sei. Ich erklärte ihm, dazu sei ich nicht verpflichtet. Die Schlichtungsstelle im 3. Bezirk hat dem Streithansl tatsächlich Recht gegeben!“ Wachsmann lehnte die Verhandlungsleiterin wegen Befangenheit ab, sie ging ihm zu vertraulich mit dem Vertreter der Mieterorganisation um. Das Verfahren wurde von einem Ersatzjuristen fortgesetzt. Dieser teilte die Meinung des Mieters, wonach 1 Schilling pro Kopie ausreichend wäre. Oswald Wachsmann fährt fort: „Und dann haben wir in der Riemergasse beim alten Bezirksgericht Innere Stadt weiterverhandelt, und da hat die Richterin gesagt, sie würde auch nicht zum Copy-Shop rennen. Dem Verwalter sei zuzubilligen, sich ein Kopiergerät zu kaufen, von dem er meine, er würde damit sein Auslangen finden. Er kopiere ja nicht für den Mieter, sondern für sich selbst. Jedenfalls ist das bis zum OGH gegangen und der OGH hat festgestellt, 8 Schilling sind die von mir nachgewiesenen Kopierkosten und das würde gelten. Umgerechnet sind das etwa 70 Cent, die kann man heute noch verlangen. Eine Steigerung ist nicht erfolgt, weil sich ja die Kopierkosten durch neue Technik verringert haben. Mit einem höheren Betrag wird man sich schwertun. Das ist dann damals auch in den Juristischen Blättern veröffentlicht worden, dass das ein Privater durchgeboxt hat. Die ganzen Verwalter und Vermieter waren nicht unglücklich darüber, denn es hat die Begehrlichkeit, zum Diskont-Tarif Unterlagen übersandt zu bekommen, schon sehr begrenzt.“

„Mitte der 1990er-Jahre wollte mir jeder einen Computer verkaufen“, erzählt uns Karl Fichtinger. „Ein Freund erzählte mir, dass ein Herr Travnicek ein Computerprogramm für die Hausverwaltungen habe, der solle uns eine Kopie geben. Ich redete mit dem, meint der, er redet mit seinem Programmierer, das sei ja nicht teuer, ich soll mir doch ein eigenes Programm schreiben lassen. Der Name des Mannes, Travnicek, wie die kabarettistische Figur von Helmut Qualtinger, und der Name der Programmiersprache, nämlich Cobol, trugen von Anfang an das Charisma des Scheiterns in sich. Aber ich habe die Zeichen nicht erkannt. Herr Travnicek war sehr bemüht, hat was raufgespielt, dann hat das nicht funktioniert, was vorhin funktioniert hatte. Es war ein Tohuwabohu! Und mein Verwalter sagte: ‚Ich habe keine Ahnung, wie ich da die Abrechnung machen soll.' ‚Mich fragst?', hab ich ihm gesagt, und dann hab ich meinen Freund angerufen, der mich an den Travnicek verwiesen hat, wie er die Abrechnung macht mit dem Programm. Und sagt der glatt: ‚Die mach ich über Excel!'

Schon im Honigbusiness, in dem ich vor meiner Laufbahn als Treuhänder tätig war, hatte ich einen Computer von Philips, und da hat es zwei Probleme gegeben: ein Hardware-Problem, wenn du den Software-Typen angerufen hast, und ein Software-Problem, wenn du den Hardware-Typen angerufen hast. Und das ist mir eine große Lehre gewesen. Ich kauf den Computer nur bei jemandem, der mir auch die Software liefert. Das tu ich mir nicht an. Ich hör mir die Geschichten nicht noch einmal an."

Nur wenige Branchen müssen regelmäßig und sehr schnell solch eine große Menge an Geschäftsfällen und Buchungen abwickeln wie die Hausverwaltungen, deshalb sei gerade für diese Branche die Automatisierung ein wichtiger und großer Schritt gewesen, betont Oliver Brichard: „Der große Schritt, als alle Hausverwaltungen auf elektronische Datenverarbeitung umgestellt haben", sei Mitte der 1990er gesetzt worden. „Davor hatten wir schon EDV mit einem zentralen Rechner mit Bildschirmen im ganzen Haus. Dann haben wir auf PC umgestellt, da sind die Programme alle auf den PCs gelaufen. Nach ein paar Jahren haben sie uns wieder einen zentralen Computer eingeredet mit kleinen PCs auf den Arbeitsplätzen. Dann haben wir wieder umgestellt, alle Programme auf den Arbeitsplätzen und die Zentralisierung weg. Und jetzt geben wir alles in die Cloud. Also alle sieben, acht Jahre reden uns die IT-Techniker immer das Gegenteil von dem ein, was wir gerade haben, damit sie wieder was verkaufen können."

Verschiedene moderne Computerprogramme würden nach entsprechend langen Umdenkprozessen und viel Stöhnen am Ende viele Vorteile bringen. Auch die Künstliche Intelligenz habe vor den Kanzleien nicht haltgemacht, sagt Brichard. Als eine Mitarbeiterin trotz Unterstützung des Teams Probleme hatte, einen Brief zu den mietrechtlichen Aspekten einer Untervermietung zu formulieren, gab das Team versuchsweise ChatGPT den Auftrag dazu. Das Ergebnis des Chatbots sei zwar nicht super, aber ok gewesen. Bei dieser Gelegenheit hätte sich gezeigt, dass schon einige Assistentinnen damit arbeiten würden, woraus Brichard schließt: „Die Diskussion, ob die Künstliche Intelligenz jetzt kommt oder nicht, ist sinnlos, denn sie ist schon da."

Sperrsechserl und Respektsperson – Hausmeister und Hausmeisterinnen im Zinshaus

Aus dem Alltag erzählt …

Der Hausmeister ist uns schon zu Beginn unserer Zeitreise begegnet. In den Alt-Wiener Zinshäusern des 18. Jahrhunderts war er Ansprechpartner und Organisator, der verlängerte Arm des Inspectors oder Administrators wohlhabender, oft adeliger Hausbesitzer und Hausbesitzerinnen. Durch den Bauboom der Gründerzeit, der die Zinskasernen als Investments hervorbrachte, wurden Hausmeister und Hausmeisterinnen dann nicht nur Standard, sondern bald zum Wiener Original.

Ob es die Staffelhuberin, die Hausmeisterin in Nestroys Stück „Der Schützling", war oder Cajetan Balsam, der selbst ernannte wahre Hausherr in Nestroys „Eine Wohnung ist zu vermiethen in der Stadt", ihre Position war unumstößlich. Mitte des 19. Jahrhunderts fand die Hausmeisterbranche sogar Erwähnung in einem Reiseführer, aus dem hundert Jahre später die Arbeiter-Zeitung zitierte: „Sowohl in der Stadt als auch in den Vorstädten hat jedes nur irgend bedeutende Haus zur Besorgung der auf Reinlichkeit und Erhaltung derselben bezüglichen Verrichtungen einen ‚Hausmeister'. In der Stadt werden ohne Ausnahme die Haustore um zehn Uhr abends, in den Vorstädten während der Zeit von Georgi bis Michaeli um zehn, in der übrigen Zeit um neun Uhr gesperrt. Der Hausmeister öffnet nach der Sperrstunde auf das Anziehen der an dem Tor befindlichen Glocke. Dem Gebrauch gemäß entrichtet man dem Hausmeister dafür eine beliebige Gabe, etwa sechs Kreuzer jedesmal." Diese „Gabe" nannten die Wiener und Wienerinnen liebevoll Sperrsechserl. Es fettete das Einkommen der Hausbesorger und Hausbesorgerinnen auf.

Das Recht auf einen eigenen Haustorschlüssel erlangten die Mieter und Mieterinnen erst mit der Hausbesorgerverordnung von 1922. Jedem Mieter war laut Gesetz auf Verlangen ein Schlüssel auszuhändigen. Doch nicht alle kamen in den Genuss eines solchen, wie eine Anekdote Oswald Wachsmanns zeigt:

Ein Bekannter seines Vaters Max Wachsmann, ebenfalls Geschäftsmann, besaß am Werd im 2. Bezirk ein Haus aus dem frühen 18. Jahrhundert, ein Fuhrwerkhaus mit großer, bogenförmiger Einfahrt. Das alte Haustor konnte nur mit einem einzigen, riesigen Schlüssel gesperrt werden. So einen, wie man ihn für Burgen und Schlösser verwendet habe, erklärt uns Oswald Wachsmann und beschreibt mit den Händen eine wahrlich beeindruckende Größe für einen Schlüssel. Der Eigentümer wohnte selbst in dem Haus, dessen Tor auch noch in den 1960er-Jahren von neun Uhr abends bis sechs Uhr morgens versperrt war. „Das heißt, wer danach gekommen ist, hatte das Nachsehen. Und Leute, die schon früher Dienst hatten und die das Glück hatten, straßenseitig zu wohnen, haben sich vom ersten Stock mit Leintüchern abgeseilt auf die Straße. Der Eigentümer ist dann frühmorgens mit einer Kappe und mit einem Schlafmantel, gleich einem feudalen Hausherrn aus der Biedermeierzeit, von seiner Wohnung hinuntergeschlurft und hat die wartenden Mieter auf hinterhältige Art mit folgenden Worten begrüßt: ‚Ein gieten Morgen, ist heit wieder einer gestorben?‘ Und hat aufgesperrt“, erzählt uns Oswald Wachsmann. Die Anfertigung einer Kopie dieses Schlüssels wäre in dem Fall offenbar so teuer gewesen, dass sich die Mieter das nicht leisten wollten, so Wachsmann: „Und im Kaffeehaus hat sich der Mann immer furchtbar beschwert, dass die Mieter so boshafte Bemerkungen über ihn machten. ‚Und da wunderst du dich‘, sagte mein Vater zu ihm, ‚sei froh, dass du kein Messer im Rücken hast.‘“

In der Zeit vor dem Mietengesetz, das den Mieterschutz brachte, herrschte in der Regel uneingeschränkter Respekt vor dem Hausmeister und der Hausmeisterin. Und das, obwohl er – klischeehaft – nur selten einem alkoholischen Getränk abgeneigt war und obwohl sie – ebenso klischeehaft – eine Tratsche war. Nicht umsonst hieß Nestroys Hausmeisterin Staffelhuberin: eine Frau, die auf der Türstaffel ihrer Wohnung steht, also bei offener Tür, um zu tratschen. Die Wiener Bevölkerung schöpfte diesen respektvollen Umgang wohl nicht aus deren freundlichem Wesen, sondern weil sie sich vor Nachteilen zu schützen wusste. Im Oktober 1918 schrieb die Arbeiter-Zeitung: „In der ganzen Welt würde man Derartiges für unmöglich halten, bloß in Wien, dem Sperrsechserl-Eldorado, weiß man, daß es so etwas gibt. Da kennt man die Gloriole, die der Hausmeister um sein Haupt trägt, da ist man von seiner Mächtigkeit, wenn nicht gar von seiner Allmächtigkeit überzeugt und auch davon, daß es vor allem darauf ankommt, sich mit dieser wichtigen und mit weitgehenden Befugnissen ausgestatteten Persönlichkeit ins Einvernehmen zu setzen und sich auf guten Fuß zu stellen. Und wenn man hierzulande keinen Richter zu brauchen glaubt, so weiß man ebenso, daß man mit dem Hausmeister rechnen muß, daß es unerläßlich ist, sich seiner Gunst zu versichern. Wer es an Respekt fehlen läßt, dem kann es passieren, daß er gekündigt wird."

Eine „vergleichsweise bedeutende Position in der Mikrostruktur des Alltags der Unterschichten" habe der Hausmeister innegehabt, schreibt Historiker Michael John 1989 in seinem Aufsatz zu „Solidarstrukturen im Zinshaus und Quartier". Einer seiner Interviewpartner, ein 1889 geborener Wiener, erzählte aus seiner Kindheit: „Einmal im Haus sind wir umgezogen, nämlich dem Hausmeister war zuviel Lärm am Gang, sind wir einen Stock höher gezogen ... Später, nach ein paar Jahren, nachdem wir oberhalb des Hausbesitzers gewohnt hatten, sind wir ihm zuviel herumgegangen, das hat ihm nicht gepaßt, das hört man ja, wenn man auf dem Boden trampelt, da hätten wir ja Patschen anziehen müssen. Da mußten wir innerhalb eines Monates ausziehen."

Standesunterschiede gab es allerdings auch in der Branche selbst. Der Portier eines Innenstadthauses verglich sich natürlich nicht mit einem proletarischen Hausmeister in einem der Vororte. Auch der Hausmeister und die Hausmeisterin standen unter Druck, denn über ihnen in der Zins-Nahrungskette standen der Hausherr und die Hausfrau, die mit ihnen genauso verfahren konnten wie mit den Mietern und Mieterinnen. Sie waren ebenso rechtlos wie jene, denen sie selbst oft das Leben schwer machten. So fand auch diese Branche zu Interessensgemeinschaften zusammen. Um die Jahrhundertwende gab es bereits fünf Vereine, etwa „Der Schlüsselbund" oder „Die registrierte Hilfskasse". Der „1. Christliche Hausbesorger- und Portierverein in Wien" war mit 3 000 Mitgliedern der größte seiner Art, gefolgt vom sozialdemokratischen „Rechtsschutz- und Unterstützungsverein".

1922 trat die Hausbesorgerordnung in Kraft, die Rechte, Pflichten und die Berechnung des Reinigungsgeldes regelte. Die Höhe des Reinigungsgeldes wurde durch Verordnung der jeweiligen Landeshauptleute bestimmt. Innerhalb des Hauses wurde das Reinigungsgeld nicht nach den zu reinigenden Flächen wie Gänge oder Treppen berechnet, sondern nach Art und Anzahl der gemieteten Räume, also etwa Zimmer, Kabinett oder Geschäftslokal. Diese Berechnungsmethode bestand bis zum Hausbesorgergesetz 1970. Von da an wurde das Reinigungsgeld nach der Gesamtnutzfläche vermietbarer Objekte berechnet, unabhängig von der Bestimmung und Aufteilung der einzelnen Räume.

Das Sperrgeld war nun mit der Hausbesorgerordnung 1922 offiziell rechtlich geregelt und machte damals vor Mitternacht 1 000 Kronen, danach 2 000 Kronen aus – der Preisanstieg war der Inflation geschuldet. Weiters sah die Verordnung vor, dass allen Mieterinnen und Mietern sowie deren Angehörigen und Untermietern jeweils ein Haustorschlüssel zustand. Ein paar gewiefte Hausbesitzer, so ein Bericht der Hausherren-Zeitung am 1. April 1922, wollten den Haustorschlüssel nur unter der Prämisse herausgeben, dass Hausgäste Sperrgeld bezahlten, was der Magistrat als eine „unberechtigte Sperrgeldforderung“ abschmetterte, weil ja kein Hausmeister in Anspruch genommen würde. Reinigung der Gangaborte, Verschwiegenheits- und Anwesenheitspflicht in dem für die Aufgaben erforderlichen Ausmaß waren weitere Bestandteile der Hausbesorgerverordnung.

Treuhänder Peter Rustler erinnert sich am Firmensitz in der Mariahilfer Straße an die Hausmeisterinnen seiner Kindheit: „Hier hatten wir die Frau Hubinka, vis-à-vis die Frau Eder als Hausbesorgerinnen, das waren Persönlichkeiten, Respektspersonen. Die haben das Haus wirklich bewacht. Die Frau Hubinka ist meistens aus dem Erdgeschoßfenster gehangen, die hat alles gewusst, was sich in der Gasse tut.“ Und Hausmeister dienten damals auch seiner Unterhaltung, erzählt er uns mit lachenden Augen: „Das war eine Mordsgaudi als Schulbub. Ich bin in Meidling in die Schule gegangen, und wir haben Hausmeister rausgeläutet, sind um die Ecke gelaufen und haben uns zerkugelt, wenn der Hausmeister schimpfend herauskam.“ So sah also die Glöckerlpartie der Nachkriegszeit aus, als es noch keine Gegensprechanlagen gab.

Nicht nur den Hausmeistern und Hausmeisterinnen wurde, wie oben beschrieben, Respekt entgegengebracht, auch die Hausverwalter und Hausverwalterinnen wurden respektvoll behandelt. Ein mit uns bekannter Hausverwalter berichtet gar von Hausparteien, die vor Jahrzehnten salutierten, wenn er das Haus betrat. Die Gründe für diesen Respekt waren Abhängigkeiten, die sich durch alle Gesellschaftsschichten zogen. Rückblickend würde dieses Verhalten oft für romantisierte Erinnerungen sorgen. Historiker Gerhard Halusa nennt ein Beispiel: „Unser Dienstmädl war ein Engel!“ Dem Dienstmädchen sei gar nichts anderes übriggeblieben, als ein „Engel“ zu sein, selbst unter den widrigsten Arbeitsbedingungen. Die Erziehung in jener Zeit sei auch eine autoritäre gewesen, so der Historiker: „In der Schule gab es das Rohrstangerl und Schläge, von klein auf war man daran gewöhnt worden, dass im Klassenzimmer der Lehrer Gott ist, zu Hause ist der Hausmeister Gott, oben drüber ist der Hausherr der Gott. Es gibt jemanden, der mir sagt, was ich zu tun habe, und dem ich ehrerbietig gegenübertrete. Und wenn ich das nicht mache, dann habe ich Konsequenzen zu fürchten, dann fällt etwas auf mich zurück, und dementsprechend benehme ich mich so, dass ich gefalle. Diese Erziehung gab es im Bürgertum genauso, der absolute Chef war der Vater, was er sagte, passierte. Dann gab es die Gouvernante. Immer hatte jemand das Sagen.“

„Wenn meine heute 93-jährige Mutter zu mir sagt: ‚Deine Großmutter hätte sich das nicht gefallen lassen, die wär da einegfohrn‘“, erzählt uns Monika Martorana, „dann sag ich: ‚Die Zeiten sind vorbei!‘. Denn früher war es so, wenn der Hausherr oder die Hausfrau ins Haus gekommen ist oder, Gott behüte, sogar noch im Haus gewohnt hat, da ist das geschehen, was die Hausfrau gesagt hat, und jeder hat gebuckelt.“

Rechtshistoriker Gerald Kohl liefert uns ein anschauliches Beispiel für die Verankerung des „autoritären Hausherrn“ in den Köpfen: „Ich erinnere mich an eine Miteigentümerin, eine pensionierte Köchin bei der Gemeinde Wien, die mich bei einer Unterschriftensammlung zwecks Weisung an den Verwalter fragte: ‚Was wird denn der Hausherr dazu sagen?‘ Ich habe ihr erklärt, dass es hier keinen Hausherrn gebe, was besonders pikant war, weil die Frau eine in der Wolle gefärbte Sozialistin war. Die Erkenntnis, die ich ihr versucht habe zu vermitteln, dass sie ein kleiner Teil des Hausherrn ist, das war für sie fast eine

Existenzkrise. Sie hat sich immer als die arme Kleine gesehen, und da gab es den Hausherrn, das war der Verwalter."

Autoritäre Erziehung, Abhängigkeiten und entsprechende Sozialisierung ergaben ein Obrigkeitsgefühl, das spätere Generationen nicht mehr kannten. Das Sperrgeld hingegen blieb. Aktuell sieht der Mindestlohntarif 4,70 Euro für das Toröffnen vor Mitternacht und 5,20 Euro für das Öffnen nach Mitternacht vor. In Zeiten der Gegensprechanlagen halten sich die Sperrdienste der Hausmeister und Hausmeisterinnen jedoch in Grenzen. Das war lange Zeit anders, als es an vielen Häusern keine Gegensprechanlagen gab. Wer als schlüsselloser Besucher im Zinshaus nach der Sperrstunde kein Sperrgeld zahlen wollte, brauchte eine Telefonzelle in der Nähe oder Kieselsteine, die gegen das Fenster geworfen wurden, woraufhin der Haustorschlüssel hinuntergeworfen wurde. Horst Chmela sang dazu ein sehr bekanntes Wienerlied, hier die erste Strophe:

Mama, i' bitt' Di', schau oba
ich bin's, da Poldi, Dei' Bua
I' war no' ganz jung und a' no' net g'scheit,
aber auf d' Nacht, war i' allaweil aus
mit Freunderln flanier'n, vergeht g'schwind die Zeit,
aber dann steh' i' kla'laut vorm Haus

Mama, i' bitt Di', schau oba
ich bin's, da Poldi, Dei' Bua
wirf ma den Schlüss'l halt oba
hilf ma, das Haustor is' zua
Mama, i' hätt' net soll'n
tuan wieas d'e andern woll'n
aber z'Haus geh', Muatta, hab' i' mi' halt geniert
Mama, i' war so blöd
geh, sag's in Vater net,
weil er ma sonst ane schmiert

1957 trat die bundesweite Hausbesorgerordnung in Kraft, 1971 schließlich das Hausbesorgergesetz. Die Hausbesorgerinnen und Hausbesorger waren eine Mischform von Angestellten und Selbstständigen. Sie hatten vorgegebene Aufgaben, konnten sich aber die Arbeitszeit selbst einteilen oder die Tätigkeiten an Dritte übertragen. Zum Bezug gehörten eine Dienstwohnung und unterschiedliche Zuschläge, die die Lohnverrechnung der Branche zu einer Herausforderung machte, so Ulrike Assem: „Ich habe erlebt, dass Mitarbeiter von Hausverwaltungen angerufen haben: ‚Ich habe zehn Jahre in der Bauwirtschaft anspruchsvolle Lohnverrechnung gemacht, ich sitz da vor der Hausbesorgerabrechnung und kenn mich hint und vorn nicht aus. So was Kompliziertes gibt's doch gar nicht!' – ‚O ja, das gibt es wirklich!' Das ist das Allerkomplizierteste, was man sich vorstellen kann. Es gab neun Entgeltverordnungen, jedes Bundesland hatte eine eigene. Und es gab unterschiedliche Zuschläge: eine Stromkostenpauschale für 16 Kilowattstunden, 15 Prozent vom Reinigungsentgelt machte der Materialkostenersatz aus, in anderen Bundesländern waren es 20 Prozent, bloß nicht einheitlich, ja nicht! Wir sind ja ein Riesenkontinent und da musste jedes Bundesland eine eigene Bestimmung haben. Und für den Gehsteig wieder ein anderer Satz, aber kein Materialkostenersatz. Dazu kamen 18 Mindestlohntarife, zwei pro Bundesland, für verschiedene Extra-Arbeiten wie die Reinigung nach Großreparaturen oder Betreuung von Aufzügen, Zentralheizungen und Grünflächen. Die Entlohnung erfolgte nach unterschiedlichen Stundensätzen, Pauschalbeträgen oder Grundbezügen mit Zuschlägen. Zur Extraklasse zählt die Entlohnung der Grünflächenbetreuung: Für jeden der drei Arbeitsschritte – Reinigen, Bewässern, Mähen – gab es unterschiedlich hohe Centbeträge pro Quadratmeter."

Die Erinnerung an die Hausmeister-Lohnverrechnung im Rahmen seiner Konzessionsprüfung bereite ihm heute noch Schaudern, erzählt uns Hausverwalter Michael Handschur aus

Mödling: „Hausbesorger-Lohnverrechnung war etwas, das ich schon damals als sinnlos erachtet habe, weil ich das schon damals dem Steuerberater gegeben habe. Dass du dich hinsetzt und eine geschlagene halbe Stunde einen Lohn ausrechnest, war völliger Schwachsinn."

Die Hausmeister und Hausmeisterinnen wechselten Glühbirnen aus und zündeten in den Gangtoiletten Petroleumlampen an, damit die Wasserleitungen nicht einfroren. Sie wussten, wo sich Kaminputztürchen oder Absperrhähne für Gas und Wasser befanden, kannten also das Haus wie ihre Westentasche.

In einem Haus im 1. Bezirk, das sie verwalte, hätte bis zuletzt eine solche Hausmeisterin der alten Schule ihren Dienst versehen, erzählt Monika Martorana: „Die Frau Goldschmied ist letztes Jahr mit 80 in Pension gegangen. Die Eigentümer haben sie geliebt. Die hat alles gemacht, die hat dort ein Regiment geführt, unglaublich. Für uns war sie manchmal schon ein bisserl mühsam, wenn sie hundert Mal angerufen hat, aber auf der anderen Seite war das gut, weil sie jede Lampe kannte. Der hab ich den Elektriker schicken können, wenn sie ein Problem gemeldet hat. Die Frau Goldschmied hat ihm den genauen Leitungsverlauf zeigen können, die kannte das Haus aus dem Effeff. Dort hat niemand etwas weggeworfen. Im Erdgeschoß ist dort eine große Orthopädie drinnen, die hat das im Griff gehabt, dass sich auch die Leute, die nicht im Haus wohnen, ordentlich benehmen. Das war eine tolle Sache. Da haben die Leute aufgepasst. Sie müssen jetzt nur schauen, wie es ist. In den Häusern, in denen die Eigentümer wohnen, die schauen ganz anders aus, da passen die Leute auf. Wenn bei mir im Haus einer ein Papierl fallen lässt, heb ich es auf. Das dritte Mal traut sich der nicht mehr, ein Papierl wegzuwerfen. Die Hausbesorgerin hat das erledigt, freundlich oder resolut. Da sieht man einen Unterschied zu Häusern, wo nur eine Reinigungsfirma kommt. Die Mieter wissen genau, ob was passiert, wenn ich mit dem Fuß oder der Faust das Licht aufdreh. Die Hausmeister vom alten

Schlag waren für eine Liegenschaft sicher gut. Es war natürlich im Laufe der Zeit mit den arbeitsrechtlichen Bestimmungen immer teurer, überhaupt, als die Reinigungsfirmen dann aufgekommen sind. Die Hausbesorgerin hat eine freie Wohnung gehabt, die hat gehabt eine Lichtpauschale, die hat gehabt ein Vertretergeld. Und die Abrechnungen waren höllisch."

Ein besonderes Exemplar von Hausmeister fand man in den 1970er-Jahren im prachtvollen Palais Equitable am Stock-im-Eisen-Platz, das nie Adelssitz war, sondern als Firmensitz einer US-amerikanischen Versicherungsgesellschaft gebaut worden war. Hausverwalterin Nicolette Weinberger lässt die erinnerungswürdige Hausmeister-Figur des Palais aufleben: „Dort gab es einen Hausbesorger, der war ein Faktotum. Das war ein älterer Herr, immer im Anzug mit Krawatte. Das war zwar alles abgetragen, aber er war eine würdevolle Erscheinung. Und er hatte das Vertrauen aller Mieter. In seinen ausgebeulten Sakkotaschen hatte er immer einen Putzfetzen. Wenn er die Stiegen in diesem prachtvollen Stiegenhaus hinauf- oder hinuntergegangen ist, hat er im Gehen das Geländer gewischt."

Eine große Verantwortung in der Fülle der Aufgaben der Hausmeister und Hausmeisterinnen war der so wichtige Winterdienst. Sie hatten dafür zu sorgen, dass zwischen sechs Uhr morgens und zehn Uhr abends der Gehsteig sowie begehbare Hofflächen geräumt und gestreut waren. „Was den Winterdienst anging, konnte der Hausverwalter die Haftung auf den Hausmeister übertragen", so Ulrike Assem. „Es sind ja auch Hausbesorger verurteilt worden, wenn sich aufgrund mangelhafter Schneeräumung jemand den Haxen gebrochen hat. Und ‚sechs Uhr früh' hieß nicht anfangen, sondern fertig sein mit dem Schaufeln. Und dann den ganzen Tag bereit sein."

Auch dieser Winterdienst hinterließ seine Spuren in der Populärkultur. 1955 schrieb Hans Hauenstein das Wienerlied „Es woar net aufg'straht" zur Musik von Ferry Wunsch. Es geht darin um einen regelmäßig betrunkenen Mann, der sich aufgrund seiner Erfahrungen auf rutschigen Gehsteigen nach dem Wirtshausbesuch vom Taxi heimfahren lässt, auch nachdem der Versuch, Geld aus solch einem Unfall zu lukrieren, nicht von Erfolg gekrönt war. Im Refrain heißt es:

> Es woar net aufg'straht und i woar aug'straht,
> d'rum hot's mi herg'straht ois wia net g'scheit;
> is aner aug'straht, dann g'hert hoit mehr g'straht,
> sonst is' a herg'straft vur olle Leit';
> wenn's sowas z'saumdrah'n, daun muaß i aufd'rahn,
> a waun s'mi ei'drahn für launge Zeit,
> is aner aug'straht, daun g'hert hoit mehr g'straht,
> sonst is' a herg'straht ois wia ned g'scheit,
> is aner aug'straht, daun g'hert hoit mehr g'straht,
> sonst is' a herg'straht ois wia ned g'scheit.

Jahrzehnte später schien der Mann reinkarniert, oder wie ließe sich der folgende, negativ beschiedene Fall von Haftpflicht erklären, an den sich Treuhänder Thomas N. Malloth erinnert: „Pfeilgasse. Einer löst sich vom Würstlstand nach zehn roten Bier (Schwechater, Anm.) und 17 Schnapserln. Es haut ihn auf die Pfeife und im Protokoll steht dann: ‚Der Hausverwalter hat es unterlassen, in Wien 8, Strozzigasse, den Gehsteig zu säubern.' Hab ich nicht, der Hausbesorger hat gesäubert, niemand konnte etwas für den Oberschenkelhalsbruch des Mannes." Wir merken, das Prinzip von Ursache und Wirkung macht auch nicht vor der Haftpflicht halt. Genauso wenig wie vor der Hausordnung beziehungsweise der Einhaltung derselben:

In den 1990er-Jahren befanden sich unter den von Oliver Brichard verwalteten Häusern einige Zinshäuser, die einer Gruppe von Immobilienspekulanten gehörten. Diese besetzte damals, nach dem Fall des Eisernen Vorhangs, leerstehende Wohnungen mit Arbeitern aus dem ehemaligen Ostblock. „Raue Gesellen waren das, die viel getrunken haben und entsprechend oft auch randaliert. In diesen Häusern war immer Unruhe, ich nehme an, das war von den Spekulanten auch so geplant." Dementsprechend häufig gab es Beschwerden von den Mieterinnen und Mietern dieser Häuser. Nur aus einem Haus rief nie jemand an, gab es nie Beschwerden, wunderte sich Verwalter Brichard und fuhr eines Tages hin, um sich vor Ort selbst ein Bild zu machen. Er läutete an der Tür der Hausbesorgerin, um zu fragen, ob denn alles in Ordnung sei oder sie Unterstützung brauche. Als die Hausbesorgerin die Tür öffnete, schoben sich links und rechts von ihr die riesigen Schädel zweier Rottweiler in Richtung des Verwalters. „Bei uns ist alles in bester Ordnung, danke der Nachfrage", sagte die Hausbesorgerin, „dafür sorgen schon Max und Moritz. Die schauen in der Nacht im Stiegenhaus darauf, dass sich alle benehmen, um sechs in der Früh hol ich sie dann wieder rein, damit die Leute in die Arbeit gehen können. Nicht, dass die sich noch schrecken." Grund zum Schrecken gebe es sowieso keinen, erklärte die Hausbesorgerin Verwalter Brichard noch, denn Rottweiler seien sanfte und friedliebende Tiere. „Die Hunde haben für absolute Ruhe auf dem Schiff gesorgt", so Brichard. „In dem Haus war immer alles in Ordnung und nie hat sich jemand beschwert, niemand, weder über Lärm und Unruhe noch über Max und Moritz. Heute wäre das unvorstellbar."

Seit 2000 gibt es keine Neuanstellungen mehr auf Basis des alten Hausbesorgergesetzes, sondern nur noch dem Arbeitsrecht folgend. Einer der Gründe sind laut Ulrike Assem die steigenden Bezüge aufgrund der Lift-Zuschläge ab einem gewissen Stockwerk oder wegen der Heizungswartung. Waren die Hausmeister und Hausmeisterinnen der alten Zinshäuser noch sehr schlecht bezahlt gewesen, lagen bei modernen Anlagen die Bezüge der Branche oft weit über den Löhnen in vergleichbaren Berufen. Es wurde in der Presse über so manchen Hausbesorger berichtet, der selten anzutreffen war, weil er es sich leisten konnte, Hilfskräfte zu beschäftigen, auch in

Wohnanlagen der Gemeinde Wien. Ein weiterer Grund für das Aus der alten Beschäftigungsform war die Unkündbarkeit der Hausmeister und Hausmeisterinnen. Ulrike Assem erzählt: „Wir von der Wiener Wirtschaftskammer haben den Gewerkschaftern immer gesagt: ‚Der strenge Kündigungsschutz beim Hausbesorger muss weg, das geht nicht gut!' Denn wenn der eine Dienstwohnung hatte, hat man den nicht rausgebracht, außer er hat den Eigentümer gewürgt oder die Mieter angschütt' mit irgendwas. Er war so gut wie unkündbar. Nur schwerwiegende Gründe, die woanders für eine Entlassung reichen, führten im Fall des Hausbesorgers zur Kündigung. Die Kündigung musste man beim Arbeits- und Sozialgericht einreichen und dann lange verhandeln. Am Schluss ist meistens rausgekommen, lasst ihn, denn da ist der Hausbesorger dann mit den heulenden Kindern gekommen und der Richter hat gesagt: ‚Wo soll er denn hin, er hat ja keine andere Wohnung außer der Dienstwohnung.' Das war eine schwierige Situation."

Neue Beschäftigungsverhältnisse von Hausbetreuern und Hausbetreuerinnen, wie der Beruf jetzt genannt wird, folgen dem Arbeitsrecht. Vor allem aus arbeitsrechtlichen Gründen hinsichtlich der Schneeräumung stirbt der Beruf langsam aus. Denn wenn der Schneefall nicht in die reguläre Arbeitszeit fällt, fallen nach dem Arbeitsrecht nun Ersatzruhezeiten an, ein in der Praxis kompliziertes und untaugliches Modell. Es gibt noch einige Hausmeister und Hausmeisterinnen nach dem alten Gesetz, die vor 2000 als junge Menschen eingestellt wurden. Sie sind die Letzten ihrer Art.

Für die Hausverwaltungen waren die Hausmeister und Hausmeisterinnen nicht nur Sperrpersonal und verlängerter Arm vor Ort, der alles managte, sondern gelegentlich auch Quell amüsanter Erinnerungen:

Im Erdgeschoß eines Meidlinger Zinshauses lebte Ende der 1970er-Jahre das Hausmeisterehepaar Mirko und Snežana.

Die beiden leisteten ausgezeichnete Arbeit, das Haus war picobello sauber, wohl auch, weil Mirko die Mieter und Mieterinnen zwang, ohne Schuhe im Stiegenhaus über den Teppich zu gehen. Eines Tages erhielt der Hausverwalter des Hauses einen Anruf, es habe einen Einbruch gegeben und die Hausbesorgerin sei festgenommen worden. Das Einbruchsopfer, eine ältere Dame im ersten Stock, hatte nicht schlecht gestaunt, als plötzlich eine nackte Frau ihr Wohnzimmerfenster brutal eingeschlagen und darüber ihre Wohnung betreten hatte. Die Dame war wie am Spieß schreiend aus ihrer Wohnung gerannt und hatte die Wohnungstür hinter sich ins Schloss fallen lassen. Aufruhr auf dem Gang! Eine Nachbarin rief die Polizei. „Schau nach, was da los ist", sagte Snežana zu ihrem Mann, nahm ein Messer aus dem Block und schob Mirko vor sich her in den ersten Stock. „Wo ist der Einbrecher?", fragte Snežana die alte Dame, die auf die ins Schloss gefallene Wohnungstür zeigte. Die Polizeistreife war schnell da, brach die Wohnungstüre auf und betrat die Wohnung – hinter sich das Hausmeisterehepaar und die halbe Nachbarschaft. Die Hausmeisterin erkannte in der Einbrecherin sofort das „blonde Gift" von Stiege 2 und es fiel ihr wie Schuppen von den Augen, was hier geschehen war. Einbruch, pah! Ein Panscherl hatte Mirko mit der Blondine und dachte wohl, er hätte während Snežanas Einkauf sturmfreie Bude in der Dienstwohnung. Allerdings hatte sie ihre Geldbörse vergessen und war noch einmal zurückgekommen. Egal, Mirko musste sterben! Als sie auf Mirko einstechen wollte, warf sich das „blonde Gift" dazwischen und wurde dabei schwer verletzt. Jetzt war auch der alten Dame klar, dass ihre Einbrecherin nur in Panik vor Snežana auf die Schupfe im Hof geklettert und von dort in ihre Wohnung im ersten Stock geflüchtet war. Snežana, die für ihre Eifersucht bekannt war, hat Mirko, der die gemeinsame Wohnung für ein Stelldichein genutzt hatte, später verziehen. Doch ab sofort wurde noch strenger kontrolliert. Die beiden hielten bis zur Pension das Meidlinger Zinshaus picobello in Schuss.

V.
Punks, Neuverträge, Pinke – das Mietrechtsgesetz 1982

Sechzig Jahre lang war aufgrund des Friedenskronenzinses kaum Geld für Sanierungsarbeiten an den Zinshäusern vorhanden. Das neue Mietrechtsgesetz erlaubt bei neuen Mietverträgen höhere Kategoriezinse, bei Sanierung sogar marktüblichen Zins. Neuen Mietverträgen stehen allerdings die Altmieterinnen und Altmieter im Weg. So findet man unterschiedliche Methoden, sich ihrer zu entledigen. Die Substandardwohnung wird zum Auslaufmodell. Die Hausverwaltungen betreiben Immobilienmanagement.

In den 1970er-Jahren war Wien eine Stadt mit schmutziggrauen Fassaden nahe dem Eisernen Vorhang. Spione aus Ost und West sollen sich hier die Türklinken der Kaffeehäuser in die Hand gegeben haben. Und die Bewohner der Stadt zahlten Jahrzehnte nach dem Ersten Weltkrieg unverändert den Friedenskronenzins. Dieser und das Ablösesystem verhinderten ausreichende Einnahmen für die Instandhaltung der Zinshäuser. Das prägte das Stadtbild.

Dieses Missverhältnis von Einnahmen und Kosten machte Ende der 1970er-Jahre einen uns bekannten Hausverwalter zum Hausbesitzer. Seine Treugeberin besaß ein Zinshaus, das in einem ausgesprochen schlechten Zustand war. Die Sanierung sollte rund 100 000 Schilling verschlingen, die die Frau nicht besaß. Sie wollte keinen Kredit aufnehmen und hatte es satt, sich über dieses Zinshaus ständig Gedanken zu machen. „Schenken Sie mir das Haus und ich saniere es", schlug der Hausverwalter vor und die Frau nahm dieses Angebot erleichtert an. Ein paar Jahre später hat sie sich vielleicht darüber geärgert.

Es gab einige Ausnahmen vom Friedenskronenzins. Die entsprechenden Gesetze waren den wechselnden politischen Mehrheiten dieser Jahre geschuldet: Das Mietrechtsänderungsgesetz 1967 der ÖVP-Alleinregierung unter Kanzler Josef Klaus öffnete kurz ein „Window of Opportunity", also die Möglichkeit für freien Mietzins bei Neuverträgen. 1974 machte die SPÖ-Alleinregierung unter Kanzler Bruno Kreisky diese Regelung für Substandardwohnungen rückgängig. Die maximal zulässige Miete pro Quadratmeter Substandard betrug von da an vier Schilling. Diese Regelung nannte die Branche „Frostklausel", hören wir von Ulrike Assem. Freien Mietzins durfte hingegen bei Neuvermietung verlangen, wer die bis zu einhundert Jahre laufenden Wiederaufbau-Kredite der Nachkriegszeit vorzeitig zurückzahlte. Dafür sorgte das erste Rückzahlungsbegünstigungsgesetz der SPÖ 1971. Das Mietengesetz von 1922 blieb für Altverträge unverändert.

„Stellen Sie sich vor, die Straßenverkehrsordnung wäre von 1918 bis in die 1980er-Jahre nicht geändert worden, da hätten wir viele Verkehrsopfer gehabt", überlegt Peter Nemeth. Auch das Mietengesetz hatte seine Opfer, nicht nur das Stadtbild.

Aufgrund der vielen Gesetze und Ausnahmen waren viele Zinshäuser rechtliche Fleckerlteppiche. Man stelle sich vor, das oberste Stockwerk eines Zinshauses wurde im Krieg zerstört und mit einem Wiederaufbaukredit wiederhergestellt. Und man nehme weiters an, dieser Wiederaufbaukredit wurde 1972 vorzeitig zurückgezahlt. Dann hätte ein neuer Mieter im obersten Stock freien Mietzins bezahlt und die Mieterin unter ihm Friedenskronenzins. An diesem Fleckerlteppich änderte allerdings auch das Mietrechtsgesetz (MRG) nichts, weil es ja in bestehende Verträge nicht eingriff.

Mitte der 1970er-Jahre begann in Wien Schritt für Schritt die „Sanfte Stadtsanierung“. Dabei ging es um die Wiederbelebung von Grätzeln – mit Anrainerbeteiligung auf Basis des Stadterneuerungsgesetzes von 1974 –, die ersten verkehrsberuhigten Zonen entstanden, Innenhöfe wurden begrünt, schließlich ganze Viertel saniert. Dafür kooperierten Anrainer und Anrainerinnen über ideologische Grenzen hinweg.

„1981 sind die Roten über ihren Schatten gesprungen und haben das Mietrechtsgesetz gemacht“, so Josef Rohr. Das neue Mietrechtsgesetz sieht ein Kategoriensystem vor. Wohnungen werden je nach Ausstattung in Kategorien eingeteilt: Kategorie A (Küche, Bad, Zentralheizung), B, C oder D (keine Toilette, keine Wasserentnahmestelle). Dabei durfte für Kategorie D pro Quadratmeter maximal 5,50 Schilling verlangt werden, für Kategorie C 11 Schilling, für Kategorie B 16,50 Schilling und für Kategorie A 22 Schilling. Und die Betriebskosten werden seither nach dem Nutzfläche-Schlüssel berechnet und nicht mehr nach dem Friedenskronen-Schlüssel.

Das Mietrechtsgesetz bedeutete aber nicht nur höheren Quadratmeterzins für die jeweilige Kategorie, sondern darüber hinaus marktüblichen Zins im Falle der Anhebung der Kategorie durch entsprechende bauliche Maßnahmen, also etwa den Einbau eines Badezimmers oder einer Zentralheizung. Es dauerte anfangs zwar, bis Wolf-Dietrich Schneeweiss seine Klientel von dieser Art von Investment überzeugen konnte, doch der Paradigmenwechsel war durch das neue Gesetz bereits eingeleitet: „Das Mietrechtsgesetz sah ab 1982 angemessene Miete für Wohnungen ab 90 Quadratmeter vor, die von C oder D auf Kategorie A oder B angehoben wurden. Die Novelle 1984 sah dann angemessen Zins auch für Wohnungen ab 30 Quadratmeter vor, sofern deren Kategorie entsprechend angehoben worden war. Das brachte einen Investitionsboom, investieren lohnte sich. Nehmen wir folgendes Beispiel: Wer damals 250 000 Schilling in eine 50 Quadratmeter große Substandardwohnung investierte, also rund 5 000 Schilling pro Quadratmeter, konnte in der Folge pro Quadratmeter statt bisher 4 Schilling 50 Schilling Zins verlangen! Dass man damals für die Sanierung einer Wohnung oft eineinhalb Jahreserträge eines Zinshauses investieren musste, erscheint rückblickend wirklich unglaublich." Um Wohnungen von mindestens 30 Quadratmetern zu schaffen, wurden Kleinstwohnungen zusammengelegt.

Ausgerechnet unter einem sozialdemokratischen Justizminister, nämlich Christian Broda, hätte man nun ein Vielfaches des vorherigen Ertrags erwirtschaften können, so Thomas N. Malloth: „Und jetzt gehen die Wirtschaftssubjekte her und sagen: ‚Die Immobilie ist ein Asset.' So hat man damals natürlich nicht gesprochen, sondern: ‚Das könnte eine interessante Anlagemöglichkeit sein.' Davor war eine Immobilie eher eine Belastung, da hat man darauf gehofft, dass einmal bessere Zeiten kommen, und hat die Oma oder den Onkel hineingesetzt. Auf einmal sahen die Menschen das Zinshaus als Anlageobjekt, und wer Geld hatte, begann zu kaufen, oft gleich ganze Straßenzüge." „Vom Hausverwalterstandpunkt aus ist ab da alles anders geworden. Man ist von den schwarzen Ablösen abgekommen, es wurde aufgeholt, was in den Jahren seit dem Krieg bis 1980 versäumt worden war. Jahrzehntelang hatten die Leute quasi gratis gewohnt, das musste nun mit einem unheimlichen Aufwand aufgeholt werden", denkt Josef Rohr zurück. „Wann konntest du den neuen, höheren Hauptmietzins verlangen?", fragt Thomas N. Malloth und gibt gleich selbst die Antwort: „Nur im Fall der Neuvermietung." „Das Mietrechtsgesetz hat es geschafft, dass die einzige Freude eines Hauseigentümers der Erhalt eines Partezettels eines Altmieters ohne Eintrittsberechtigte war", bringt Thomas Rohr die Situation in den 1980er-Jahren auf den Punkt. Denn wenn ein Mieter oder eine Mieterin starb, konnte die leere Wohnung saniert werden, natürlich vorausgesetzt, es gab keine Hinterbliebenen mit Eintrittsrechten. Sein Vater Josef Rohr erinnert sich: „Es war das Interesse vieler Hauseigentümer,

Altmieter auszumieten. Die haben nichts bezahlt, die wollte man draußen haben. Man wollte die Wohnung frei bekommen, die Kategorie anheben und besser vermieten können. Ich habe im Laufe meines Hausverwalterlebens sicher Hunderte Mieter ausgemietet. Da gab es verschiedene Arten, wie man das tut. Meine Art war so, dass ich zu dem Mieter gekommen bin und gesagt habe: ‚Vor mir müssen Sie keine Angst haben. Es passiert Ihnen nichts! Wenn wir zu einer Vereinbarung kommen, kommen wir zu einer, die ein Vorteil für Sie ist. Davon gehen wir einmal aus. Und dann besprechen wir die Einzelheiten.' Da gab es eine Mieterin, deren Tochter im 6. Bezirk gewohnt hat, und sie wollte in deren Nähe ziehen. Und ein anderer hat eine große Wohnung gehabt, die er nie gebraucht hat. Das war ihm direkt unangenehm. Der hat gesagt: ‚In diese Räume geh ich gar nicht.' ‚Sie können ja eine geschicktere Wohnung bekommen', schlug ich ihm vor. Man hat immer einen Weg gefunden, der für beide Seiten befriedigend war. Das ist möglich und das gab es. Ich habe keine Angst, dass ein Mieter sagt, ich sei ein Gauner und habe ihn reingelegt."

„Einer meiner Treugeber bat mich", erzählt uns Thomas N. Malloth, „zwei Rechtsanwälte aus einem Innenstadtpalais auszusiedeln. ‚Wie stellt du dir das vor?', fragte ich ihn, ‚die kann ich maximal erschießen!' Die beiden Rechtsanwälte waren Anfang 70 und sahen nicht so aus, als würden sie sich gegen eine Ablöse in die Pension verfügen wollen. ‚Das wirst' schon schaffen', sagte mein Treugeber. Ich schwöre, ich kann die Cognac-Flaschen nicht zählen, die ich mit den beiden Anwälten leeren musste. Seitdem bin ich geeicht bis zum Umfallen. ‚Herr Doktor, jetzt sind Sie 72, hören Sie …', ich habe alles versucht. Nach Wochen hab ich ihn um viel Geld des Eigentümers aus den Räumen hinausgekauft."

Nicht immer braucht es Ablösezahlungen – oder gar unlautere Mittel wie Buttersäure (mit ihrem unangenehmen Geruch) oder das Aushängen von Fenstern im Winter, die uns auch zu Ohren gekommen sind. Manchmal ergibt es sich durch eine glückliche Fügung, dass eine Wohnung für eine Zusammenlegung frei wird, erinnert sich ÖVI-Präsident Georg Flödl: „Wir wurden einmal wegen eines Heizungsproblems in eine Wohnung in Ottakring gerufen. Der Mieter selbst war nicht anwesend, ein Bekannter ließ uns in die Wohnung. Die Wohnung wirkte zwar irgendwie bewohnt, zum Beispiel mit einer Zahnbürste im Bad, aber gleichzeitig auch irgendwie unbewohnt. Wir haben dann ein paar Recherchen durchgeführt und herausgefunden, dass die Wohnung nicht im Sinne des Mietvertrags zu Wohnzwecken genutzt wurde. Dennoch hatte sie für den Mieter einen hohen Stellenwert, nicht jedoch als Hauptwohnsitz, sondern als Liebesnest. Mit Unverständnis und wirklich traurigen Augen hat der Mann die Wohnung zurückgegeben. Sie wurde dann mit der Nachbarwohnung zusammengelegt und wie das ganze Haus grundlegend saniert."

Wir erinnern uns an einen Grazer Unternehmer, der die Treppe in einem seiner Zinshäuser einfach demontierte, in der Hoffnung, seine Mieter und Mieterinnen würden dann ausziehen. Diese konnten ihre Wohnungen nicht mehr verlassen, es herrschte Gefahr in Verzug. Außerdem ließ der Zinshauseigentümer auf dem Flachdach die ganze Nacht Wasser aus einem Schlauch laufen. Das führte zu einem schlimmen Wasserschaden. Manche Mieter und Mieterinnen gaben nach solchen Aktionen entnervt auf und zogen aus, andere stellten sich der „Sanierungsspekulation", wie ein damals gängiger Begriff lautete. Diese „Sanierungsspekulation" folgte mit dem Wohnhaussanierungsgesetz 1984 der davor gängigen „Abrissspekulation". Ein unbebautes Grundstück war mehr wert als ein bebautes. Und ein leerstehendes Zinshaus brachte im Verkauf einen besseren Erlös als eines mit Mieterinnen und Mietern.

Die für die privaten Hauseigentümer und Hauseigentümerinnen als Anreiz geschaffene Wohnhaussanierung wurde in

Wien vom neu geschaffenen „Wiener Bodenbereitstellungs- und Stadterneuerungsfonds" koordiniert. Heute heißt dieser „Wohnfonds Wien". Auf diesen hatten sich 1984 SPÖ-Bürgermeister Leopold Gratz und Erhard Busek von der ÖVP der „bunten Vögel" geeinigt. Die Furche titelte damals: „Gemeinsam reparieren – Wiener SPÖ und ÖVP einig über Stadterneuerung." Die Beharrlichkeit Buseks habe sich ausgezahlt, heißt es in dem Artikel. Nachdem die Stadterweiterung der SPÖ mit Bauprojekten am Stadtrand immer teurer geworden sei, hätte sich die SPÖ am Ende nicht mehr gegen die Stadtsanierung quergelegt. Davor hatte sie seit 1977 insgesamt sechs Anträge der Wiener ÖVP zur Schaffung eines Wiener Stadterneuerungsfonds abgelehnt. „Damit keine Illusionen auftauchen, deponierten Gratz und Busek ihre Koalitionsabneigungen. Bürgermeister Leopold Gratz stellte dezidiert fest, daß die Einigung über eine Sachfrage noch kein Koalitionspakt sei", schrieb die Furche.

„Das war der Beginn der Förderung von Altbestand, und das ging nicht ohne Kritik ab", so Ulrike Assem. Manche befürchteten, der eine oder andere Hauseigentümer würde sich vielleicht am Steuertopf zu gütlich tun, deshalb mussten die Hausverwaltungen penibelste Planungs- und Finanzaufstellungen einreichen, die der Fonds genauso penibel überprüfte.

Beatrix Eypeltauer war 1985 als SPÖ-Staatssekretärin für die Bereiche Bauten und Technik zuständig. In einer ihrer Reden im Nationalrat sagte sie: „Stadterneuerung ist ohne die Zustimmung der ortsansässigen Bevölkerung nicht möglich, ja, sie bedarf sogar der aktiven Mitarbeit der in dem betroffenen Viertel wohnenden Menschen. Und da zeigt sich, daß von vielen Menschen eine perfekte oder sogar überperfekte Sanierung ebensowenig gewünscht wird wie der Abbruch alter Häuser und der Neubau, der dann meistens höher gezont ist, als es die abgerissenen Häuser waren." Soweit das stenografische Protokoll.

Es ging also um das Miteinander. Und diesen Weg ging

Thomas N. Malloth mit der partizipativen Verwaltung mit: „Der Erfolg meiner Immobilienverwaltung bestand darin, dass ich als einer der ganz wenigen gesagt habe, partizipative Verwaltung, Sanierung und Entwicklung sind das Thema der Zukunft. In all seiner Bedeutung habe ich das erst später erkannt. Die Wahrscheinlichkeit, dass man ein Mietrecht so liberalisiert, dass es ohne Partizipation von Mietern möglich ist, geht gegen null. Denn es ist ein so heikles volkswirtschaftliches Gut, ähnlich wie Nahrung, dass man es in einem gewissen Ausmaß immer wird schützen müssen. Da haben sie mich in den eigenen Reihen angespuckt – wie sie mich heute anspucken, wenn ich sage, es muss ein Grundrecht auf Wohnen geben. Ich bin zutiefst überzeugt, dass es ein solches geben muss. Wenn man solche Sachen sagt, sagen immer alle, du bist ein Linker. Wenn du sagst, wir brauchen ein bedingungsloses Grundeinkommen, bist du sofort ein Kommunist, und wenn man in Österreich sagt, wir müssen die Migrationspolitik überdenken, dann bist du sofort ein Rechter. Damals war es so, dass man das auf hohem Niveau miteinander besprechen konnte."

Das Immobilienmagazin hebt Malloth auf die Titelseite seiner ersten Ausgabe 1992: dunkelgrauer Anzug, Wäscheflott-Hemd, Krawatte und der Blick des Siegers. Er wurde nicht nur das jüngste Mitglied des Kuratoriums des Stadterneuerungsfonds, sondern auch das Gesicht des modernen Immobilienmanagements. Gemeinsam mit Doris Wirth, die heute mit ihrem Unternehmen Bluesave nachhaltig Gebäude saniert, schrieb Malloth das Skriptum „Qualitätsmanagement in Immobilienunternehmen". Heute erzählt Malloth: „Einer der Kernsätze war: Erfolgreiche Immobilienverwaltung muss Immobilienmanagement sein. Damals wurde das Wort Management noch kaum gebraucht. Damals wurde der Begriff Immobilientreuhand gebraucht. Aber wir haben zum ersten Mal gesagt, nur eine Vereinigung der Grundfunktionen, also Entwicklung, Vermarktung und Verwaltung, kann erfolgreich sein. Zwei Sekunden später habe ich einen Makler gegründet und vier Sekunden später einen Bauträger, wie es heute heißt. Ich habe alle Immobilienmanagement-Funktionen in meinem Unternehmen vereinigt. Dadurch habe ich auf einmal viel mehr Leute gebraucht, ich habe ja mindestens vier Leute in der Sanierung gehabt, drei beim Makler und eine stehende Mannschaft beim Verwalter. In Kooperation mit dem Doyen des österreichischen Immobiliensteuerrechts, Prof. Walter Stingl, haben wir dann steuerliche Optimierungen angeboten und waren damit gemeinsam sehr erfolgreich."

Der § 7 des Mietengesetzes zur behördlichen Erhöhung der Miete war inzwischen Geschichte, weil vom § 18 des neuen MRG abgelöst. Die darin geregelte behördliche Mietzinserhöhung für Erhaltungsmaßnahmen verlief nicht anders als zuvor. In den meisten Fällen einigten sich schon vor dem Treffen bei der zuständigen Schlichtungsstelle Hausverwaltung und Mietervertretung über die Grundzüge des Verfahrens: Im Falle einer Sanierung ging es darum, eine Abmachung über die Höhe der Hauptmietzinsreserve zu finden. Das ist – vereinfacht ausgedrückt – der Gewinn eines Zinshauses vor Steuern. Die Hauptmietzinsreserve der vergangenen zehn Jahre war jener Betrag, den der Besitzer oder die Besitzerin des Zinshauses zur Sanierung beizutragen hatte. Was damit nicht gedeckt war, wurde über einen Kredit finanziert, dessen Tilgung über zehn Jahre durch den erhöhten Zins der Mieterinnen und Mieter erfolgte. Waren also beide Seiten eins, dann bewilligte die Schlichtungsstelle per Bescheid den erhöhten Mietzins, der Kredit konnte aufgenommen und die Gewerke konnten beauftragt werden.

Ein uns bekannter Hausverwalter hatte ein solches Treffen vor sich: „Ich rufe den Mietervertreter an und sage, dass die Hauptmietzinsreserve zu prüfen wäre. Ich würde gerne mit den Belegen und Abrechnungen der letzten zehn Jahre bei ihm vorbeikommen. ‚Jo, treff ma uns glei morgn!' – ‚Wohin soll ich kommen?' – ‚Glei ins Casino.' – ‚Wohin genau, bitte?' – ‚Das Casino auf der Kärntner Stroßn.' Ich bin mit den Unterlagen ins Casino, hob an, das alles zu erläutern, aber der junge Mann fragte nur: ‚Was soll denn aussekumman?' Ich war total perplex. Natürlich war das Ergebnis am Ende des Tages Vereinbarungssache und je besser du als Hausverwalter verhandelt hast, desto besser bist du vor dem Eigentümer dagestanden. Teilweise gab es natürlich auch Vorgaben der Eigentümer: ‚Kommen Sie nicht mit einem Ergebnis, das unter dem oder dem liegt.' – ‚Ich habe da keinen Einfluss, der Mietervertreter prüft das ja.'"

Einmal im Casino, sollte der Hausverwalter also Glück haben, der Mietervertreter mit Spielleidenschaft riskierte wohl alles – nur keinen Blick auf die Ausgaben, ob diese auch wirklich alle abzugsfähig waren. Nicht abzugsfähig wären beispielsweise etwaige Zeitungsabos oder die Steuerberatungskosten des Eigentümers. Auch für die sogenannte Sockelsanierung, die nicht nur die Erhaltung des Standards, sondern auch die Verbesserung der Substandardwohnungen in Standardwohnungen ermöglichte, bedurfte es der Genehmigung der Schlichtungsstelle. Dann flossen entsprechende Fördergelder.

Wir hören in unseren Gesprächen oft, dass die Hausbesitzer und Hausbesitzerinnen hofften, ihre Häuser würden irgendwann einmal tragen, also Gewinn abwerfen. 1987 starb Max Wachsmann, an dessen Flucht aus dem KZ Jasenovac wir uns erinnern. Als seine Frau und seine beiden Söhne sein Erbe antraten, übernahmen sie noch offene Bankverbindlichkeiten aus dem Ankauf von Zinshäusern. „Mein Vater hat immer gesagt: ‚Es wird schon einmal ein besserer Ertrag sein, dann werde ich das schon zurückzahlen können'", so Oswald Wachsmann. Das erlebte Max Wachsmann allerdings nicht mehr. Mehr als ein Jahrzehnt nach seines Vaters Tod lukrierte Oswald Wachsmann aus dem Verkauf eines Mehrheitsanteils an einem stattlichen Dreifrontenhaus einen sehr schönen Erlös. Damit konnte er die restlichen Verbindlichkeiten aus den Erwerben seines Vaters abdecken.

Als Anfang der 1990er-Jahre viele Menschen aus dem ehemaligen Jugoslawien vor dem Krieg nach Österreich flüchteten, berührte das den Eigentümer eines Zinshauses in Döbling sehr. Er stellte zwölf Geflüchteten drei Wohnungen in seinem Zinshaus zur Verfügung und half ihnen auch sonst, wo er konnte. Solange an keine Rückkehr in die Heimat zu denken war, könnten sie hier leben, entschied er. Nach mehr als zwei Jahren wandte sich der Hausverwalter an die Familien, die Erwachsenen hatten inzwischen Jobs, sie könnten jetzt doch etwas Miete bezahlen. Der Hausverwalter wusste, dass sein Treugeber in seiner Güte einen großen Fehler gemacht hatte: Er hatte keinen schriftlichen Mietvertrag mit den Geflüchteten abgeschlossen. Und das bedeutete laut Mietrechtsgesetz, dass ein mündlicher Vertrag über die unbefristete Nutzung dieser Wohnung zustande gekommen war. Da niemals Miete geflossen war und der Eigentümer das lange geduldet hatte, war auch in Zukunft keine Miete zu bezahlen. Mit Hilfe eines Anwalts setzten die Familien dann noch ihr Recht auf Weitergabe und Untervermietung der Wohnungen durch, welches ihnen angeblich auch mündlich gegeben worden war. Heute wohnen in diesen inzwischen sanierten Wohnungen die Untermieter und Untermieterinnen der einstigen Geflüchteten zu marktüblichen Preisen. Diese Geschichte zeigt die Schattenseiten des Mietrechtsgesetzes auf.

Auch Thomas Rohr hatte Flüchtlinge als Mieter, erzählt er uns: „Wir hatten ein Haus im 8. Bezirk, ein großes Biedermeierhaus, drei Viertel der Wohnungen waren Leerstand. Wir hatten das Haus an einen Bauträger verkauft – unter der Bedingung der Bestandsfreiheit. Ich war damals vielleicht fünfundzwanzig und mein Vater sagte zu mir: ‚Da kannst du dir deine Sporen verdienen, mach das!‘ Ich habe mit Mietern verhandelt, ein paar konnte ich gegen viel Geld ausmieten, andere haben gesagt, das wollen sie nicht. Dann sind die Besitzer gekommen und sagten, sie könnten sich die Betriebskosten bei den Leerständen nicht so lange leisten, wir müssten vermieten.

Das war in den 1990ern. Das werden wir nicht schaffen, habe ich gesagt, die Wohnungen waren alle devastiert. Damals – es war gerade der Jugoslawienkrieg – hat das MRG als einzige Befristungsmöglichkeit ein halbes Jahr vorgesehen. Ich habe an einem Wochenende 60 Wohnungen an Jugoslawen vermietet. Ein halbes Jahr später war noch immer Krieg. Die Flüchtlinge hätten jetzt gehen müssen und unter der Brücke wohnen oder den Kurzzeitmietvertrag ignorieren und in der Wohnung bleiben. Die waren da mit Kindern, es war klar, dass man diese Leute nicht auf die Straße setzt, aber genauso klar war, dass man eine kluge Lösung brauchte, damit nicht laut Mietgesetz ein unbefristetes Mietverhältnis entsteht. Was mach ich jetzt? Ich hab mir dann ausgedacht, dass die Leute untereinander die Wohnung tauschen. Sie haben immer wieder 6-Monats-Verträge bekommen. Das ist drei Jahre so gegangen, alle sind im Haus rotiert. Das waren ungefähr 60 Wohnungen, die von 400 Flüchtlingen bewohnt waren. Bis in meine Conwert-Zeit als CEO hatte ich solch ein gutes Image, dass die Leute sogar zu mir in den Vorstand gekommen sind und nach einer Wohnung gefragt haben."

Um die Jahrtausendwende wollte ein Grazer Hauseigentümer sein Zinshaus von Grund auf sanieren und den Dachboden ausbauen. Nur noch ein Ehepaar wohnte in diesem Haus, und dessen Wohnung freizubekommen, war dem Eigentümer sehr wichtig. Er brauchte den Raum, um das Stiegenhaus gut in den geplanten Dachbodenausbau zu integrieren. Das Ehepaar zeigte allerdings keinerlei Interesse daran, auszuziehen. So lud der Eigentümer einen Punk ein, mit dessen Freunden gratis in einer der Wohnungen in diesem Haus zu leben. Es wurde eine Vereinbarung über dieses Prekariat (Gebrauchsüberlassung) geschlossen. Dieses konnte jederzeit beendet werden. Mit der Zeit zogen von dem Grazer Geschäftsmann unbemerkt immer mehr Punks in das Haus und ließen sich in den freien Wohnungen nieder. Das alte Ehepaar verstand sich mit der jungen

Nachbarschaft großartig. Als der Hauseigentümer erkannte, dass die Punks die erhoffte Wirkung nicht zeigten und er das Ehepaar niemals aus dem Haus bekommen würde, kündigte er dem Punk die Prekariatsvereinbarung auf. Allerdings hatten die insgesamt dreizehn anderen Punks im Laufe des vergangenen Jahres das Wohnrecht in den anderen Wohnungen „ersessen". Das alte Ehepaar sagte vor Gericht für die jungen Menschen aus. Damit sein Traum vom sanierten Zinshaus mit Dachbodenausbau nicht platzte, zahlte der Hausbesitzer die Punks aus: 400 000 Euro kostete ihn seine „gute Idee". Und wenn das ältere Ehepaar noch nicht gestorben ist, dann lebt es noch immer glücklich und zufrieden im letzten Stock dieses Grazer Zinshauses.

Die er rief, die Geister, wurde er nur mit großem Trara los – diese Erfahrung machte der Besitzer des später auch als „Pizzeria Anarchia" bekannt gewordenen Zinshauses in Wien-Leopoldstadt. Er hatte ebenfalls Punks eingeladen, in dem Haus zu leben, um Mieter zu vergraulen, was bei einigen Haushalten auch funktionierte. Von den restlichen Mietern und Mieterinnen gab es eine Solidarisierung. Schließlich rückten – nach beinahe zwei Jahren – im Sommer 2015 mehr als 1300 Polizistinnen und Polizisten an, um das Haus von den Besetzern und Besetzerinnen zu räumen. Nicht nur das Großaufgebot sorgte für mediale Aufmerksamkeit, sondern auch der Umstand, dass die Steuerzahler und Steuerzahlerinnen für die Kosten dieses Einsatzes in Höhe von mehr als 800 000 Euro aufkamen. Meistens führt in der Immobilienbranche weit weniger Personalaufwand und stattdessen unterschiedlich hohes „Schmerzensgeld" zum Ziel.

In einem wunderschönen historischen Gebäude in Baden hatte ein Mieter unauffällig einen 50 Quadratmeter großen Weinkeller in Beschlag genommen. Er brachte an dessen Türe ein Zahlenschloss an und erklärte den Keller zu seinem. Jahrelang war das weder dem Eigentümer noch der Hausverwaltung aufgefallen. Als ein neuer Eigentümer über den Keller verfügen wollte, stellte sich der Mieter auf diesem Ohr taub, erst 15 000 Euro überzeugten ihn schließlich vom Abzug.

In einem anderen Fall findet sich in einem alten Mietvertrag die Formulierung, dass ein Mieter Keller und Dachboden des Hauses mitverwenden dürfe. Als ein uns bekannter Hausbesitzer im Jahr 2020 den besagten Dachboden ausbauen wollte, scheiterte dieses Vorhaben an einer historischen Wäscheleine. Früher war es üblich, die Wäsche im Sommer in den Höfen und im Winter auf den Dachböden an langen Wäscheleinen zu trocknen. Der Mieter beharrte auf seinem vertraglichen Wäschetrockenrecht. Selbst ein privater Trockenraum im Erdgeschoß, direkt neben seiner Wohnung, überzeugte ihn nicht. Doch es waren wohl weniger sentimentale Gründe, aus denen sich der Mieter nicht von seiner Wäscheleine auf dem Dachboden trennen wollte, als vielmehr pekuniäre. 500 000 Euro wollte der Mann für seinen Rückzug vom Dachboden. Das Verfahren ist noch nicht abgeschlossen.

Raffiniert und vermutlich strategisch geplant „verdiente" sich ein anderer Zinshausbewohner ein Vermögen. Er hatte in einem Abteil auf dem Dachboden seine Ski stehen. Vier Jahre standen die Ski da und Jahr für Jahr fotografierte der Mieter auch zufällig seine Ski. Niemand sagte ihm jemals, er solle seine Ski entfernen, das verstaubte Sportgerät war also geduldet. Als der Hauseigentümer den Dachboden ausbauen wollte, war ihm der Verschlag mit den Ski im Weg. Das Gericht urteilte, dass der Mieter ein Recht auf dieses Ski-Abteil habe, man könne es ihm nicht wegnehmen. Aber ablösen könnte er es, dachte sich der Eigentümer und machte ein unwiderstehliches Angebot: 1 000 000 Euro bezahlte der Eigentümer dafür, dass zwei Ski von seinem eigenen Dachboden verschwanden.

„Dachbodenausbauten wurden sehr gefördert", erzählt uns Thomas Rohr, „ich tu mir damit schwer. Ich habe als Hauseigentümer die Förderung auf ein Dachgeschoß eingereicht, habe sie bewilligt bekommen und habe dieses Dachgeschoß dann um das Dreifache dessen, was es ohne Förderung gekostet hätte, dem nächsten verkauft, der es dann ausgebaut und darin gewohnt hat. Der Immobilienspekulant wurde also belohnt. Warum? Wozu? Ich habe auch als Verwalter mit Immobilienförderung zu tun gehabt, sie ist eigentlich nie beim Richtigen gelandet."

Auch Wolf-Dietrich Schneeweiss sieht Förderungen überaus kritisch: „Ich lehne Förderungen ab und habe nie welche in Anspruch genommen. Am liebsten würde ich sagen, sie sollten abgeschafft werden, aber das wäre auch nicht der richtige Weg. Denn wenn wir bestimmte Häuser aus kunsthistorischen Gründen erhalten wollen, geht das nicht ohne Unterstützung der öffentlichen Hand. Förderungen sind nicht effizient – mit all den Anträgen, all der Bürokratie. Was da an Energie verloren geht, ist enorm. Der Staat hebt Steuern ein, die er dann wieder verteilt über ein kompliziertes bürokratisches System. Es sollte direkt investiert werden, direkt etwas weitergehen."

Seit dem dritten Wohnrechtsänderungsgesetz 1994 gilt nunmehr der Richtwertzins mit Zu- und Abschlägen bei Neuvermietung von Wohnungen der Kategorien A, B und C. Für Wohnungen der Kategorie D, also für die Substandardwohnung, fällt weiter Kategoriezins an. Die Zu- und Abschläge beschäftigen inzwischen die Gerichte, mangelnde Rechtssicherheit auch in diesem Bereich gehört zu den großen Herausforderungen der Hausverwaltung der Zukunft, der wir uns am Ende dieses Buches noch widmen werden.

Starke Präsenz – Frauen in der Hausverwaltung

Aus dem Alltag erzählt …

Anfang des vergangenen Jahrhunderts verwendete man den Begriff Hausverwalterin oft noch als Bezeichnung für eine Haushälterin oder Hausfrau. Eine gute Haushälterin zeichnete aus, sämtliche Einnahmen und Ausgaben übersichtlich und vollständig aufzuschreiben. Die Zeiten waren schlecht, jeder Stängel Petersilie und jedes Ei wurde notiert. Das ordentliche Haushaltsbuch war selbstverständlicher Bestandteil jedes Haushalts. Da die Hausverwaltung früher mangels komplizierter Gesetze nicht über die Einnahmen- und Ausgabenrechnung hinausging, übernahmen in Familien mit Hausbesitz oft die Frauen die Verwaltung des Hauses.

In den wirtschaftlich schwierigen 1930er-Jahren hatte der angehende Anwalt Günther Rustler den Einfall, seine Frau, Frieda Rustler, in die professionelle Hausverwaltung zu „drängen“, wie es Sohn Peter Rustler in unserem Gespräch ausdrückt: „Ich glaube, sie hat sich nicht besonders gefreut über diese Aufgabe. Es war einfach eine Möglichkeit zu leben, Geld zu verdienen. Der Vater hat erkannt, dass die beiden Berufe – Anwalt und Hausverwalterin – zusammenpassen, sich gegenseitig Unterstützung bringen.“

Da das Verwaltergewerbe auch schon damals konzessioniert war, besuchte Frieda Rustler 1935 einen Kurs. „Die mündliche Prüfung war dann recht nett“, erzählt ihr Sohn schmunzelnd. „Der Prüfer hatte wenig Zeit und bestellte sie daher zum Regierungsgebäude in die Herrengasse. Er hat sie neben sich ins Taxi gesetzt und ist mit ihr zu einem Termin in Döbling gefahren. Und während der Fahrt hat er sie geprüft. Als sie am

Ziel ankamen, hatte sie die Prüfung bestanden und ist mit der Straßenbahn wieder heimgefahren. Das war der Beginn unserer Hausverwaltung."

Frieda Rustler eröffnete am Familiensitz auf der Mariahilfer Straße 196 ihre Hausverwaltung. An dieser Adresse ist die inzwischen international tätige Rustler Gruppe bis heute ansässig. Frieda Rustler verwaltete zu Beginn fünfzig Häuser, die ihr von der Familie sowie von Verwandten und Bekannten überantwortet worden waren. Sie soll eine sanfte Frau gewesen sein, erzählen Menschen, die sie noch persönlich kannten. Freundlich lächelt sie auch auf dem nachkolorierten Foto aus den 1930er-Jahren, das man auf der Firmenwebsite findet, mit Handschuhen, Hut und Handtasche. „Meine Mutter hatte eine sehr gute Mitarbeiterin, die praktisch Büroleiterin war, die Frau Wenninger. Die war entsprechend durchsetzungskräftig. Sie hat das Büro geleitet und auch die Verwaltung. Meine Mutter hatte den Überblick", so Peter Rustler. Mit 55 Jahren habe Frau Wenninger aus heiterem Himmel beschlossen zu heiraten. „Das wäre ja nicht so schlimm gewesen. Aber sie heiratete nach Holland, was sie uns im September mitteilte, und per Jahresende war das Dienstverhältnis beendet. Da war jetzt ein Mangel da. Ich war damals fertiger Jurist, Anwalt in der väterlichen Kanzlei, und dann hat mich das Schicksal ereilt", beschreibt Peter Rustler seinen ungeplanten Einstieg in die Hausverwaltung. Viele Jahre später wird er eine Dekade lang dem Österreichischen Verband der Immobilienwirtschaft als Geschäftsführer vorstehen.

„Meine Mutter hat fünf Häuser verwaltet, Familienbesitz und fremden, alles händisch", erinnert sich Nikolaus Rosam, Eigentümer der Hausverwaltung Rosam, an seine Besuche in der mütterlichen Verwaltung. „Da sitzt man und plaudert, dann tut man ein bisserl was. Das war kein richtiges Arbeiten", erzählt er lachend. „Dann ging es um die Schwester, die ich wieder einmal besuchen müsse, das waren die Themen im Büro, nicht das

Hausverwalten. Aber trotzdem habe ich gesehen, dass ich das liebe." Seine Mutter habe damals einfach nicht die Perspektive gesehen, dass eine Hausverwaltung auch wachsen könne.

Der durchaus übliche Start für eine Karriere als Frau in der Hausverwaltung war also der Immobilienbesitz im Familienkreis oder persönlichen Umfeld. Diesen Eindruck bestätigt auch Ulrike Assem: „Es war nicht die Regel, dass man von einer Fließbandarbeit oder einer Näherei aus beschlossen hat, ich will Hausverwalterin werden. Da war schon eine gewisse Basis, und wenn es manchmal nur ein Haus war. Man musste schon einen handfesten Bezug zum Thema haben. Mit einem eigenen Haus hat man oft von Kindheit an mitgekriegt, was da los ist."

So wie Monika Martorana. Sie erzählt uns: „Andere Kinder haben sich mit sechs Jahren eine Puppe gewünscht, ich wollte meinen eigenen Karteikasten." Während ihre Großmutter, die Hausbesitzerin und Unternehmerin, an ihrem Schreibtisch die Buchhaltung machte, ordnete die kleine Monika auf dem Parkettboden die Zettel in ihrem Karteikasten, krixelte und stempelte. Sie war vom Hausverwaltungsvirus erfasst, und als ihr erster Mann begann, Zinshäuser zu kaufen, übernahm sie deren Verwaltung. Wenn ihrem Mann am Sonntag langweilig war, schnappte er sich den Autoschlüssel und rief: „Weißt was, fahren wir in die Zinshäuser!" „Mir ist das schon so auf die Nerven gegangen", erzählt uns Martorana. „Die ganze Woche war ich in den Zinshäusern und dann auch noch am Sonntag! Damals hatten wir sieben Häuser, ich kannte jeden Mieter. Heute noch kenne ich die Kinder."

Bei einem dieser Besuche lernte Monika Martorana eine sehr betagte, alleinstehende Frau kennen. „Die hat mir ihre ganze Lebensgeschichte erzählt, dass sie ein halbes Jahr verheiratet war und dann ist der Mann in den Krieg gezogen und nicht mehr heimgekommen. ‚Und ihr ganzes Leben sind Sie schon allein', frag ich sie, ich war da 26 oder 27. ‚Ja', sagt sie, ‚und ich bin so arm und hab kein Geld. Ich geh immer ins

Geflügelgeschäft und dort kauf ich mir die Magerl und die Flügerl, und daraus mach ich mir eine Suppe. Und einheizen tu ich auch nur spärlich.' ‚Mir tut die so leid', hab ich zu meinem Mann gesagt, und dann hab ich der immer, wenn ich in der Gegend war, was mitgebracht, einen Kuchen oder was Schönes. Nach drei Jahren ist die alte Dame gestorben, und im Zuge des Verlassenschaftsverfahrens hat die Gemeinde die Wohnung geräumt. Da haben sie Sparbücher im Wert von einer Million Schilling gefunden." So gut, wie sie dachte, kannte Monika Martorana ihre Mieterin trotz vieler Stunden bei Kaffee und Kuchen wohl doch nicht.

Keine Einladung zu Kaffee und Kuchen erhielt Monika Martorana anfänglich von den Mietern und Mieterinnen ihres Hauses in der Pouthongasse, als sie dieses in einem § 18-Sanierungsverfahren renovierte. Dieses Verfahren bedeutet gesetzlich angehobene Mieten für dringend notwendige Sanierungsarbeiten, was die Mieterschaft wenig freute. Damals habe sie gelernt, sich durchzusetzen, auch bei den Gewerken: „Ich war ja jung. Man muss sich Respekt verschaffen, vor allem bei den Handwerkern. Die müssen merken, dass sie dir keine Gschicht erzählen können, was nämlich alle probieren. Der Tischler sagt, der Installateur ist schuld, der Installateur sagt, der Maler ist schuld, der Maler sagt, der Baumeister ist schuld. Man braucht Kompetenz und Gespür." Sie hat ihr Sanierungsverfahren erfolgreich zum Abschluss gebracht, was ihr den Respekt der Nachbarschaft und zwei neue Kunden einbrachte.

Wie viele ihrer Kolleginnen und Kollegen beschäftigt auch Martorana ausschließlich Frauen. Viele durchsetzungskräftige Frauen bereichern die Branche. Es gibt aber auch viele Frauen, die eher ruhig und im Hintergrund wertvolle Arbeit im Familienunternehmen leisten, die wichtige Entscheidungen treffen und meistens den Männern die Hauptbühne überlassen. Ohne ihre Ehefrauen, ohne die Mütter, hätte die Hausverwaltung nie funktioniert, wäre der Erfolg nie möglich gewesen, hörten wir in vielen Gesprächen, die wir geführt haben. Manchmal hätte der Nachwuchs quasi zwischen zwei Buchungen das Licht der Welt erblickt.

Für Georg Zielbauer, Makler und Verwalter mit Büros in Wien und Wiener Neustadt, ist es jetzt modern zu sagen, dass Frauen in der Hausverwaltung wie Männer sind, dass es keinen Unterschied gebe. Wichtig sei, dass jemand die richtigen Fähigkeiten mitbringe, so Zielbauer: „Es gibt in der Hausverwaltung hilfreiche Eigenschaften, die ein Mann oder eine Frau haben kann. Das ist vom Typ abhängig. Es gibt jähzornige Männer und jähzornige Frauen. Und einfühlsame Männer und einfühlsame Frauen. Es ist typabhängig und nicht geschlechtsabhängig." Weshalb auch seine engste Mitarbeiterin einmal das Unternehmen übernehmen wird, so der Treuhänder.

Eigenschaften statt Chromosomen als Ticket in die Hausverwaltung, das leuchtet ein. Aber auch, dass sich Frauen, und hier besonders Mütter kleiner Kinder, möglicherweise mit geringerem Gehalt zufriedengeben. Denn in einer Hausverwaltung verdient man sich als Mitarbeiterin keine goldene Nase, erfahren wir von Rita Wachter von der Verwaltung Handschur: „Das sag ich auch bei Bewerbungsgesprächen von Anfang an: Bei uns wird man nicht reich. Wir bieten dafür einige soziale Annehmlichkeiten. Wir haben viele Mütter, die nach der Karenz wieder einsteigen, denen wollen wir eine Chance bieten. Wenn, wie letzte Woche, das Kind einer Mitarbeiterin im Kindergarten krank wird, ist klar, dass diese Mitarbeiterin nach Hause geht und dann aus dem Homeoffice weitermacht oder auch gar nicht arbeitet. Das können wir ihnen bieten, aber reich werden sie nicht."

Rita Wachter, deren Eltern die Mödlinger Hausverwaltung Handschur gegründet haben, ist in den meisten Situationen ihres Berufslebens die einzige Frau, sagt sie: „Man hat fast immer mit Männern zu tun. Auch die Hausvertrauensleute sind meistens Männer, häufig pensionierte Lehrer, mit denen ist es oft schwierig. Die Professionisten sind auch überwiegend

Männer." Allerdings bemerke sie einen Unterschied zwischen den Generationen. Bei den jüngeren Männern passiere heute alles unproblematisch, auf Augenhöhe. „Problematisch ist es bei den Älteren. Von denen hör ich oft: ‚Eine ganz Hübsche...' Aber dass ich intelligent bin, meinen Job gut mache, das wird bei mir als Frau gerne einmal nicht erwähnt", weiß Rita Wachter, die bei Besprechungen oft von ihrem Vater, Michael Handschur, unterstützt wird. „Bei Besprechungen machen wir es zum Beispiel so, wenn wir im Kreis zusammenstehen, die weitere Vorgehensweise diskutieren und ich etwas sage, das untergeht, dass mein Vater dann aktiv mich anschaut und sagt: ‚Was wolltest du sagen?' Und das klar und laut, sodass sich die Augen auf mich richten. Für eine Frau ist es schwierig." Rita Wachter wird sich wie andere erfolgreiche Hausverwalterinnen aufgrund ihrer Kompetenz durchsetzen.

Während viele andere Berufe männerdominiert waren – eine Ausnahme bildeten die Schneiderinnen –, waren in Hausverwaltungen traditionell viele Frauen beschäftigt. Heute sind sechs von zehn Beschäftigten in den Hausverwaltungen Frauen, das ergab 2019 eine Studie des Instituts für Immobilien, Bau und Wohnen. In den Chefetagen schaut es anders aus: Nur zwei von zehn Hausverwaltungen werden von einer gewerberechtlichen Geschäftsführerin geleitet. Die acht anderen Chefsessel sind nach wie vor von Männern besetzt.

Der erfolgreiche Weg einer Frau in die Hausverwaltung und bis in den Chefinnensessel, mit unzähligen kuriosen Erlebnissen, die die Branche zu bieten hat, ist die Geschichte von Nicolette Weinberger. Sie berichtet uns von ihrem Initialmoment im Jahr 1979: Nicolette Weinberger hatte soeben an der Handelsakademie maturiert und war auf der Suche nach einem Job. Vor ihr auf dem Küchentisch lag der Anzeigenteil des Kurier. „Hausverwaltung sucht Bürokräfte für Dateneingabe", so oder ähnlich lautete das Inserat, das Weinberger einkringelte. Sie rief unter der angegebenen Telefonnummer an und vereinbarte ein Vorstellungsgespräch bei der damals größten Hausverwaltung des Landes. „Ich war ja ein Landei und habe mich damals in Wien überhaupt nicht ausgekannt", erzählt uns Nicolette Weinberger. „Ich bin mit der Schnellbahn nach Wien gefahren und ging zu der Adresse, die ich mir notiert hatte, Argentinierstraße 12. Aber dort gab es keine Hausverwaltung." An Aufgeben dachte sie keine Sekunde. Sie setzte sich in ihrem Vorstellungsoutfit auf eine Bank im Resselpark am Karlsplatz, faltete ihren Stadtplan auseinander und suchte darauf den 1. Bezirk nach einem Straßennamen ab, der ähnlich klingt. „Und so bin ich auf die Augustinerstraße gekommen. Ich ging hin, obwohl ich natürlich viel zu spät dran war. Was soll mir schon passieren, dachte ich, ich probier's. Das Vorzimmer war gesteckt voll. Ich wurde dann in einen großen Raum geführt und am anderen Ende des Raums stand ein sehr großer Schreibtisch und hinter diesem Schreibtisch saß die Chefin mit strengem Blick und einer lauten Stimme:

‚Geben S' mir Ihr Zeugnis.' – ‚Das hab ich vergessen.'

‚Na, was tun wir da herum, kommen S' am Montag.' – ‚Bin ich jetzt aufgenommen?'

‚Na, was hab ich denn gsagt?'"

Das war Nicolette Weinbergers erste Begegnung mit Helene Musa, Chefin der Hausverwaltung Gasselseder, einer Größe der Branche, von der man bis heute spricht. „Ich bin dann am Montag gekommen", sagt sie, „und ich habe Dinge erlebt, die waren unglaublich."

Nicolette Weinberger bekam mit 21 Jahren die Bau- und Rechtsabteilung der Hausverwaltung Gasselseder übertragen. „Fünf Nummern zu groß für mich", erzählt sie uns bescheiden. „Ich habe in der Nacht recherchiert, was ich am nächsten Tag gebraucht habe. Mein Ehrgeiz war geweckt. Wenn man in dem Alter etwas anvertraut bekommt, muss man performen. Zugegeben, die Zeiten waren damals nicht so schnell wie heute, aber meine Aufgaben waren auch sämtliche Delogierungen, Verhandlungen bei den Schlichtungsstellen, Bezirksgerichtsverhandlungen. Bis zu einem gewissen Streitwert konnte man das als Verwalter selbst machen. Meistens ging es um die Bestreitung des Hauptmietzinses oder der Kategorie oder was auch immer. Das war eine interessante Zeit."

Anfang der 1980er-Jahre hatte Nicolette Weinberger einen wichtigen Termin in Margareten in der Hofgasse. Damals sollte dort eines der ersten Häuser sockelsaniert werden, das bedeutete, dass das Gebäude mit Förderung „vom Sockel aufwärts" völlig saniert werden sollte. Vor dem Gebäude trafen sich zur Begehung Nicolette Weinberger als Vertreterin des Eigentümers sowie die Beteiligten der Förderstellen und Planungsbüros. Das L-förmige Biedermeierhaus mit schönem Innenhof und einem offenen Pawlatschengang war damals, wie viele seiner Art, in einem desolaten Zustand, die Wohnungen waren Substandard, was verbreitet üblich war. Im Rahmen der Sockelsanierung wurden mit finanzieller Beteiligung der Mieterinnen und Mieter auch die Wohnungen aufgewertet und erhielten Bäder und Toiletten. Deshalb mussten die Profis alle Wohnungen in Augenschein nehmen, so Weinberger: „Die Mieter waren informiert, wir waren angemeldet und ersuchten um Zutritt. Alle Mieter standen schön brav vor der Türe, wie man sich das früher vorgestellt hat: Da kommt jetzt der Verwalter, da wird alles besser. Wir sind von Wohnung zu Wohnung gegangen, und im Erdgeschoß stand ein Mann vor seiner Wohnungstür an die Mauer gelehnt, im Unterleiberl, mit Zahnstocher im Mund, der leicht lächelnd zu mir gesagt hat: ‚Madl, i glaub ned, dass du durt eine wüst.' Ich habe mich kerzengerade vor ihn hingestellt und sehr erwachsen gesagt: ‚Also, ich bitte Sie, ich bin von der Verwaltung, ich vertrete den Eigentümer, natürlich gehe ich da hinein.' ‚Na, wennst manst', sagte er und machte eine einladende Armbewegung in Richtung Gangküche. Ich bin dann hinter den Beamten und Architekten in die Wohnung gegangen und habe verstanden, was der Mieter gemeint hatte. Dort war jeder Quadratzentimeter, egal ob Decke oder Wand, mit Pornografie beklebt. Ich bin mit hochrotem Kopf hinausgegangen. Und der Mieter hat gelacht und gesagt: ‚Ich hab dir gsagt, geh ned eine.' Die Männer haben sich alle länger in der Wohnung aufgehalten."

Ein anderes Mal war Nicolette Weinberger bei einer Delogierung in einem Haus in der Liechtensteinstraße. Der Mieter, ein Dachdecker, der unter dieser Adresse ein Büro betrieb, hatte seit Monaten die Miete nicht bezahlt. Der Exekutor klingelte, die Tür ging auf: „Exekution. Wir müssen das Büro räumen." Weinberger erzählt: „Das war ein Bordellbetrieb da drinnen, erbärmlichst, wie die Damen da drinnen gehaust und geschlafen haben. Dann hat man einen jungen Mann aufgetrieben, der ist gekommen und hat von einem Bündel Geld die offenen Mietzinse runtergezählt und zu mir gesagt: ‚Und, Madl, weus'd so schöne Augen hast, kriegst einen Hunderter von mir drauf.'" Das Mietverhältnis wurde gekündigt. Aber man stelle sich vor, dass der junge Mann aus der Unterwelt einem Hausverwalter hundert Schilling Trinkgeld gibt, weil das Burschi so schöne Augen hat. In solchen Situationen sei weder die Rolle der Dame noch die der Schüchternen hilfreich.

Später hat sich Nicolette Weinberger mit ihrem Mann mit einer Hausverwaltung selbstständig gemacht. Als ihr Mann nach Jahren an vorderster Front in Pension ging, musste sie sich als alleinige Geschäftsführerin des Unternehmens auf der Wieden erneut Respekt verschaffen. Es gelang ihr, sie zeigte „Ellenbogen und Kompetenz".

Nicolette Weinbergers ehemalige Chefin Helene Musa soll eine optisch wie akustisch imposante Erscheinung gewesen sein, mit Befehlston in der Stimme, äußerst klaren Vorstellungen und einer Krokodilleder-Tasche mit kurzem Henkel, damals ein Accessoire als Inbegriff von Wohlstand und Macht. Ebenfalls eine Krokodilleder-Tasche mit kurzem Henkel hatte zu dieser Zeit Olga Kramas, die Gründerin und Geschäftsführerin der Hausverwaltung Kramas. Auch Olga Kramas ist aufgrund ihres resoluten Auftretens als erfolgreiche Geschäftsfrau in Erinnerung geblieben. Ihr Nachfolger als Besitzer der Hausverwaltung Kramas, Karl Wiesflecker, erinnert sich an „Tante Olga“: „Frau Kramas war eine gestandene Geschäftsfrau, gewichtig in Statur und Auftreten, hat geraucht wie ein Schlot. Wenn die an ihrem Schreibtisch gesessen ist, war das eine imposante Erscheinung.“ Frau Kramas war nicht nur imposant, sondern geschätzt und respektiert. „Unsere Frau Kramas war eine Autoritätsperson. Auf Seiten der Mieter hätte es keinen gegeben, der ihre Rolle irgendwo in Frage gestellt hätte. Jeder Mann ist ihr mit gehörigem Respekt begegnet, ob das der Hauseigentümer war oder ein Professionist. Genauso wie bei Frau Musa von Gasselseder, die war ein ähnliches Kaliber. Die zwei Frauen waren die Grandes Dames der Hausverwaltung“, erzählt Wiesflecker.

Wenn Frau Kramas ihre Tour durch die Zinshäuser machte, dann auf ihre ganz persönliche Art. „Die Frau Kramas ist in die Häuser gegangen – aber nicht zu einer Hausbegehung, wie wir das heute tun“, so Wiesflecker, „sondern sie hat sich um die Reinlichkeit gekümmert. Wenn sie eine Hausbegehung gemacht hat, hat mein Vater sie mit dem Wagen chauffieren müssen. Die Frau Kramas ist hinten im Mercedes gesessen, denn ein Hausverwalter hatte damals einen Mercedes. Vor Ort musste dann der Hausbesorger antreten und mit der Frau Kramas diskutieren, ob er da ordnungsgemäß putzt und wischt. Nicht selten hat sie in Fällen unterschätzter Reinlichkeitsqualitäten des Hausbesorgers das Krokotascherl beiseitegestellt, den Reibfetzen genommen und gezeigt, wie man die Stiegen runterputzt.“

Olga Kramas verwaltete ein Haus, in dem ein Rotlichtkaiser ein Animierlokal betrieb. Dieser Rotlichtkaiser wurde einer Straftat schuldig gesprochen, die er „angeblich“ nicht begangen hatte, wurde inhaftiert und ging also sprichwörtlich für jemand anderen hinter Gitter. Die Angestellten seines Lokals konnten aufgrund seiner ungeplanten Abkömmlichkeit bald die Miete nicht mehr bezahlen, erinnert sich Karl Wiesflecker: „Die Frau Kramas hat sich eine der Damen in die Kanzlei bestellt und, nachdem diese aus Furcht vor dem Chef vor der unausweichlichen Insolvenz und möglichem Verlust des Mietrechts furchtbar geweint hat, sich folgendermaßen der Problemstellung angenommen: ‚Mäderl, bleib locker, das werden wir schon managen.' Sie führte ein Telefonat mit dem angsterregenden Chef im Gefängnis und versicherte ihm, er braucht sich keine Sorgen zu machen, die Mieten würden so lange gestundet werden, bis er wieder draußen ist. Eines Tages geht die Tür auf, der Rotlichtkaiser kommt ins Büro. Die Frau Kramas: ‚Aaah, grüß Sie, der Herr, schnappen wir wieder frische Luft nach der gesiebten?' ‚Joo, Frau Kramas, i bin da, i zahl die Mieten alle nach!' Er greift in seine Jackentasche, nimmt ein Geldbündel heraus, so wie man es aus Kriminalgeschichten kennt, zählt mit dem Daumen die erforderlichen Geldscheine ab, pffft, pffft, pffft, alles erledigt."

Ellen Moll, Juristin und Geschäftsführerin der Innsbrucker Hausverwaltung Moll & Punt sowie Berufsgruppensprecherin der österreichischen Immobilienverwalter und -verwalterinnen hat als attraktive blonde Frau auch heute noch mit Klischees in der Branche zu kämpfen: „Ich war einmal mit einem Mitarbeiter bei einer Eigentümerversammlung. Ein Kunde stieß später dazu. Der Mitarbeiter hat etwas vorgetragen und ich bin zu dem Kunden hingegangen und habe ihn um eine Unterschrift gebeten und wollte die Vollmacht haben. Und er sagte, er habe keine Vollmacht. ‚Die brauchen Sie aber', erklärte ich ihm, ‚ich gebe Ihnen eine mit und die schicken Sie uns halt später zu.' Sagt er: ‚Nein, ich bin Rechtsanwalt, ich weiß das.' Zufällig sagt da eine andere Kundschaft: ‚Frau Dr. Moll, darf ich Sie noch etwas fragen?‘, und er merkt, dass ich die Chefin bin. Und am Schluss hat er sich dann bei mir entschuldigt. Ich habe gesagt: ‚Ja, aber ich erwarte, dass auch meine Mitarbeiterinnen anders behandelt werden.‘ Groß, blond, ich bin immer die Sekretärin. Passiert mir täglich. Wenn Kundschaft reinkommt, die nicht weiß, wer ich bin, bin ich automatisch die Sekretärin. Immer.“

Sie sei in der Wirtschaftskammer eine von sehr wenigen Frauen, oft sitze sie mit nur einer einzigen anderen Frau und zehn Männern in einer Sitzung. Ihr Vater habe großen Anteil an ihrer Karriere gehabt, sagt Ellen Moll: „Ich habe von meinem Vater viel Zuspruch erhalten. Deshalb traue ich mir mehr zu. Ich weiß, ich kann es genauso wie ein Mann. Wir Frauen sollten mutiger sein und uns mehr zutrauen!“

Recht, Technik, Wirtschaft – die drei Säulen der Hausverwaltung

Aus dem Alltag erzählt …

Die Arbeit der Hausverwalter und Hausverwalterinnen ist nicht auf klassische Verwaltungstätigkeiten beschränkt. Besonders im Zinshausbereich kümmern sie sich auch darum, die Häuser technisch zukunftsfit zu machen und das Vermögen der Treugeber und Treugeberinnen zu mehren. Und natürlich müssen sie den Rechtsrahmen kennen, innerhalb dessen sie sich bewegen.

Mietrecht bedeutet nicht immer gleich Gericht. Die Schlichtungsstelle, eine Behörde, hilft den Stakeholdern in mietrechtlichen Streitfällen, eine außergerichtliche Einigung herbeizuführen. „Mein Vater hat mir erzählt", so Treuhänder Marko Weinberger, „dass es früher viele Schlichtungsstellenverfahren gegeben hat, etwa zur Klärung der Höhe der Betriebskosten. Das waren lustige Geschichten. Der Schlichtungsstellenleiter, die Hausverwaltungen und die Mietervertreter kannten sich ja alle, die meisten waren sogar per Du. Aber wenn ein Mieter bei der Verhandlung anwesend war, dann fühlten sich alle verpflichtet, einen Showkampf zu inszenieren. Verwalter, Mietervertreter und Beamte waren plötzlich per Sie, schrien sich laut an, ein Hin und ein Her, am Ende kam eine Rückzahlung von, sagen wir, hundert Schilling für den Mieter heraus. Das war eh nichts, aber der Mietervertreter hat für sein Mitglied gekämpft, der Verwalter hat verloren. Und wenn kein Mieter anwesend war, dann sind sie die Punkte gemeinsam in Ruhe durchgegangen, das Ergebnis war das gleiche, 100 Schilling Rückzahlung. Das soll damals noch menschlich gewesen sein, da haben alle noch miteinander reden können. Und dann sind alle zum Wirten gegangen, aber nicht zu nahe bei der Schlichtungsstelle, nicht dass die Mieter vielleicht im selben Wirtshaus sitzen und erkennen, dass alles nur Show war."

Drei Wochen, nachdem Jurist Oswald Wachsmann 1974 seine Anstellung als Verwalter angetreten hatte, musste er ein bereits laufendes Schiedsgerichtsverfahren besuchen. „Der Vorverwalter hatte es begonnen, gegen den wurde es geführt, zu einem Haus im 1. Bezirk. Es ging um eine Großwohnung, in der die Tochter eines ‚Ariseurs' von 1939 zum Friedenskronenzins gesessen ist und sich aufgeregt hat – ich erzähle das, um die Absurdität solcher Verfahren zu betonen –, wieso sie 5,8 Prozent eines Straßenbahnfahrscheins, den man der Hausbesorgerin vergütet hatte, bezahlen sollte. Der Fahrschein kostete damals, glaube ich, sechs Schilling. Also ging es um rund 35 Groschen. Darum ging es beim Magistratischen Bezirksamt in der Wipplingerstraße, wo die Schlichtungsstelle für Mietsachen war.

Dann wurde noch über den angeblich zu hohen Gasverbrauch der Hausbesorgerin gestritten. Am Gaszähler der Frau hing nämlich auch ein historischer Heizkörper, der dafür sorgte, dass der Aufzug im Winter fahrtüchtig war. Die Maschinerie brauchte damals Wärme, weil alles noch mit Fett geschmiert war." Die Verhandlung wurde vertagt, die Hausbesorgerin wurde vorgeladen, erzählt Oswald Wachsmann weiter: „Als die Mieterin die Hausbesorgerin dann bei der Verhandlung sah und diese sie fragte, warum sie, fußmarod wie sie ist, jetzt per pedes zum Verwalter gehen soll, weil ihr niemand mehr den Fahrschein zahlt, meinte die Mietpartei: ‚Naaa, das wollten wir ja alles nicht, wir wollten ja nur gegen die Hausbesitzer agieren. Aber wenn es gegen die Hausbesorgerin geht, ziehen wir das sofort zurück!' Das heißt, das war ganz einfach die Einstellung der Mieter, alles zu tun, um den Hausinhaber zu schädigen."

Oliver Brichard wollte ursprünglich Richter werden: „Ich fand die Idee, weisungsfrei und unabhängig zu arbeiten, faszinierend. Heute bin ich heilfroh, dass ich nicht Richter geworden bin, stehe aber öfter als Laienrichter in der zweiten Instanz am Handelsgericht zur Verfügung. Da habe ich dann das Vergnügen, den wirtschaftlichen Background in die juristische Grundlage der richterlichen Entscheidung einzubringen. Und wenn ich mich da in die Fälle hineindenke: Ich möchte sie nicht entscheiden müssen.

Ein Fall aus der Praxis: Wir hatten einem Mieter gekündigt, einem Mieter in einem kleinen Objekt mit nur sechs Bestandseinheiten. Bei der Einvernahme waren wir vor Ort und befragten die anderen Mieter, in welchem Ausmaß besagter Mieter seine Wohnung denn nutze. Das waren fünf Einvernahmen von fünf Nachbarn. Und jeder hat bis ins kleinste Detail geschildert, wann er den von uns gekündigten Nachbarn zuletzt erlebt hat: Der eine hatte am Wochenende zuvor mit ihm geplaudert, der andere hatte erst kürzlich Besuch von ihm bekommen, man sah ihn eben erst beim Teppichklopfen oder saß gemeinsam in der Sonne und sprach über ein Fußballmatch. Als Letzte wurde die Nichte des Mieters befragt, wann sie denn ihren Onkel zuletzt gesehen habe. ‚Ich finde die Frage jetzt irgendwie komisch', meinte die Frau, ‚mein Onkel ist ja vor einem Jahr gestorben.' Nach fast drei Stunden Einvernahmen erfuhren wir also, dass der Mieter gar nicht mehr lebte. Und daraufhin haben der Richter und beide Anwälte zu lachen angefangen. Die Nichte verstand die Welt nicht mehr: ‚Warum lachen Sie jetzt alle?' ‚Weil wir jetzt drei Stunden angelogen worden sind.'

Im Zivilrechtsprozess wird viel gelogen, da wird viel vorgegaukelt, nur damit der Besitzer nicht irgendwelche Eintrittsrechte bekommt. Wer so etwas einmal erlebt hat, weiß, dass es im Zivilrecht nie um die Wahrheit geht. Im Zivilrecht geht es um Behauptung und Gegenbehauptung, um Beweis und Gegenbeweis. Und einmal gewinnt man und einmal verliert man."

Im Fall des Todes eines Mieters regelt der Gesetzgeber die Eintrittsrechte naher Verwandter. Oswald Wachsmann kündigte einer Mieterin, weil diese die Wohnung nicht nutzte. Ohne Zustimmung des Eigentümers hatte sie diese einfach ihrer Tochter überlassen. Es kam zu einer Verhandlung, erzählt Verwalter Wachsmann: „Die Richterin hat im Gericht mit der Einvernahme begonnen und spontan gesagt: ‚Naja, jetzt möchte ich mir eigentlich die Wohnung ansehen. Sie haben eh den Schlüssel mit?' Sagt die Mieterin: ‚Nein!' Die Richterin: ‚Dann müssen Sie mir sagen, wie Sie weggegangen sind und wie Sie meinen, wieder in Ihre Wohnung zu kommen.' ‚Na, den hat meine Tochter, ich hab keinen Schlüssel', sagt die Mieterin. ‚Das ist aber interessant', sagt die Richterin, ‚dann rufen Sie Ihre Tochter an, sie soll aufsperren, ich möchte bitte in fünfzehn Minuten die Wohnung sehen, wir machen uns jetzt alle sofort auf den Weg.' Die hatten null Zeit für irgendwelche Vorbereitungen. Meistens machen die Richter den Fehler, dass sie einen Lokalaugenschein längerfristig anberaumen. Dann wird alles präpariert. Dazu hatten die Leute im vorliegenden Fall keine Möglichkeit. Die Anwälte, die Richterin, die Mieterin und ich kommen in der Wohnung an, wo schon die Tochter wartet. Die Richterin fragt die Tochter der Mieterin: ‚Mich interessieren einmal die Betten, wie viele Leute wohnen da?' Sie wohne hier, sagte die Frau, gemeinsam mit ihrer Mutter, ihrem Lebensgefährten und dem Kind. ‚Erklären Sie mir ganz genau, wie Sie hier schlafen', insistierte die Richterin, ‚Ihre Mutter schläft mit dem Kind in einem Bett und Sie schlafen mit Ihrem Lebensgefährten in dem anderen Bett? Das glauben Sie doch nicht wirklich? Ich habe noch nie erlebt, dass die Großmutter auf Dauer mit der Enkelin in einem Bett schläft.' Wir gehen weiter ins Badezimmer. Drei Zahnbürsten. ‚Wer putzt mit welcher Zahnbürste die Zähne?', wollte die Richterin wissen. Die Frau gab an, sie verwende eine Zahnbürste gemeinsam mit ihrem Lebensgefährten. ‚Wer hat wo das Gewand?', wollte die Richterin wissen. ‚Darf ich Sie bitten, etwas zu probieren, das möchte ich sehen.‘ Beim Versuch der Mieterin, ein Kleid anzuziehen, sagte die Richterin: ‚Hören Sie auf, das zerreißt ja gleich, das passt Ihnen ja gar nicht, ich will nicht schuld sein, dass Sie dann ein zerrissenes Gwand haben. Sind das Ihre Schuhe? Ja? Dann bitte probieren.‘ Die waren zu klein. Die Richterin war mit ihrer Geduld am Ende und wollte einen schnellen Vergleich, ‚denn sonst geht das für einen von Ihnen ganz schlecht aus!‘ Ich sage zu meinem Anwalt: ‚Zweieinhalb Jahre kann sie gratis bleiben und dann wollen wir die Wohnung zurückhaben.‘ Die Mieterin wollte noch Geld für eine andere Wohnung. Sagt die Richterin: ‚Übertreiben S’ nicht, ich kenn den Herrn Mag. Wachsmann, in der Situation glaub ich nicht, dass der noch was zahlt.‘ Dann hat man sich verglichen. Das war ein Fall, in dem die Richterin aufs Ganze gegangen ist und die Wahrheit erforscht hat.“

Das Zivilrecht, genau genommen die Zivilprozessordnung, bescherte dem jungen Verwalter Karl Wiesflecker unangenehme Momente, über die der humorvolle Treuhänder heute herzlich lacht: „Wir hatten einem Mieter wegen Nichtbezahlung des Mietzinses ohne Einschaltung eines Anwalts gekündigt. Eine einfache Geschichte. Da gab es früher die Vordrucke ‚Aufkündigung‘. Wir hatten einen Hauseigentümer, der nicht viel zahlen wollte und gesagt hat: ‚Machen Sie die Aufkündigung.‘ Und ich habe gewusst, da gibt es keinen Anwaltszwang, also schreiben wir die Aufkündigung in unserer Kanzlei und die ging dann ans Gericht. Und plötzlich erhebt der Mieter Einwendungen gegen die Kündigung. Ich lese: ‚Einwendungen: Verfahren geht los im Sinne der Zivilprozessordnung.‘ Was ich nicht genau gelesen habe, ist ‚im Sinne der Zivilprozessordnung‘. Also gehe ich zu Gericht und treffe dort den Vermieter im Zusammenhang mit der Aufkündigung, die Richterin eröffnet, sagt: ‚Seitens der kündigenden Partei bitte um Einbringung eines Vorhaltes.‘ – ‚Naja, der hat nicht ’zahlt, und aufgrund dieses Umstandes bringen wir jetzt die Kündigung ein.‘ – ‚Nein, wir sind hier im

Zivilprozess, ein Vorbringen im Sinne der Zivilprozessordnung (ZPO)!' – Nochmaliger untauglicher Versuch: ‚Naja, der hat nicht 'zahlt, ich hab da einen Kontoauszug dabei, wer nicht 'zahlt, wird deshalb gekündigt, dem Vermieter steht im Sinne des § Sowieso MRG eine Kündigung zu und diese Kündigung wurde eingebracht.' – ‚Nein, Sie müssen ein Vorbringen im Sinne der ZPO machen!', – ‚Was meinen Sie da jetzt genau?' – Ihr platzt gleich die Hutschnur: ‚Ein Vorbringen im Sinne der ZPO! Ganz einfach!'" Er habe keine Ahnung gehabt, was ein Vorbringen im Sinne der ZPO ist, sagt Wiesflecker. „Heute weiß ich, das muss formalistisch im Sinne der Zivilprozessordnung geschehen. Da hab ich dann gesagt, schon etwas ins Schwitzen gebracht durch das forsche Auftreten der Richterin: ‚Da gibt es doch eine Manuduktionspflicht!' (Pflicht zur mündlichen Rechtsbelehrung, Anm.) Da hat die Richterin die Brille runtergenommen und mich angeschaut mit den Worten: ‚Das ist die einzige Masen, die Sie haben. Ich rate Ihnen: Gehen Sie heim, nehmen Sie einen Anwalt, der weiß, wie das funktioniert. Wir zwei werden das nicht zusammenbringen.' Nach dieser Erfahrung habe ich für alle Zukunft für mich festgelegt: Ich mache nie mehr wieder für einen Hauseigentümer so eine Verhandlung!"

Wem Gerichtsverfahren zu lange dauern, lernen wir, der entscheidet sich auch schon einmal für Selbstjustiz, wenn auch diese am Ende des Tages nicht den gewünschten Effekt zeigt. Ein mit uns bekannter Hausverwalter lag mit seinem Treugeber, einem überaus cholerischen und nicht sehr freundlichen Menschen, regelmäßig im Clinch. Als ein Mieter die Miete schuldig blieb, machte der Eigentümer dem Hausverwalter Druck. Er erwartete, dass das Kündigungsverfahren schneller gehe, der Mieter müsse aus dem Haus. Weg mit ihm! Der Hausverwalter erklärte dem Eigentümer, dass eine solche Räumungsklage eben ihre Zeit dauere, manchmal bis zu einem Jahr. Das erboste den cholerischen Hausherrn derart, dass er an einem Freitag einen großen Kübel Beton mischte und mit dem Lift Ziegel in den dritten Stock verfügte, wo der säumige Mieter am Ende des Gangs lebte. Dort zog der Eigentümer dann eine Mauer hoch, sodass der Mieter seine Wohnung nicht mehr verlassen konnte. Die Polizei kam und naturgemäß gab es großes Drama. Doch erst am Montag fand sich jemand, der die Wand niederriss und den Mieter befreite.

Ein heikler Bereich ist die gesetzliche Haftpflicht der Hausverwalter und Hausverwalterinnen. Lukas Eybl von BE Real erklärt: „Die Ö-Norm 1300 zur Objektsicherheit muss jeder Eigentümer sicherstellen und wird meist in den Verantwortungsbereich des Verwalters gelegt. Nun kann ich darauf vertrauen, dass kein Gesims oder Dachziegel runterkommt, aber am Ende des Tages ist Vertrauen gut, aber Kontrolle besser. Man bedient sich deshalb heute Fachkräften, die Objektbegehungen machen, damit das Objekt gefahrlos nutzbar ist." Die Kosten dieser Sicherheitsprüfungen hätten die Eigentümer und Eigentümerinnen zu tragen, viele würden sie aber nicht übernehmen wollen: „Ich lasse mir von denen, die wirklich keine Sicherheitsprüfungen beauftragen wollen, mittlerweile eine Haftungsfreistellung unterschreiben, damit ich im Fall des Falles diese Bestätigung aus den Unterlagen ziehen kann und beweisen, dass mir die Hände gebunden waren. Das kommt zum Glück selten vor, aber doch immer wieder."

Uns wird von einigen Personenschäden erzählt – von einem gebrochenen Bein wegen High-Heels im Schnee, von herabstürzenden Gesimsen, die Menschen schwer verletzten, oder von einem eingebrochenen Fußabstreifgitter. Man merkt, wie nahe es den Verwaltern und Verwalterinnen geht, wenn in einem von ihnen verwalteten Haus jemand zu Schaden kommt, auch wenn in diesen Fällen die Hausverwaltungen immer nachweisen konnten, dass sie ihrer Verantwortung in jedem Punkt nachgekommen sind.

In all den Jahren, in denen Ulrike Assem Einblick in die Branche hatte, wurde ihr nur ein Fall bekannt, in dem ein Verwalter strafrechtlich zur Verantwortung gezogen wurde: „Ein Mieter wollte den Keller verlassen und ist die Treppe hinaufgegangen. Als er die Türe zum Stiegenhaus öffnen wollte, fiel die Türschnalle hinunter und der Mann fiel rücklings in den Keller zurück. Der Mann starb später im Spital an einer Lungenentzündung. Da war dann der Strafrichter zuständig. Man kann natürlich nicht überall sein, aber die Türklinke gehört zu den Aufgaben des Verwalters."

Inwiefern man als Hausverwalter auch ein Techniker sein muss, zumindest Technikverständnis braucht, erklärt uns Josef Rohr. Man müsse ja verstehen, was es da zu machen gilt, die Fassaden, Dächer, Kamine. „Kamine zum Beispiel werden gelegentlich stillgelegt. Ab dem Zeitpunkt der Stilllegung muss der Rauchfangkehrer das zur Kenntnis nehmen und darauf achten, dass dort nicht mehr geheizt werden kann. Und der Rauchfangkehrer darf für diesen Kamin nichts mehr verlangen. Jetzt ist es so, dass der Rauchfangkehrer von einem stillgelegten Kamin gar nichts wissen will. In einem WEG-Haus (dem Wohnungseigentumsgesetz unterliegend, Anm.) legen die Leute indes oft Kamine still und sagen es dem Hausverwalter nicht. Auf einmal kommt der Hausverwalter drauf, da ist die Hälfte aller Kamine stillgelegt, er hat jahrelang mit dem Geld anderer etwas bezahlt, wofür keine Leistung erbracht worden ist. Denn die Kamine hat es ja so nicht mehr gegeben. Man gibt nicht acht und haftet am Schluss. Und so ist das jeden Tag bei einem Hausverwalter, man hat das Vermögen eines anderen zu verwalten."

In manchen Fällen ist auch physikalisches Wissen nötig für eine gefinkelte Lösung, zum Beispiel eines olfaktorischen Problems, erzählt Josef Rohr: „Eines Tages ruft mich die Bewohnerin einer Wohnung in Ottakring an und macht einen richtigen Wirbel. Der Geruch sämtlicher Toiletten des Hauses würde in ihre Wohnung dringen! Die hat so getan, als wäre ich schuld an der Misere. Ich müsse eine Lösung finden! Die fand ich auch. Es hat sich nämlich herausgestellt, dass die Frau neue Fenster bekommen hatte. Diese neuen Wärmeschutzfenster waren absolut dicht. Sie hatte einen Durchlauferhitzer für die Warmwasseraufbereitung und der verbrauchte natürlich Sauerstoff. Aber der konnte nicht mehr von draußen nachfließen wie früher bei den alten, undichten Fenstern, sondern dieser Nachfluss erfolgte über den WC-Strang – ein Strang für alle Klosetts, wie das in den 1950ern gebaut worden ist. Von dort wurde die Luft angesogen und daher hat die ganze Wohnung gestunken. Da ist dann eine Zwangsbelüftung gemacht worden."

Mieter eines hochwertigen und entsprechend teuren Objekts meldeten Verwalter Nikolaus Rosam, dass es frühmorgens kein Warmwasser gebe. Gelegentlich wollte jemand um fünf Uhr morgens duschen, und das Wasser war lauwarm oder gar kalt. „Ich hab die Wohnungen kontrolliert, Ventile anschauen lassen, der Installateur ist gekommen, alles in Ordnung. Wir finden keinen Fehler. Irgendwie hat es sich beruhigt."

Erfahrene Hausverwalter würden wissen, dass sich manche Probleme von selbst lösen. Rosam grinst und erklärt mit verschwörerischer Stimme: „Da gibt es den berühmten Beamtentrick: Erfahrene Beamte können durch Handauflegen auf einen Akt feststellen, ob dieser schon für die Bearbeitung reif ist oder noch etwas abliegen muss. Und so ist es auch in der Hausverwaltung. Da gibt es Dinge, die sitzt man aus, da wartet man noch ein bisschen. Und das habe ich mir auch da gedacht, denn wenn man sucht und nichts findet, kommt man an seine Grenzen." Monate später wurde besagte Warmwasseranlage gewartet: „Da bin ich immer gerne dabei, schau zu, da lernt man auch immer etwas. Und da komme ich drauf, dass jemand von der Installationsfirma eine Absenkung programmiert hatte. Von Mitternacht bis vier Uhr früh wird kein Warmwasser produziert.

Da hat sich einer eine Sparmaßnahme einfallen lassen. Da unten sind 6 000 Liter Warmwasser, es kann aber passieren, dass die um 5 Uhr früh aufgebraucht sind. Also gab es dann nach Monaten schließlich doch eine Erklärung für das Phänomen."

Tatsächlich werden die technischen Anforderungen an die Hausverwaltungen immer anspruchsvoller und komplexer, weil sich die Haustechnik grundlegend geändert hat, auch aufgrund von Bauordnung und gesetzlichen Rahmenbedingungen. Der technische Bereich gehört definitiv zu den Herausforderungen der Hausverwaltung der Zukunft.

Welchen Stellenwert die Säule Ökonomie in einer Hausverwaltung einnimmt, hängt im Wesentlichen vom eigenen Rollenbild und Selbstverständnis der Treuhänder und Treuhänderinnen ab. Während die Hausverwaltungen im Bereich Wohnungseigentum den Status Quo erhalten, steht im Zinshausbereich die kreative Weiterentwicklung einer Liegenschaft, ihre Optimierung und damit im Idealfall die Vermögenssteigerung durch die Treuhandschaft im Fokus. Das Selbstverständnis von Wolf-Dietrich Schneeweiss als Private Banker der Branche zeigt, dass es hier um Vermögensaufbau geht.

Das Immobilienmanagement habe sich in die Tiefe entwickelt, erklärt Treuhänder Schneeweiss: „Heute gilt das Prinzip des One-Stop-Shops, das heißt, wir bieten dem Treugeber in unserer Kanzlei das gesamte Portfolio des Immobilienmanagements. Jedes Zinshaus braucht einen Geschäftsführer, der die Geschäfte des Unternehmens Zinshaus betreibt. Als dieser Geschäftsführer, als Immobilienmanager, stehe ich mit meinem Team schon beim Ankauf an der Seite des Treugebers – zu Preis und Qualität, in der Folge dann zu Fragen der Finanzierung oder der langfristigen Bewirtschaftung." Dabei sei jeglicher Interessenskonflikt zu vermeiden, allein die Interessen der Klientel seien zu verfolgen. Deshalb würde Schneeweiss nie selbst makeln oder Provisionen annehmen:

„Die Makler wissen, dass ich höchst professionell agiere. Nie steht ihre volle Provision zur Diskussion, deshalb bekomme ich die besten Liegenschaften angeboten. Wenn ein Verwalter an der Provision mitverdient, wird er versuchen, dass ein Geschäft zustande kommt. Nein, ich muss das als Treuhänder so betrachten, als würde ich für mich kaufen. Hier geht es um die ‚Chinese Wall', ein Begriff aus der Wirtschaft, die chinesische Mauer zwischen den Abteilungen eines Konzerns, damit ein Interessenskonflikt ausgeschlossen werden kann. Nie darf man als Treuhänder die Vertrauensbasis zum Eigentümer enttäuschen, nie darf es nur den Funken von Misstrauen geben. Fehler können passieren, doch muss ein solcher sofort bereinigt und in Ordnung gebracht werden."

Mit der Novelle zum Mietrechtsgesetz 1984 sei das Zinshaus als Investment interessant geworden, doch es habe zwei Jahre gedauert, so Wolf-Dietrich Schneeweiss, bis die Branche diese Chance erkannt habe. Es habe ihn anfangs oft viel Überzeugungskraft gekostet, die Klientinnen und Klienten von der Sinnhaftigkeit eines solchen Investments zu überzeugen. Der schließlich erfolgte Paradigmenwechsel war dem Mietrechtsgesetz geschuldet: „Und daraus könnte die Politik lernen: Dass Liberalisierung unter einer bestimmten Bandbreite und Guidance Investments bringt. Und Investoren brauchen Rechtssicherheit, denn dann lohnt sich das Investment." Schließlich gehöre auch die Volkswirtschaft zur ökonomischen Säule des Immobilienmanagements: „Der volkswirtschaftliche Bereich wird oft – wohl auch mangels Wissens – außer Acht gelassen, dabei ist er im Bereich Investment von vitalem Interesse. Nehmen wir als Beispiel die steigenden Zinsen. Viele Investoren waren völlig unvorbereitet und stehen jetzt staunend vor der neuen Situation. Ein guter Immobilienmanager wird die Situation immer im Auge haben und schon bei der Finanzierung beraten, damit sein Treugeber vor Überraschungen gefeit ist."

Wer keinen exzellenten Immobilienmanager hat, der muss sich auf sein Glück verlassen, wie die folgende Erinnerung eines uns bekannten Hausverwalters zeigt: „Nun, das Haus ist schwach vermietet, das wird Sie leider nicht reich machen", erklärte dieser vor einigen Jahren den beiden enttäuschten Erben eines Zinshauses bei der Hausbegehung. Trotzdem hatten die Brüder das Erbe ihres Großonkels angenommen und wanderten jetzt gemeinsam mit dem Verwalter durch das ganze Haus vom Dachboden aus Stock für Stock nach unten, verglichen die Pläne mit den Bestandseinheiten, bis sie im Keller landeten. Dort befand sich ein Kellerabteil neben dem anderen. Mit Kreide aufgezeichnete Nummern auf den dunklen Holzbrettern der Abteiltüren gaben an, zu welcher Wohnung das jeweilige Abteil gehört. Ein Standardkeller – wäre nicht in einer Ecke ein riesiger Stapel von Aktenordnern gelegen. Die neuen Hausbesitzer nahmen die Ordner in Augenschein. Mussten sie die aufbewahren, waren das etwa wichtige Unterlagen für die Finanz, oder konnten sie entsorgt werden? Als sie einen Aktenordner herauszogen, begann das gesamte Aktengebirge zu rutschen, stürzte in sich zusammen und gab den Blick auf eine schwere Metalltüre frei. Der Verwalter war erstaunt: „Interessant, ich habe keine Ahnung, wohin diese Türe führt, ein möglicher Raum ist hier auf den Plänen nicht eingezeichnet." Und wie es der Zufall will, war einer der Brüder Schlosser. Mit gelernter Professionalität und der Hilfe seines Bruders, eines Mechanikers, schaffte er es nach einigen Stunden, die Tür aufzubekommen. Die Brüder und ihr Verwalter trauten ihren Augen nicht: Sie standen in einem exquisiten Kellerstüberl mit einer wunderschönen geschwungenen Bar und einem riesigen Schreibtisch, beides aus teurem Ahornholz. In der Bar reihten sich seltene Cognac- an Whiskey-Flaschen, und eine ganze Batterie an exquisiten Jugendstilgläsern glänzte im Licht der Lampen. „Die sind ein Vermögen wert", wusste der Hausverwalter, selbst Sammler schöner Dinge, und freute sich für die Erben. Über dem riesigen Schreibtisch hing das Ölgemälde einer toskanischen Landschaft. „Kennen Sie sich auch mit Gemälden aus?“, fragte der Schlosser den Verwalter und nahm das Bild von der Wand, um es dem Verwalter zu zeigen. Der hatte aber nur noch Augen für den Safe, der von dem Bild verdeckt worden war. „Ich befürchte, da wartet noch weitere Arbeit auf Sie“, sagte der Verwalter zu dem Schlosser, der sich mit seinem Bruder umgehend daran machte, den gemauerten Safe zu knacken. Es dauerte Stunden, bis die Brüder den Job erledigt hatten, aber es lohnte sich: 35 Kilo Goldbarren waren ein wirklich schönes Erbe.

Im Jahr 2005 gelang es Thomas N. Malloth als neu gewähltem Obmann des Fachverbands der Immobilien- und Vermögenstreuhänder in der Wirtschaftskammer Österreich, dass die Vermögensschadenhaftpflichtversicherung als Berufszugangsvoraussetzung in der Gewerbeordnung vom Nationalrat beschlossen wurde. Seither ist die Branche gegen Fehler, die das Vermögen der Treugeber und Treugeberinnen reduzierten, versichert. Malloth formuliert es knackiger: „Die Versicherung versichert den Kunden gegen den Unsinn, den ich als Hausverwalter eventuell treibe.“

Versicherungen sind im Hausverwalterdasein grundlegend eine essenzielle Säule. Was an Schäden alles möglich ist, erzählt uns unter anderen Peter Nemeth: Der schwere Regensturz eines sehr heißen Sommers setzte vor einigen Jahren viele Keller und Lokale in der Bundeshauptstadt unter Wasser, auch etliche Tiefgaragen. Die Kanalisation war den Wassermengen nicht gewachsen. Die Garage in der Myrthengasse, die zu einer von Nemeth verwalteten Liegenschaft gehört, liegt in einer Senke, wo sich die Wassermassen aus der Lerchenfelder Straße sammelten. Es dauerte nicht lange, bis die Garage völlig überflutet war und Nemeth die ersten Anrufe erhielt, wonach die dort parkierten Autos zu schwimmen begonnen hatten. Als er hinfuhr, konnte er mit eigenen Augen Luxuswagen beobachten, deren

Reifen sich vom Boden abgehoben hatten, wodurch die Wagen sanft in den Fluten schaukelten. Da das Gebäude gut gegen alle Risiken versichert war, so Nemeth, waren alle Schäden gedeckt.

Familie Handschur, die in Mödling eine Hausverwaltung betreibt, hat eine vierte Säule in ihre Tätigkeit implementiert, nämlich die Säule Soziales. „Es gibt die Basis in Form der drei Säulen, ja, aber die sehen die Menschen nach außen nicht", so Michael Handschur. „Ob ich mich im WEG auskenne oder nicht, ist den Menschen völlig wurscht. Ich muss ihnen zuhören können, ihr Anliegen verstehen, denn dann können wir gemeinsam daran arbeiten." Das Soziale liegt im Lebenslauf von Gründer Michael Handschur begründet:

„Ich wollte ursprünglich evangelische Theologie studieren, habe aber das Studium nicht abgeschlossen und bin diplomierter Sozialarbeiter geworden. Das habe ich auch ein paar Jahre gemacht. Dann bin ich an einen Punkt gekommen, wo es mich frustriert hat, dass ich nicht helfen kann. Es frustriert mich, wenn ich wo helfe, das so kleinteilig ist, dass ich ja eigentlich nur das System unterstütze. Das System, das die Leute krank macht, das System, das den Leuten die Chancen nimmt. Wenn du am Freitag am frühen Nachmittag in der Mutterberatungsstelle alle Brotpackeln, die du findest, auf den Tisch legst und weißt, die Menschen müssen sich jetzt die nächsten vier Tage davon ernähren, dann ist das einfach schlimm." Über eine Beschäftigung im Notariat seines Bruders fand Michael Handschur den Weg in die Immobilienwirtschaft. Und er erlebe es heute so, dass er den Menschen oft mehr helfen könne als die Berufshelfer, weil er zum Eigentümer gehen könne und sagen: „Der Mieter hat jetzt wirklich kein Geld, helfen wir ihm doch, der war jetzt zehn Jahre da drinnen und hat nie ein Problem gemacht, warum sollen wir ihm nicht entgegenkommen, geben wir ihm doch Zeit." Seine Tochter Rita Wachter ergänzt: „Wir sind in erster Linie da, um den Leuten zuzuhören, für sie da zu sein.

Gerade in der Corona-Zeit haben wir gemerkt, dass viele ältere Menschen angerufen haben und einfach plaudern wollten. Also im Mittelpunkt steht das Soziale, was nicht immer einfach ist, weil man ja einiges davon auch immer mit nach Hause nimmt." Familie Handschur lebt das Soziale täglich und nimmt dadurch auch Umsatzeinbußen in Kauf.

Wenn auch nicht täglich, wie Familie Handschur, zeigen Hausverwalter und Hausverwalterinnen bei Weitem öfter, als man erwarten würde, ihre soziale Ader. Das erfahren wir im Gespräch mit Dompfarrer Toni Faber. Ihn haben wir besucht, damit er uns das Gleichnis des klugen Verwalters aus dem Lukas-Evangelium näherbringt. Bei dieser Gelegenheit erzählt uns der Dompfarrer von Immo-Humana, einem Verein für Mütter in Wohnungsnot. 1997, Toni Faber war gerade zum Dompfarrer ernannt worden, hielt er im Stephansdom eine soziale Predigt, die den Immobilientreuhänder Georg Slawik ins Herz traf. Nach dem Gottesdienst sprach dieser den Dompfarrer an: „Wir müssen etwas für die Armen tun. Ich kann diesen Müttern nicht helfen, ich habe so günstige Wohnungen nicht im Portefeuille. Und die kriegen sonst nur feuchte Löcher. Gründen wir einen Verein!" Toni Faber erinnert sich: „Ich muss gestehen, ich habe damals vor 26 Jahren wirklich Sorge gehabt, dass man mich lediglich als christliches Feigenblatt will. Wie sind die Verwalter, die Immobilientreuhänder? Sind da nicht auch grissene Hund dabei? – Sehr breit gestreut, wie in jeder anderen gesellschaftlichen Gruppierung, ich war also vorsichtig und habe mich damals beraten. Und dachte, wenn wir fünf Müttern helfen können, dann ist es schon gut, und wurde Gründungsmitglied. Seither haben wir mit dem Verein Immo-Humana 1760 Müttern mit 2800 Kindern Startwohnungen für ein bis drei Jahre vermitteln können! Damit sie aus dem Gröbsten rauskommen, damit sie einmal durchatmen können. Dafür geben sie einen kleinen Beitrag, den sie sich leisten können. Die normalen

Mieten können sie sich nicht leisten, oft haben sie noch kein Anrecht auf eine Gemeindewohnung oder sonstige Leistungen, zum Beispiel weil sie einen Migrationshintergrund haben. Da konnten wir oft helfen." Einige der Geschäftsleute, die wir für dieses Buch interviewt haben, so erfahren wir in der Dompfarrei, unterstützen Immo-Humana. Oft natürlich deren Treugeber und Treugeberinnen. Alle haben es für sich behalten.

Aber nun zum Gleichnis vom klugen Verwalter aus dem ersten Jahrhundert n. Chr., das uns eigentlich in die Dompfarrei geführt hat:

> Das Gleichnis vom klugen Verwalter (Lk 16, 1–3)
> Jesus sagte zu den Jüngern: Ein reicher Mann hatte einen Verwalter. Diesen beschuldigte man bei ihm, er verschleudere sein Vermögen. Darauf ließ er ihn rufen und sagte zu ihm: Was höre ich über dich? Leg Rechenschaft ab über deine Verwaltung! Du kannst nicht länger mein Verwalter sein. Da überlegte der Verwalter: Mein Herr entzieht mir die Verwaltung. Was soll ich jetzt tun? Zu schwerer Arbeit tauge ich nicht, und zu betteln schäme ich mich. Doch – ich weiß, was ich tun muss, damit mich die Leute in ihre Häuser aufnehmen, wenn ich als Verwalter abgesetzt bin.
> Und er ließ die Schuldner seines Herrn, einen nach dem andern, zu sich kommen und fragte den ersten: Wie viel bist du meinem Herrn schuldig? Er antwortete: Hundert Fass Öl. Da sagte er zu ihm: Nimm deinen Schuldschein, setz dich gleich hin und schreib „fünfzig".
> Dann fragte er einen andern: Wie viel bist du schuldig? Der antwortete: Hundert Sack Weizen. Da sagte er zu ihm: Nimm deinen Schuldschein und schreib „achtzig".
> Und der Herr lobte die Klugheit des unehrlichen Verwalters und sagte: Die Kinder dieser Welt sind im Umgang mit ihresgleichen klüger als die Kinder des Lichtes.

Dompfarrer Toni Faber erklärt uns, wie er dieses Gleichnis versteht: „Da wird dieser scheinbar ungerechte Verwalter im 16. Kapitel des Lukas-Evangelium der Heiligen Schrift zum Bild dafür: Mach mit dem, was du hast, etwas Gutes! Ohne deinen Eigentümer total zu schädigen. Wenn wir sicherstellen können, dass das konkret jemandem nützt, dann mach du als Hausverwalter auch in einem gewissen Prozentbereich etwas Gutes." Der Verwalter im Evangelium nach Lukas stehle nicht für sich, betont der Dompfarrer: „Das ist ein ganz wichtiger Punkt: Er bereichert sich nicht, sondern er investiert sozial verträglich in zukünftige Beziehungen. Indem er Belastete entlastet, schafft er für sich die Voraussetzungen, um weiter im sozialen Gefüge zu bleiben. Das ist ein großer Unterschied zu dem, der nur danach schaut, selbst etwas abzubekommen. Das wird nicht gepriesen, sondern jener, der soziale Verantwortung lebt. Und das ist die Sinnspitze jeder orientalischen Geschichte. Jedes Gleichnis in der Heiligen Schrift hat eine Sinnspitze, kann aber nicht auf eine direkte Handlungsanweisung runtergebrochen werden." Es gebe keine Nächstenliebe ohne Gottesliebe, so der Dompfarrer. Hilfe und Unterstützung könnten auch nicht vom Verhalten der Bedürftigen abhängig gemacht werden: „‚Warum soll ich diesem Menschen helfen? Hat dieser Mensch nicht einen Blödsinn gemacht oder versäumt, rechtzeitig um etwas anzusuchen?' Nein, er ist zuallererst mein Bruder, sie ist meine Schwester."

„Verstopfter Abfluss? Drücken Sie die Taste 1!" – Erreichbarkeit und Kommunikation der Hausverwaltung

Aus dem Alltag erzählt …

Ständige Erreichbarkeit der Hausverwaltungen ist in unserem Kommunikationszeitalter für viele eine Selbstverständlichkeit. Und wie sich zeigen wird, Fluch und Segen zugleich. Kundenkontakt ist seit jeher eine wichtige und zeitintensive Aufgabe der Branche. Mangels technischer Möglichkeiten spielten viele Jahre die Sprechstunden eine wichtige Rolle, so Wolf-Dietrich Schneeweiss: „Die Mieter kamen an den Sprechtagen in die Kanzlei, die Vorzimmer waren überfüllt wie bei guten Zahnärzten. Dann wurde die jeweilige Akte zur Hand genommen und ein Anliegen nach dem anderen besprochen, beispielsweise die Weitergabe einer Wohnung oder die Erlaubnis für Arbeiten in der Wohnung durch den Mieter. Die Leute konnten damals nur an den Sprechtagen kommen, sonst wären wir ja nie zum Arbeiten gekommen", so der Treuhänder, der diese Sprechtage für seine Kanzlei allerdings mit dem Entstehen moderner Kommunikationstechnologien in den 1990er-Jahren abschaffte.

Ein Vorstellungsgespräch in einer Hausverwaltung:

„Was qualifiziert Sie zum Hausverwalter?"

„Nichts."

„Wir melden uns."

„Ich werde nicht ans Telefon gehen."

„Sie haben den Job."

Dieser in die Jahre gekommene, zugegeben nicht wirklich geistreiche Hausverwalterwitz unterstellt, dass der Verwalter ein fauler oder desinteressierter Mensch sei. Tatsächlich war und ist es zum Teil bis heute so, dass man Hausverwaltungen wegen Überlastung der Leitungen nicht erreichen kann. „In unserem Beruf geht es um Kommunikation", bringt es Nikolaus Rosam auf den Punkt, „wir telefonieren den ganzen Tag. Bei uns läutet den ganzen Tag das Telefon. Ein introvertierter Typ hat keine Chance. Wenn ich ein Einstellungsgespräch habe, frage ich als Erstes: ‚Können Sie telefonieren und telefonieren Sie gerne?'"

„Was war damals?", versucht sich Oswald Wachsmann an die Anfänge seiner Verwaltungstätigkeit 1974 zu erinnern. „Ich hatte eine Schreibmaschine und ein Telefon. Vorerst ein Vierteltelefon, das war ein Wiener Spezifikum: Wenn einer an einem der vier Viertelanschlüsse telefonierte, konnten die anderen drei nicht telefonieren. Mit gütiger Vermittlung eines Bekannten aus dem Fernsprechwesen habe ich dann im ‚Notstandsgebiet' Hietzing einen ganzen Anschluss bekommen. Das war unglaublich! Und dann hatte ich viele Telefonate."

„In den 1970ern war die Welt langsamer", sagt Georg Zielbauer ohne einen Hauch von Wehmut, „weil es viel weniger Möglichkeiten gegeben hat, Leute zu erreichen. Damals hat Ihnen jemand einen Brief geschrieben oder hat Sie am Festnetz angerufen. Fax gab es noch nicht. Wenn Ihnen jemand einen Brief geschrieben hat, hat er nicht erwartet, dass Sie innerhalb einer Minute antworten, sondern in vierzehn Tagen. Das war sehr angenehm." Georg Zielbauer lacht herzhaft. „Naja", fährt er fort, „bei einem Wasserschaden haben sie schon angerufen. Aber kleine Probleme sind damals nicht an uns herangetragen worden, man schreibt keinen Brief und geht zur Post, um Kleinigkeiten zu berichten. Das ist ein Zeichen der Zeit, weil es jetzt viel einfacher geht. Jetzt reagieren sich die Leute über das Wochenende damit ab, dass sie Ihnen eine Mail schreiben, weil ihnen das gerade einfällt. Das hat sich schon damals verändert, als das Fax auf den Markt kam. Da haben sie zwar auch schreiben müssen, aber sie haben nicht mehr zur Post gehen müssen."

Ein solches Telefax-Gerät legte sich 1989 als einer der Ersten Oswald Wachsmann zu, das hätten damals noch nicht einmal große Firmen gehabt. „Ich wollte innovativ sein", sagt er.

Kommunikation ist bekanntlich keine Einbahnstraße. Als die Mieterinnen und Mieter nicht jede Kleinigkeit kommunizierten, kommunizierten umgekehrt die Hausverwaltungen auch nicht alles. „Mein Vater hat ein Haus in Mariahilf verwaltet", erzählt uns Treuhänder Marko Weinberger, „und als er eines Tages zufällig daran vorbeifuhr, sah er, dass das Haus in neuem Glanz erstrahlte. Die Fassade war saniert worden. Mein Vater wusste nichts davon, also rief er seinen Treugeber an und fragte diesen, warum er ihn nicht in die Fassadensanierung einbezogen habe. Doch der Eigentümer wusste gar nichts von einer neuen Fassade, er habe nichts beauftragt. Es stellte sich dann heraus, dass der Eigentümer des Nachbarhauses den Sanierungsauftrag gegeben und die Baufirma am falschen Haus die Fassade neu gemacht hatte. Die Arbeiter hatten sich im Haus geirrt. Wahrscheinlich deshalb, weil die Fassade des Nachbarhauses nicht so schlimm aussah wie die des Hauses, das mein Vater verwaltete. Der Eigentümer hat dann einen Teilbetrag der nicht in Auftrag gegebenen Fassade bezahlt, weil sie es ja schön gemacht hatten. Heute würde das so nicht mehr passieren, denn kaum stellt eine Firma ein Stück Gerüst auf, hat man fünf Anrufe, warum man nicht alle informiert habe. Damals waren die Mieter noch nicht gewohnt, informiert zu werden. Heutzutage ist es so, dass man ein Rundschreiben verfasst, dann gibt es einen Aushang, und trotzdem rufen die Leute an. Die Sensibilität der Bestandsnehmer hat sich verändert. Früher hätten die Leute gesagt: ‚Es ist zwar jetzt etwas laut, aber dafür haben wir dann a schöne Faschad' – das hat man oft gehört statt des Worts Fassade. A schöne Faschad."

Genauso verwechslungsreich kann der Einbau neuer Fenster passieren, erfahren wir von einem Hausverwalter und Unternehmer: „Ich hab damals für eine Genossenschaft in Mödling ein Haus subverwaltet. Die Genossenschaft hat mir erlaubt, dass ich mit meinem zweiten Unternehmen Fenster einbauen darf. Ich habe meine besten Monteure hingeschickt. Ruft mich mein Monteur an und sagt: ‚In der Wohnung im ersten Stock, die die neuen Fenster kriegen soll, da ist niemand. Aber wenn wir da heute nicht einbauen, kriegen wir ein Pönale.' Für mich in der Doppelfunktion war das als Verwalter unangenehm, also rufe ich bei der Genossenschaft an und hole mir die Rückversicherung ein, dass wir vom Balkon aus hineingehen dürfen und von dort die neuen Fenster und die Balkontüre montieren. Ich informiere den Monteur entsprechend. Am Abend fahr ich dort vorbei und will mir das anschauen, als auf einmal zwei Frauen auf mich zukommen. Sagt eine: ‚Ich hab neue Fenster bekommen und hab keine bestellt. Und die Nachbarin, die die gleiche Wohnung hat wie ich, nur spiegelverkehrt, die hätte heute die neuen Fenster bekommen sollen, hat sie aber nicht bekommen.' Das war ein Verlustgeschäft für mich, denn natürlich hat die andere dann noch ihre Fenster bekommen und die Frau, die eigentlich keine neuen Fenster bestellt hatte, der habe ich sie geschenkt. Ich sehe diese Frau heute manchmal noch auf der Straße und sie winkt mir immer begeistert zu und grüßt sehr freundlich."

Das Aufkommen der E-Mail hat viel verändert. Wolf-Dietrich Schneeweiss erinnert sich an die 1990er-Jahre: „Wir hatten drei Telefonleitungen und zwischen 9 und 17 Uhr haben ununterbrochen die Apparate geläutet. Ununterbrochen! Erst nach 17 Uhr kam mein Team dazu, die Geschäftsfälle abzuarbeiten. So konnte es nicht mehr weitergehen und deshalb traf ich die Entscheidung, dass wir vormittags telefonisch erreichbar sind und nachmittags die Geschäftsfälle bearbeiten und abschließen. Mit dem Aufkommen der E-Mail hat sich das dann beruhigt, die Anrufe wurden weniger und die davor meterhohen Poststapel langsam niedriger."

„Mir hat diese starke Beschleunigung, die dann durch die Mails entstanden ist, nicht gefallen", gesteht Treuhänder Georg Zielbauer. „Ich habe mich lange gewehrt, eine offizielle Mailadresse zu haben. Was heißt lange, ein Jahr." Er habe sich dann den Wünschen der jungen Wohnungseigentümer und -eigentümerinnen gebeugt, die drohten, sonst die Hausverwaltung zu wechseln. „Heute bekommen Sie eine Mail und sollen sie innerhalb von fünf Minuten beantworten. Das ist einerseits bequem, auch für uns, andererseits gibt es Themen, für die man sich vielleicht ein wenig Zeit zum Überlegen nehmen sollte, um die Mail richtig zu beantworten. Alle versuchen, wir natürlich auch, weil das so modern ist, dass man auf der Stelle zurückschreibt. Man muss dann unterscheiden, wo sollte ich schon etwas nachdenken und wo kann ich auf die Schnelle schreiben. Wenn jemand wissen will, wie der Rauchfangkehrer heißt, dann können Sie das in zwei Sekunden beantworten, wenn sie am PC sitzen. Doch wenn jemand wissen möchte, unter welche Bedingungen man Außenrollläden anbringen darf, wäre es vielleicht gut, wenn man sich damit ein bisschen beschäftigt, um nachträgliche Korrekturen zu vermeiden. Heute urgiert ein Mieter, eine Mieterin drei Mal eine Antwort, bevor ich überhaupt wieder im Büro bin."

Mit dem Aufkommen der Mobiltelefonie war es nicht weit zur ständigen Bereitschaft der Hausverwaltungen. Thomas N. Malloth führte Anfang der 1990er die Rufbereitschaft in seiner Kanzlei ein: „In einer Geschäftsführersitzung lege ich ein rotes Nokia-Handy auf den Tisch und sage zu meiner damaligen Prokuristin: ‚Das ist Ihr neues Handy!' Antwortete sie: ‚Chef, ich habe ein Handy.' – ‚Sie missverstehen mich, dieses rote Handy haben Sie immer nur 48 Stunden, denn wir haben ab heute einen 24-Stunden-Dienst.' Ich hatte zwei Jahre in Geschäftsführersitzungen den Bereitschaftsdienst thematisiert und zehn Leute haben mir zwei Jahre erklärt, warum das nicht gehe. Dann war es mir zu blöd und ich habe dieses rote Handy gekauft. Ein Dienst ich, ein Dienst meine Frau, ein Dienst die Prokuristin. Es ruft eh niemand an! Der schlimmste Anruf war, bei uns liegt a Leich im Hof in der Einsiedlergasse. Das war ein Mäuschen! Und die Besitzerin wollte wissen, was sie mit der Leiche tun soll. Und ich riet ihr: ‚Hauen S' sie in den Restmüll, wegen der Leichenstarre!' Und nicht in den Biomüll, wie sie es ursprünglich vorhatte."

Die Stakeholder erwarten nicht nur möglichst ständige Erreichbarkeit der Hausverwaltungen, sondern auch, dass im Notfall jemand in kürzester Zeit persönlich vor Ort sein kann – im Idealfall jemand von der Geschäftsführung. Um immer erreichbar und verfügbar zu sein, machte etwa Verwalter Peter Nemeth viele Jahre nur Urlaub in Österreich, bis auf kurze Städtereisen an den Wochenenden. Einmal habe er doch eine Woche Urlaub auf Sylt gewagt, erzählt er: „Wir gehen über die Dünen, als das Handy läutet – die zuständige Direktorin der Bank, deren Filialnetz wir verwaltet haben, war dran. Jössas na! Sie sagt: ‚Herr Nemeth, die Filiale in der Simmeringer Hauptstraße 130 ist abgebrannt, wissen Sie das noch nicht? Bitte kommen Sie!'"

Peter Nemeth lacht Tränen bei der Erinnerung und erzählt in dem peinlich berührten Tonfall weiter, in dem er damals mit der Bankdirektorin sprach: „‚Ich bin auf Sylt!' – ‚Wo? Das gibt es ja nicht!' Dann hat sie aufgelegt. Da stehst du dann und überlegst: ‚Was mach ich jetzt? Nehme ich den nächsten Flieger?' Das war damals nicht leicht. Das hat mir wirklich Magenschmerzen verursacht. Ich habe dann mit der Feuerwehr und der Versicherung telefoniert. Der Urlaub war gelaufen. Das erste Mal, dass wir unter der Woche im Ausland waren."

Dass ein Treuhänder nie privat ist, zeigt auch jener Vorfall, den Karl Wiesflecker im Rahmen seines Vortrags beim „Österreichischen Verwaltertag" 2019 in Salzburg thematisierte:

„‚Kolleginnen und Kollegen, versetzen Sie sich in folgende Situation: Sie sind an einem Samstagvormittag gemütlich und entspannt nach dem Frühstück mit Ihrem Hund unterwegs und erhalten auf dem Handy den Anruf eines anonymen Teilnehmers. Was machen Sie als Verwalter?' Alle schauen sich fragend an, ziehen die Schultern hoch. ‚Man drückt den Anruf weg!' – ‚Ah ja!', höre ich aus dem Auditorium.

‚Sie gehen weiter entspannt mit Ihrem Hund spazieren. Zwei Minuten später erhalten Sie wieder einen Anruf mit Rufnummernunterdrückung. Was macht der sorgsame Verwalter? Ich weise darauf hin, es ist Samstagvormittag.' Wieder fragende Blicke. ‚Er drückt den Anruf weg.' – ‚Ja, ja, ja!', wieder erleichterte Reaktionen der Kolleginnen und Kollegen.

‚Fünf Minuten später erhalten Sie wieder einen anonymen Anruf. Was macht der sorgsame Verwalter? Er beginnt langsam nachzudenken, ob er denn wirklich gemeint sei. Drückt den Anruf weg. Beim vierten Anruf hebt der sorgsame Verwalter ab. Was glauben Sie, ist das Erste, was Sie hören?' Fragende Blicke.

‚Polizeikommissariat Simmering. Sind Sie der Herr Wiesflecker?' – ‚Ja.'

‚Verwalten Sie das Haus Simmeringer Hauptstraße Nummer Soundso?' – ‚Ja.'

‚Wir setzen Sie in Kenntnis, dass das Haus brennt.' – ‚Danke für die Information. Ich gehe davon aus, dass die Feuerwehr sich bei Ihnen vor Ort aufhält. Dann ist ja alles erledigt. Es ist Samstag, ich würde mich dann am Montag um die Versicherung kümmern.'

‚Ich bezweifle, dass das eine gute Idee ist.' – ‚Na, was soll ich denn sonst machen? Ich bin nicht die Feuerwehr. Das Haus ist zuverlässig versichert, ich kann Ihnen auch die Versicherungspolizze zukommen lassen.'

‚Herr Wiesflecker, es brennt da in einem größeren Ausmaß, ich würde Ihnen raten, vielleicht doch zu kommen.'

‚Und was soll ich als Hausverwalter da machen?' – ‚Seien Sie einfach einmal da. Ich glaube, Sie wären da wichtig.' Der Polizist legt auf. So habe ich meinen Vortrag begonnen."

Laut Feuerwehr, so Wiesflecker, war es der größte Brand eines Wohnungseigentumsobjektes seit 30 oder 40 Jahren: „Das ganze Haus ist ausgebrannt. Von 150 Wohnungen sind, glaube ich, 67 ausgebrannt. ‚Ich fahr dort jetzt einmal hin', dachte ich, ‚davor bring ich noch den Hund nach Hause'.

Ich bin gegen halb zwölf Uhr Mittag in Simmering eingelangt und dann bis Mitternacht vor Ort gewesen. Da waren Hunderte Menschen vor einem Bus der Gemeinde Wien. Die haben ihre Wohnungen zum Teil im Jogginganzug verlassen und konnten nicht mehr zurück. Die Feuerwehr hat alle Türen aufgebrochen. Angeklopft, ist jemand drin? Nein, wummm! 150 Eingangstüren wurden aufgebrochen. Die Straßenbahn wurde stillgelegt. Das war unglaublich! Die Frauen mit den Babys, die ihre Babynahrung brauchten, Kranke, die dringend irgendwelche Medikamente brauchten. Die Polizei hat vor Ort alles militärisch durchgezogen. Ich habe mit großem Erstaunen die Szenerie verfolgt. ‚Wir brauchen eine Liste mit den Namen …', sagte jemand. Ab ins Büro, Zinsliste ausgedruckt und wieder zurück zum Ort des Geschehens. Ich habe versucht, die Leute zu unterstützen, zu besorgen, was gebraucht wurde. Das war ein Brand!"

Es habe zwar bis heute einen Wert, nicht immer erreichbar zu sein, erklärt Oswald Wachsmann, doch im Notfall sei er immer erreichbar: „Ich habe auf meinem Briefpapier zwei Mobilnummern angegeben: Eine Mobilnummer ist Notruf mit einem Gateway, falls das Festnetz und Voice over IP wieder einmal versagen, damit man uns im Büro erreichen kann. Und ein Mobiltelefon, das ich ständig bei mir habe, das auch offiziell angegeben ist per Hausanschlag und bei allen Korrespondenzen. Wenn ein Notfall ist, bin ich immer Tag und Nacht erreichbar." Mit der EDV und vor allem mit dem E-Mail-Verkehr halte er sich eher zurück, so Wachsmann. Wie uns schon Georg Zielbauer veranschaulicht hat, betont auch Wachsmann, dass der E-Mail-Verkehr vor allem dazu verleite, jederzeit zu schreiben und sofort eine Antwort zu erwarten. Außerdem gebe es ein Sicherheitsrisiko: „Wir verkehren mit wenigen ausgewählten Geschäftspartnern, von denen wir ausgehen, dass sie einen gesicherten Mailzugang haben, per Mail. Anfangs hatten wir auch einen liberalen Zugang zur E-Mail, zwei, drei Monate danach ist unsere gesamte EDV lahmgelegt worden: ‚Wir haben Ihr Programm gesperrt. Zahlen Sie in Bitcoins auf das Konto …' Wir hatten damals Gott sei Dank eine externe Datensicherung, mussten die EDV außer Betrieb nehmen und alles neu aufsetzen. War ein irrer Aufwand. Das war ein Trojaner eines Mieters, der nicht einmal wusste, dass er diesen Trojaner mitschickt. Die Schadprogramme werden immer raffinierter und die Abwehr ist immer einen Schritt hinten nach. Deshalb halten wir es so – und das bringt uns laufend Rügen ein –, dass wir die E-Mail-Adresse nicht hergeben. Schicken Sie ein Telefax, da können Sie nichts sabotieren. Allerdings werden wir bald auf sichere Online-Kontaktformulare umsteigen."

Ständige Erreichbarkeit, an sieben Tagen rund um die Uhr zur Verfügung – 24/7 –, scheint der Trend zu sein. Umso mehr überrascht uns, dass die junge Generation den neuen Technologien mindestens so kritisch gegenübersteht wie frühere Generationen. „Wenn man früher als Wohnungseigentümer die Wohnung verkaufen wollte und den Verwalter um Dokumente wie Energieausweis, Nutzwertgutachten, Wohnungseigentumsvertrag, Vorschreibung gebeten hat, dann war man dankbar, wenn der Verwalter dieser Bitte nach drei Tagen nachgekommen ist", erklärt Markus Ringsmuth, der in der Teamneunzehn-Gruppe als geschäftsführender Gesellschafter für den Bereich Hausverwaltung verantwortlich ist. „Heute ist es eine Grundvoraussetzung, dass ein Verwalter ein entsprechendes Online-Tool kostenlos zur Verfügung stellt, dieses kostenlos wartet und permanent aktualisiert, und wehe, da fehlt einmal etwas. Das sind alles Module, die früher nicht vorhanden waren, und als sie eingeführt wurden, war das entgeltlich. Leider haben viele Kollegen in der Branche das zum Standard erhoben, wovon jeder Eigentümer, jeder Mieter inzwischen ausgeht: ‚Ich muss eine App haben, ich muss ein Online-Tool haben, die Hausverwaltung muss jederzeit erreichbar sein, 24/7, die Hausverwaltung muss alles immer sofort erledigen.' Das haben alle versprochen, gehalten hat es keiner. Das kannst du auch mit den Verwalterhonoraren, die manche Kollegen bekommen, gar nicht erfüllen. Deshalb bin ich im Standard schon teurer als die meisten, denn wenn du eine App, ein Online-Tool haben willst, jeder Baustein, den du aus diesem Baukasten-System auswählst, der kostet monatlich. Und so ergibt sich mein Honorar."

Markus Ringsmuth sieht die Hausverwaltung als eine der ersten Branchen, die Künstliche Intelligenz einsetzen wird, um standardisierte Anfragen und Anrufe abzufedern. „Dann wird es den persönlichen Hausverwalter, den Menschen, nicht mehr in der Form wie heute geben. Der Service-Level wird wieder fallen. Meine Anfrage wird zwar schnell beantwortet, aber vom Computer und nicht vom Hans Müller, der das Haus super kennt. Das wird die Veränderung der Zukunft sein: Haben Sie einen verstopften Abfluss, dann drücken Sie die Taste 1, Sie haben Position 7 210 in der Warteschleife ... Mit der Digitalisierung, mit der neuen Technologie im Immobilienbereich, also der Property Technology (PropTech), mit neuen Apps und allem, was so auf den Markt kommt, bietest du dem Kunden weitere Möglichkeiten, dein Unternehmen lahmzulegen", zeichnet Ringsmuth ein düsteres Bild. „Wenn du heute nicht innerhalb weniger Stunden zurückrufst, kommt der nächste Anruf und zusätzlich inzwischen auch eine E-Mail. Das gipfelt darin, dass der Mieter oder Wohnungseigentümer eine Mail schreibt, anruft und sagt: ‚Ich hab Ihnen gerade eine E-Mail geschickt.' Jetzt sind da noch die unterschiedlichen Apps dazugekommen. Das bedeutet, dass das Unternehmen ein paar Minuten lahmgelegt wird, weil der Mitarbeiter das ja drei Mal bearbeiten muss. Als vierte Möglichkeit hätte er dann nur noch, ins Büro zu kommen", schließt Ringsmuth, der die Kanzleistunden und überfüllte Vorzimmer nicht mehr erlebt hat.

Als Beispiel für überbordende Kommunikation erzählt uns Markus Ringsmuth die Geschichte eines Holunderstrauchs: „Wir verwalten ein Haus in Döbling, die Eigentümer und Eigentümerinnen leben dort alle schon sehr lange. Ich kenne sie alle, auch das Haus kenne ich gut, ich habe dort die Instandhaltungen vorangetrieben. 2020 haben wir den Innenhof saniert. Es gibt dort fünf Garagenboxen, und auf dem Weg zu den Garagen passiert man einen Mauervorsprung, an dem ein junger Hollerbusch lebt. Ein Eigentümer schrieb, dass ihm die Garagen, von dem ihm selbst zwei gehörten, völlig egal seien, auch der Innenhof sei ihm egal. Das Wichtigste an der ganzen Liegenschaft sei der Hollerbusch und dass der ja nicht beschädigt wird! Natürlich haben wir das der Baufirma weitergegeben, die hat das aber ihren Mitarbeitern nicht weitergegeben, und dann ist der Hollerbusch angefahren worden. Das war ein Riesenskandal und große Aufregung samt Schadenersatzdrohungen wegen zwei abgebrochener dünner Äste. Wir haben den Hollerbusch dann für die Dauer der Bauarbeiten mit OSB-Platten einzäunen lassen, damit ja keiner sieht, dass da ein Hollerbusch steht und ja keiner dem Hollerbusch was antut. Das war ein Aufruhr! Damit verbunden waren mindestens vierzig E-Mails, mehrere Telefonate plus die Einzäunungsaktion vor Ort. Irgendwann haben die Miteigentümer gesagt: ‚Nehmt's uns aus dem Mailverteiler raus', denn der Freund des Hollerbuschs hat die Mail ja an zwanzig Nachbarn in Kopie geschickt. Meine Antwort ging an zwanzig Leute in Kopie, seine Antwort an zwanzig Leute in Kopie, meine Antwort … Irgendwann auf diesem Weg sind sie immer weniger geworden."

Auch Lukas Eybel steht den Segnungen der modernen Informationsgesellschaft nicht unkritisch gegenüber. Sein Team nutze klassische Kommunikationswege wie den auslaufenden Postverkehr und Fax genauso wie die unverändert wichtigen Medien Telefon und E-Mail: „Wogegen wir uns als BE Real wirklich wehren, sind solche Plattformen, wie sie alle großen Verwaltungen heute haben. Ich will es nicht. Einerseits, weil es am Ende des Tages Geld kostet, das heißt, der User muss das bezahlen, es kann ja nicht zu Lasten meiner Marge gehen. Und dann ist es auch eine Plattform, die zu einer Echtzeit-Kommunikation oder Diskussion verleitet. Wir haben das einmal mit WhatsApp-Gruppen in Häusern probiert, um schneller reagieren zu können. Wir haben das innerhalb eines halben Jahres wieder abgedreht, weil das in eine unartige und überbordende Kommunikation ausgeartet ist. Das war kein Zustand mehr – auch für meine Mitarbeiter und Mitarbeiterinnen nicht. Über solche Kurznachrichtendienste sagt man so schnell etwas, was man nicht sagen sollte, und viele fühlen sich auch bemüßigt, zu allem einen Kommentar abzugeben. Und deshalb haben wir das wieder eingestellt."

Seine Erinnerung an eine WhatsApp-Gruppe einer Eigentumsanlage mit zwanzig Einheiten führt Treuhänder Eybel als Beispiel für die entstehenden Komplikationen an: „Ein Eigentümer meldete, dass ein Türschloss kaputt sei. Wir sagen, dass der Schlosser schon unterwegs sei. Ein Eigentümer von der Nebenstiege schreibt, da sei ein Schlosser, wozu denn? Da sei doch nur ein Papierl im Schloss gesteckt. Der eine erkennt das nicht, der andere schon. Der dritte sagt, warum soll ich einen Schlosser zahlen, wenn der gar nicht notwendig war? Ohne diese App und die entsprechende Kommunikation wäre dem gar nicht aufgefallen, dass ein Schlosser da war und alles wäre gut gewesen."

Kommunikationstechnologien erschweren den Alltag der Hausverwaltungen, bestätigt ebenso Oliver Brichard: „Durch die ganze Kommunikation kommt ja niemand mehr zum Arbeiten. Als ich in die Branche kam, saß ich mit meinem jetzigen Partner in einem Zimmer und jeder von uns verwaltete 120 Häuser. Eine Assistentin hat uns zugearbeitet, aber jeder hat allein 120 Häuser verwaltet! Das ist heute undenkbar! Ein Verwalter schafft heute – abhängig von der Größe – 30 bis 50 Häuser, vielleicht 60 Häuser. Aber heute haben wir Zweier- und Dreierteams mit super EDV etc. Das Verwalten hat sich durch das Kommunikationsverhalten der Menschen unglaublich verändert. Früher hat man problemlos notwendige Maßnahmen gesetzt und niemand hat angerufen. Heute hat man bei 10 Wohnungseigentümern 20 Anrufe, und jeder will etwas anderes."

Thomas N. Malloth ist überzeugt davon, dass er seinen großen Erfolg – er hat seinen Stock von 200 auf 600 Liegenschaften erhöht und das Museumsquartier verwaltet – seiner Kommunikationsfähigkeit verdankte: „Der große Erfolg war, und das predige ich bis zum heutigen Tag: Was auch immer auf dieser Erde passiert, menschliche Kommunikation ist nur dann menschliche Kommunikation, wenn sie in Präsenz zwischen Menschen stattfindet. Alles andere ist für mich keine menschliche Kommunikation. Die Wahrscheinlichkeit, dass wir uns da evolutionär stark verändern, ist gleich null. Wir Menschen sind und bleiben soziale Wesen." Digitalisierung und Künstliche Intelligenz seien Werkzeuge, die bestimmte Routineabläufe erleichtern, so Malloth, „zu glauben, dass sie menschliche Kommunikation ersetzen werden, halte ich für völligen Nonsens, auch in Zeiten von ChatGPT. Wenn es dem Menschen schlecht geht, muss ich ihm zuhören."

Und vielen Menschen, die in Kontakt mit der Hausverwaltung treten, geht es schlecht. Sie sind in einer Ausnahmesituation und oft aufgebracht. Clemens Limberg: „Wenn ein Mieter oder eine Mieterin durchs Telefon kommt, sage ich meinem Team immer, das muss man sich anders vorstellen: Es ist Montag in der Früh, die Arbeitswoche beginnt, der Anrufer ist vielleicht in einer unglücklichen Beziehung oder hat gerade vom Chef eine draufgekriegt und dann geht der Lift nicht. Und am Hausverwalter kann er es auslassen. Natürlich soll der Mieter das Problem melden, aber wenn er unhöflich wird oder auszuckt bei der ersten Meldung, dann hat das in Wirklichkeit nichts mit uns zu tun. Aber es ist leichter, das so zu sagen und es dann auch so anzunehmen. Mir persönlich gelingt das ganz gut. Manchmal scheint die Sonne, manchmal regnet es und manchmal geht der Lift nicht. So ist es. Das kann man nicht verhindern. Anders würde es aussehen, wenn wir den Lift nicht gewartet hätten, geschlampt hätten. Tun wir aber nicht. Jüngere Kollegen und Kolleginnen mit einem schwächeren Nervenkostüm lassen sich da provozieren."

„Wir haben täglich einige Wasserschäden. Also ist das für uns völlig normal", das erkläre ich meinem Team immer, sagt Treuhänder Zielbauer. „Für den Mieter ist das aber nicht normal, wenn aus seiner Decke Wasser rinnt. Und wenn der zum dritten Mal anruft, darf man nicht unfreundlich sein, denn für den ist das eine außergewöhnliche Situation, mit der er nicht umgehen kann. Für uns ist es unser täglich Brot. Ich vergleiche es immer mit einem Zahnarzt. Wenn der an einem Tag drei Zähne zieht, ist das für den kein Drama. Für den, der den Zahn verliert, aber schon."

Die Menschen hätten zum Glück keine großen Probleme mehr, deshalb würden die kleinen Probleme zu großen gemacht, so Zielbauer: „Ein ehemaliger Gerichtspräsident hat uns einmal bei einem Rechtsseminar gesagt, wir sollen uns nicht ärgern, dass die Leute sensibel auf kleine Probleme reagieren, denn das sei ein Zeichen des Wohlstands. Wenn Sie heute nicht wissen, ob Sie etwas zu essen haben, dann werden sie sich nicht aufregen, wenn vom Nachbarn ein Zweig über den Zaun hängt. Aber wenn es ihnen gut geht und sie gehen jeden Tag an diesem Ast vorbei, dann regen sie sich irgendwann auf. Wir haben Zeit und Geld, um uns über kleine Nachbarschaftsprobleme aufzuregen, wie etwa die Beschattung eines Hochbeets durch die Stauden eines Nachbarn. Der eine will die Stauden abschneiden, der andere sagt: ‚Stell dein Beet woanders hin. Mein Strauch ist schon immer da, dein Hochbeet erst seit vorgestern.' Damit beschäftigen sie uns zum Beispiel in Reihenhaussiedlungen."

Wer glaubt, dass die Hausverwaltung erst heute als Adressatin schlechter Laune und für Ungerechtigkeitsvorwürfe herhalten muss, wird vom römischen Politiker und Philosophen Seneca eines Besseren belehrt. Im zwölften seiner „Briefe an Lucilius über Ethik", die im 1. Jahrhundert n. Chr. erschienen sind, erzählt er vom Besuch einer seiner Villen: „Wohin ich mich auch wende, überall sehe ich die Anzeichen meines Alters. Ich war auf meinen Landsitz vor der Stadt gekommen und beklagte mich über die Kosten für das vom Einsturz bedrohte Gebäude. Der Verwalter sagt mir, es sei nicht die Schuld seiner Nachlässigkeit, er unternehme alles, aber das Haus sei alt. Dieses Landhaus ist unter meinen Händen gewachsen, was soll aus mir werden, wenn die Steine meines Alters schon so morsch sind? Empört über ihn, ergreife ich die nächstbeste Möglichkeit, meinen Unwillen zu äußern. ‚Offensichtlich', sage ich, ‚lässt man diese Platanen verkommen'."

Seneca schließt als Stoiker damit, sein Alter anzunehmen und es zu lieben, weil es voller Freude sei, wenn man es zu nützen verstehe. Sein Hausverwalter, dessen Sorgfalt an nichts fehlen ließ, wird seine Rolle als Reibebaum kaum genossen haben. Und er hört auch kein Wort des Dankes, dass die Villa und die Platanen überhaupt noch stehen. Wer weiß, wie Senecas Villa aber ausgesehen hätte, hätte der Verwalter nicht so gewissenhaft gearbeitet – im Zuge der ordentlichen Verwaltung der Antike.

Schräge Vögel – von Menschen und Tieren im Zinshaus

Aus dem Alltag erzählt …

Dort, wo Menschen leben und miteinander auskommen müssen, sind Konflikte nicht weit. In einem Favoritner Zinshaus lebte vor vielen Jahren ein Mann mit dem Spitznamen Jacky. Er nahm sich, laut dem Hausverwalter, gern wichtig, ein Gschaftlhuber, wie man in Wien sagt. Über die Reinigungsfirma, die das Haus samt Gangtoiletten putzte – Hausmeister gab es keinen –, sagte Jacky zum Hausverwalter: „Die Firma putzt da nicht gscheit. Das mach ich selbst, ich verlang auch nichts von Ihnen." „Wenn Sie das wollen und Zeit haben, bitte …", bekam er als Antwort vom Hausverwalter, der sich nicht wirklich über das Angebot wunderte. Jacky war als schräge Type bekannt und hatte ständig irrwitzige Ideen. Das Putzen würde ihm sicher bald auf die Nerven gehen, dachte der Verwalter, und dann würde Jacky damit aufhören und mit der nächsten Schnapsidee daherkommen. Nach ein paar Wochen erhielt der Hausverwalter ein wütendes Schreiben der Hausparteien, bis auf Jacky hatten alle unterschrieben. Es sei eine Frechheit, hieß es darin, dass man nun für die Toilette zahlen müsse. Der Hausverwalter verstand nur Bahnhof und fuhr in das Haus, um nach dem Rechten zu sehen. Jacky, der „selbstlos" angeboten hatte, die Toiletten zu reinigen, hatte in der Nachbarschaft verbreitet, dass er dafür eine Gebühr einheben dürfe, woraufhin er an allen Toilettentüren ein Zahlenschloss anbrachte. Wer die Toilette aufsuchen wollte, musste bei Jacky läuten, der dann – mit Unterstützung seiner Familie – ein „Sperrsechserl" kassierte und die Tür öffnete. Mit dem Besuch des Hausverwalters endete der Spuk so plötzlich, wie er begonnen hatte.

In einem anderen Zinshaus bescherte ausbleibende Nachtruhe den Parteien große nervliche Belastung. Das Musikgenre Heavy Metal hat seit den 1970er-Jahren viele Fans gewonnen. Aber welcher Hausverwalter wusste damals schon, wie „Schwermetall" klang, oder hatte Bekanntschaft mit dem Selbstverständnis eines Heavy-Metal-Bandmitglieds jener Zeit gemacht? So kam es, dass ein uns bekannter Hausverwalter damals tatsächlich eine Wohnung als Tonstudio an den Leader einer Heavy-Metal-Band vermietete. Die ersten Monate verhielt sich der Mieter unauffällig, dann ging es los: Infernalische Musik in der Nacht, ohrenbetäubendes Schlagzeug, entsetzte Nachbarschaft, mit der Zeit gelangweilte Polizei und endlose Diskussionen des Hausverwalters mit seinem Mieter: „Du kannst nicht um drei Uhr in der Früh Musik machen!" Im Drogenrausch schlief schon einmal das eine oder andere Bandmitglied auf dem Gang, nicht selten inmitten seines eigenen Erbrochenen. Zwei Mieter hielten die Metal-Phase nicht durch, sie zogen aus. Um weitere Leerstände zu vermeiden, zog der Hausverwalter die Notbremse und brachte die Band im Keller eines anderen Zinshauses unter.

In der Regel wohnten nicht Heavy-Metal-Bandmitglieder in den Kellerräumen eines Zinshauses, sondern Ratten. So auch im Keller eines schönen Zinshauses in der bürgerlichen Josefstadt. Der Grund: In dem Haus befand sich eine Bäckerei samt Backstube, und die dort lagernden Köstlichkeiten lockten nicht nur zahlende Kundschaft, sondern auch die Nager an. Eines Tages zog ein junger Musiker in eine Wohnung auf Stiege 2 im Hinterhaus. Der junge Musiker war sehr talentiert, eine erfolgreiche Karriere im Bereich der atonalen Musik stand ihm bevor. Das ahnte damals natürlich niemand, heute wissen wir von Oswald Wachsmann, dass der Pianist ein berühmter Musiker werden sollte und inzwischen schon lange emeritierter Professor der Universität für Musik und darstellende Kunst ist. Kein Meister fällt vom Himmel, heißt es, und ein Klaviervirtuose erst recht nicht. Deshalb übte der Pianist sehr viel, laut Wachsmann überwiegend Dissonanzen, und vor allem zu unmöglichen Zeiten. Die Mieterin über ihm trug in ihrer Verzweiflung zu Hause Stöckelschuhe und trampelte damit auf dem Parkettboden herum, der davon etliche Hacker bekam. Das Ehepaar, das unter dem Pianisten lebte, klopfte hilflos mit dem Besenstiel gegen die Decke, die davon einige beachtliche Dellen davontrug. Auch die Ratten waren nicht begeistert und zogen aus. Nach zwei Jahren zog auch der Pianist aus, weil er es leid war, dass ihm jeden Tag die Nachbarschaft ihre Meinung zu Dissonanzen im Allgemeinem und seinem Spiel im Besonderen mitteilte. Die hochbetagte, schwerhörige Hausbesorgerin setzte Hausverwalter Wachsmann tief betrübt von den Folgen des Auszugs in Kenntnis: „Der Professor U. ist weg und jetzt hamma die Rotzn wieda!“

Ratten und Ungeziefer gehören zu den weniger angenehmen Dingen in einem Zinshaus. Nikolaus Rosam teilt mit uns seine Erfahrung mit Kakerlaken, die ihm zufolge große, aber eigentlich „nette“ Tiere seien. Eines Tages fand ein Mieter eines Hauses in der Kettenbrückengasse eine Kakerlake vor seiner Haustür und vermutete, dass es irgendwo im Zinshaus ein Nest geben müsse. „Dieses Nest haben wir gesucht“, erzählt uns Rosam, und man wurde in der Wohnung einer alten Dame fündig. Wenn Rosam in der Küche und den Nassräumen auf die Böden klopfte, erzählt er, seien die Kakerlaken hervorgekommen. Das Nest war also gefunden, aber die weit größere Herausforderung stand noch bevor: Die alte Dame musste überzeugt werden, dass sie für ein paar Stunden die Wohnung verließ, damit der Kammerjäger dort seine Arbeit tun konnte. In Kooperation mit der Sozialhilfe gelang es Rosam, die Mieterin zu einer Untersuchung im Krankenhaus zu bewegen. Wie viele alte Menschen hatte die Mieterin Sorge, dass während ihrer Abwesenheit etwas „wegkommen“ könne, also organisierte Rosam eine Metallkassette, in die die Mieterin ihre Kostbarkeiten sperren und den Schlüssel mit sich ins Krankenhaus nehmen sollte. Und wenn sie zurückkomme, so Rosam zu der alten Dame, solle sie gleich nachsehen, ob noch alles da sei.

Nun war die Wohnung bereit für die Chemie, nach drei Stunden konnte man lüften und anschließend die toten Tiere einsammeln. „Natürlich hat die Mieterin dann eine Woche später die Anzeige gemacht, dass was fehlt. Aber da wir Zeugen und Protokoll hatten, ging alles ok. Das war ein schöner Erfolg, dass wir die Kakerlaken losgeworden sind. Da habe ich einen guten Counterpart gefunden in der engagierten Mitarbeiterin des Sozialdienstes", schließt Rosam.

Mit zunehmendem Alter werden Mieterinnen und Mieter gelegentlich sehr misstrauisch, würden sich auch manchmal Dinge einbilden, erinnert sich Ulrike Assem an Erzählungen der Hausverwaltungen in ihrer aktiven Zeit: „Was manchmal schon ein Problem war, sind die Leute mit Verfolgungswahn. Die glauben, jemand verfolgt sie, schaut in ihr Postkastl oder bläst ihnen durchs Schlüsselloch Ruß in die Wohnung. Das war komischerweise öfter, dass etwas durch das Schlüsselloch in die Wohnung gekommen sein soll, das haben mir Verwalter oft erzählt. Das sind aus der Demenz entstehende Geschichten, oft von Menschen, die davor durchaus angenehme Mieter waren, und irgendwann ging halt nichts mehr. Dann hatten die Verwalter das Gscher."

Marko Weinberger erzählt von den Anfängen seiner Verwaltertätigkeit: „Mein Vater hat mir damals einen sehr speziellen Hausbesitzer im 15. Bezirk zur Betreuung gegeben, zum Probieren, damit ich was lerne. Eines Tages sagte dieser Eigentümer, er wolle neue Fenster für das Haus. Also habe ich entsprechende Angebote eingeholt und der Eigentümer entschied sich für das Angebot einer sehr bekannten Fensterfirma, mit der es auch noch ein Nachgespräch gab. Der Hauseigentümer wollte noch kurz überlegen und rief mich dann an: ‚Herr Weinberger, seitdem wir das Gespräch mit dem Vertreter der Fensterfirma hatten, steht jeden Tag ein Firmenauto von denen vor dem Haus. Ich glaube, die beobachten mich. Das ist mir unheimlich. Wir nehmen nicht diese Firma, die verfolgen mich.' Der hatte dann tatsächlich einen Verfolgungswahn, hat auch die Firma angeschrieben, dass sie die Verfolgung unterlassen solle. Tatsächlich wohnte im näheren Umkreis ein Mitarbeiter des Unternehmens und parkte den Firmenwagen immer irgendwo in der Gegend. Das tat er seit Jahren, dem Hausbesitzer fiel das aber erst auf, als er mit dem Unternehmen zu tun hatte. Der Zinshausbesitzer hat sich dann in diese Geschichte hineingesteigert, sich verbarrikadiert. Ab einem gewissen Punkt war auch die Zusammenarbeit mit ihm leider nicht mehr möglich."

„Auf dem Dachboden sind eigenartige Geräusche zu hören, wahrscheinlich bewegt der Wind irgendein loses Stück Blech, das nervt total, bereiten Sie dem ein Ende!", so und ähnlich klangen die Beschwerden, die Mieterinnen und Mieter eines sehr großen Zinshauses mit entsprechend großem Dachboden an einen bekannten Hausverwalter herantrugen. Dieser beauftragte einen Handwerker, die Ursachen des Problems herauszufinden und anschließend zu beseitigen. Bald kam ein Anruf: „Der Schlüssel zur Bodentür passt nicht, ich komm da nicht rauf", sagte der Handwerker. Der Verwalter wunderte sich zwar, aber vielleicht waren die Schlüssel vertauscht worden. „Brechen Sie die Tür auf, ich lass ein neues Schloss machen", sagte der Verwalter, der weitere Beschwerdeanrufe verhindern wollte. Nach wenigen Minuten rief der Handwerker wieder an: „Ich befürchte, ich bin der Falsche für die Lösung Ihres Problems. Sie brauchen jemanden vom Tierschutzhaus, oder wer ist zuständig für eine Kaninchen- und Taubenkolonie?" Ein Mieter des Hauses hatte auf dem Dachboden tatsächlich eine Kaninchen- und Taubenzucht betrieben und einen schwunghaften Handel mit den schmackhaften Tieren aufgezogen.

Geschäftssinn oder Tierliebe kann nicht nur zur Lärmbelästigung werden, auch die Geruchsnerven der Nachbarschaft können arg strapaziert werden. Etwa wenn eine Mieterin in einer Zimmer-Küche-Kabinett-Wohnung 72 Katzen hält. Die Belüftung der Küchen solcher Wohnungen erfolgt in der Regel über ein Fenster, das zum Gang hinausgeht. Wenn also die Mieterin lüftete, kam nicht nur Luft hinein, sondern vor allem auch Geruch hinaus. Die Nachbarschaft litt Qualen und der Hausverwalter brachte eine Räumungsklage ein. Bevor dieser stattgegeben wurde, beschloss die Mieterin, von sich aus auszuziehen. Ihre 72 Katzen ließ sie freigebig zurück. Die Bemühungen des Hausverwalters, die Katzen zu verschenken, blieben ohne Erfolg. Dank dem Wiener Tierschutzverein konnte das Problem am Ende tierfreundlich gelöst werden.

Auch im Fall eines Messies in einer Wohnung in einem repräsentativen Zinshaus auf der Mariahilfer Straße sollte die Räumungsklage eine unerträgliche Situation beenden. „Der Mann war nach außen hin nicht als Messie erkennbar, er war sehr gepflegt“, erzählt uns Nikolaus Rosam, „aber die Wohnung war ein Horror. Auf allen Kästen und Kästchen lagen Dinge, auf dem Boden standen meterhohe Stapel. Schmale Gänge schlängelten sich durch all das Zeug. Manchmal ist ein Stapel umgefallen, dann waren die Wege verschüttet. Zwei Jahre hat das Verfahren gedauert, bis es einen Gerichtsbeschluss zur Delogierung gab. Der Schlosser kam, aber er konnte die Türe nicht öffnen, weil die Sachen des Mieters bis knapp an die Türe standen. Jemand aus dem Delogierungsteam schlug dann die Türangeln mit dem Hammer ein und ließ die Tür in die Wohnung fallen. Als der Exekutor in die Wohnung sah, meinte er, da gehe er nicht hinein, es tue ihm leid. Das waren 50 oder 60 Quadratmeter, alles voll. Dann ist die Baufirma gekommen, die renovieren sollte, und hat begonnen, die Tür zu reparieren und alles auszuräumen. Und nach zwei Stunden bewegte sich auf einmal hinten der Müll und der Messie kam wie ein Müllmonster mit einer Eisenstange in der Hand den Arbeitern entgegen und wollte sie verscheuchen. Die Arbeiter wurden blass und liefen schreiend davon." Es brauchte dann noch einige Polizeieinsätze, so Rosam, um die Räumung der Wohnung zu ermöglichen.

Im Bezirk Landstraße lebte ein etwas schwieriger Mieter in einer rund 50 Quadratmeter großen Wohnung. Er hatte kaum Kontakt zu den Mietern, und die Nachbarschaft mied ihn auch. Eines Tages lief unter der Eingangstür des Mannes Wasser ins Stiegenhaus. Nicht viel, aber das stetige Rinnen verunsicherte die anderen Parteien doch. Sie versuchten durch Klopfen, Läuten und Rufen, ihren Nachbarn auf das Rinnsal aufmerksam zu machen, doch der reagierte nicht. Also musste der Hausverwalter her, der auch nichts anderes tun konnte als zu rufen, zu klopfen und zu läuten. Der Mieter kommunizierte durch die Türe: „Lassen Sie mich in Ruhe, ich kann jetzt nicht die Türe öffnen, ich arbeite an meinem Venedig-Projekt!" Der Mieter war als Italienfreund bekannt, aber um welches Projekt sollte es sich dabei handeln? Der Hausverwalter drehte den Haupthahn ab, rief die Polizei samt Schlosser und öffnete die Türe. Eine Sturzflut an Wasser ergoss sich über das ganze Stiegenhaus. Der Mieter stand aufrecht und im Drogenrausch in einem selbst gebastelten Boot und wartete darauf, dass es zu schwimmen begann. Mit schwarzen, dicken Müllsäcken hatte er die ganze Wohnung ausgelegt und Wasser eingelassen für sein ganz persönliches Venedig-Erlebnis. Dieses verursachte in dem Haus einen Riesenschaden, wobei das Schlimmste noch verhindert worden war. Wenn der Freund Venedigs genug Wassertiefe gehabt hätte und wirklich als Gondoliere durchs Wohnzimmer geschwommen wäre, wäre der Durchbruch der Zwischendecke nur noch eine Frage der Zeit gewesen.

Nachtaktive Pianisten und Heavy-Metal-Bands, Ratten und Kakerlaken, ein Messie und ein Gondoliere – was die Hausverwaltungen beschäftigt, beschäftigt in der Regel auch die Bewohner und Bewohnerinnen eines Hauses. Und manchmal beschäftigten sie sich auch miteinander – in Nachbarschaftsstreitigkeiten.

Früher waren die Türschwellen der Wohnungen im Zinshaus aus Holz gefertigt, man nannte sie Holzstaffeln. In den 1960er-Jahren stellte ein Mieter Abend für Abend seine Hauspatschen auf diese Holzstaffel. Am nächsten Morgen öffnete er seine Wohnungstüre und holte die Hauspatschen wieder herein. Seinem Nachbarn gefiel dieses Ritual nicht, erzählt Ulrike Assem: „Ich weiß nicht, ob aus Prinzip, weil man sich nicht mochte, oder weil die Hausschuhe gestunken haben. Also hat er den Nachbarn immer wieder gebeten oder mehr oder weniger streng aufgefordert, dass er die Schlapfen nicht auf dem Gang stehen lässt. Denn auf dem Gang darf ja gar nichts stehen. Aber der Schlapfenbesitzer war auf diesem Ohr schwerhörig. Eines Morgens wollte er wie gewohnt seine Schlapfen wieder in die Wohnung holen und stellte fest, dass sie mit zwei Riesennägeln an die Holzstaffel angenagelt waren. Daraufhin beschwerte er sich beim Verwalter, dass der sich darum kümmern soll. All das ist beim Hausverwalter gelandet."

Wenn die Wut in einem Nachbarschaftsstreit hochkochte, kam es auch schon zu Handgreiflichkeiten oder gar einem Nahkampf. Ein Zinshaus in einem Außenbezirk war mit dem Auto nur über eine Privatstraße erreichbar, die jedoch nicht dem Zinshausbesitzer gehörte. Trotz eines Halte- und Parkverbots ließen sich manche Parteien dazu verleiten, ihr Auto dort für Ladetätigkeiten zu parken. Wer immer dort seinen Lieferwagen oder Pkw abstellte, erhielt eine Besitzstörungsklage mit Zahlungsaufforderung. Ein Bewohner des Zinshauses war extrem wütend: In einem Monat hatte er zehn solcher Besitzstörungsklagen erhalten, er tobte vor Wut: „Wenn sich das

Arschloch einmal runtertraut, wird es sein blaues Wunder erleben!“ Zustande gekommen waren die vielen Klagen, weil der Besitzer der Privatstraße, der in einem der Nachbarhäuser lebte, den ganzen Tag nur eines tat: Er beobachtete mit einem Fernrohr das Treiben auf der Straße und notierte die Kennzeichen der betreffenden Autos. Niemand wusste, wie der Mann aussah, wer er war, man sah nur das Fernrohr, nie das Gesicht dahinter. Eines Tages kam der Hausverwalter zu einer Begehung in das Zinshaus, als er plötzlich Schreie und Schläge hörte. Der Falschparker mit den vielen Besitzstörungsklagen, ein leidenschaftlicher Kickboxer, war über einen Passanten hergefallen. „Das ist die Charaktersau, die mich ständig anzeigt“, schrie er. „Ich bitte Sie, kommen Sie zur Vernunft“, versuchte der Hausverwalter den Mieter zu beruhigen, wollte ihn von dem Opfer wegziehen und bekam nun seinerseits Schläge und Fußtritte ab. „Hören Sie auf, Sie verwechseln mich!“, ächzte der Passant, der inzwischen krankenhausreif auf dem Boden lag. Er hatte im Vorbeigehen eine Bemerkung zum Parkverbot gemacht, weshalb der Kickboxer in ihm die Ursache seiner Strafenflut sah. Der eigentliche Missetäter hatte wohl alles mit seinem Fernglas beobachtet, denn von nun an gab es keine Besitzstörungsklagen mehr. Das war ihm dann alles wohl doch zu riskant geworden.

VI.
Work-Life-Balance und Dekarbonisierung – die Zukunft der Hausverwaltung

Der traditionelle Personalmangel in Hausverwaltungen ist heute durch geburtenarme Jahrgänge und moderne Arbeitszeitmodelle verstärkt. Dabei sind ausgerechnet Hausverwaltungen Arbeitgeber mit großem ökologischem Potenzial für die junge Generation. Größte Herausforderungen der Hausverwaltungen sind aktuell Automatisierung und Rechtssicherheit, vor allem im Bereich des Erneuerbare-Wärme-Gesetzes, das noch keine Vorgaben für den Altbaubereich kennt.

Lukas Eybel kommt mit dem E-Scooter zu unserem Gespräch. Acht von zehn Häusern, die der junge Immobilienmanager verwaltet, sind klassische Zinshäuser der Jahrhundertwende. In fast allen sorgen Gasthermen für Warmwasser und Heizung. Er weiß: „Die Umstellung wird das große Thema in meinem aktiven Berufsleben sein. 400 000 Haushalte werden in Wien noch mit Gas befeuert." Unter dem Motto „Raus aus Gas" plant die Stadtregierung das Ende fossiler Energieträger bis 2040, bis dahin soll überall in der Stadt klimaneutral geheizt und gegebenenfalls gekühlt werden. „Das wird nicht funktionieren, das wird nicht gehen", befürchtet Eybel, der sich seiner Verantwortung als „Bewohner des Planeten“ und Hausverwalter nicht nur bewusst ist, sondern diese auch aktiv übernehmen will: „Wir müssen unsere Konsumgesellschaft überdenken, sonst stehen wir eines Tages da und haben im September 35 Grad statt wie heuer 28. Ich sage jetzt nicht, dass wir alle barfuß herumlaufen sollen oder alles mit dem Fahrrad machen, aber es muss ein gesundes Mittelmaß sein, es muss etwas passieren. Und das geht nur gemeinschaftlich.“

Mit dem Erneuerbare-Wärme-Gesetz auf Bundesebene sollte ursprünglich der Ausstieg aus fossilen Heizsystemen geregelt werden. Das Gesetz, das per Ende 2023 verabschiedet wurde, regelt jetzt das Verbot fossiler Anlagen lediglich im Neubau. Berufsgruppensprecherin Ellen Moll kritisiert: „Wir wissen jetzt zwar, dass bei Neubauten kein Gas und keine fossilen Energieträger mehr eingebaut werden dürfen. Wie man damit im Altbau umgeht, bis wann wir umstellen müssen, das steht noch aus. Und es gibt keinerlei wohnbaurechtliche Begleitmaßnahmen. Wir wissen teilweise nicht, wie wir dieses Gesetz anwenden können, um Rechtssicherheit für unsere Branche und für unsere Klientel zu haben. Seit über einem Jahr renne ich von A bis Z, ohne Ergebnis.“ Ursprünglich war auch auf Bundesebene angedacht gewesen, bis spätestens 2040 auf klimaneutrale Befeuerung umzusteigen, Moll sieht das aus rein praktischen Gründen als nicht umsetzbar: „Woher kriegen wir die Installateure, woher kriegen wir die Heizungen?“

„Ich denke, die Dekarbonisierung wird nur dann funktionieren, wenn alle Beteiligten davon ausgehen können, dass das, was am Ende des Tages auf dem Tisch liegt, auch wirklich pickt“, wünscht sich ÖVI-Präsident Georg Flödl Rechtssicherheit für seine Mitglieder. „Rechtssicherheit fehlt jedoch nicht nur im Bereich Dekarbonisierung, sondern auch beim Richtwertzins, insbesondere im Bereich Lagezuschläge“, so Ulrike Assem. Dieses System mit Zuschlägen und Abstrichen würde inzwischen ganze Kataloge von Urteilen füllen, die Judikatur habe sich damit ebenso intensiv beschäftigen müssen wie die Hausverwaltungen.

Mangelnde Rechtssicherheit und fehlende Rahmenbedingungen erschweren die Planung der Hausverwaltungen. Nur eines wisse er bestimmt, sagt Lukas Eybel: „Wir werden sicher Verstärkung brauchen. Ich werde unser Technikteam verstärken, wir müssen diesen Anforderungen der Zukunft mit Spezialisierung begegnen. Da werden wir Lehrgänge besuchen, neues Personal einstellen oder Wissen zukaufen, um die Eigentümer gut beraten zu können."

Nicht erst seit der geplanten Dekarbonisierung haben sich die Hausverwaltungen in den vergangenen Jahren zu Kompetenzzentren entwickelt. Vergleicht man ein Zinshaus der Gründerzeit mit einer modernen Wohnhausanlage, wird klar, warum immer mehr technisches Know-how notwendig geworden ist: Gibt es im Zinshaus bestenfalls einen Aufzug, der einer Wartung bedarf, sind moderne Liegenschaften in technischer Hinsicht sehr anspruchsvoll. „Wenn man sich heute einen Neubau anschaut, ist dieses Haus ausgestattet mit Luftwärmepumpen, Sole-Wasser-Wärmepumpen, Erdwärmepumpen, begleitend dann eine PV- oder Solaranlage, eine Garage, Aufzug, eine CO-Warnanlage, eine Steigleitung, eine Rauch-/Wärmeabzugsanlage, eine Notbeleuchtung. Die Häuser sind technisch massiv aufgerüstet worden. Früher sind ganze Häuser abgebrannt, heute kommt es dank dem technischen Fortschritt maximal zu einem Wohnungsbrand. In den 1930er-Jahren bestand eine Brandschutztüre aus Holz. Fünf Minuten später griff das Feuer auf die nächste Tür über. Die Materialien der modernen Brandschutztüren sind zum Teil auf 90 Minuten Widerstand ausgelegt. Früher gab es auch keine Brandmeldeanlagen", zählt Lukas Eybel die Ausstattung moderner Liegenschaften auf.

Der Wunsch nach Nachhaltigkeit und „grünes" Denken finden sich zunehmend auch bei den Hausparteien, die von den

Hausverwaltungen ein entsprechend sensibles Vorgehen erwarten.

Eines Tages saß das Team der Hausverwaltung Handschur in Mödling emsig bei der Arbeit, als das Telefon läutete. Am Telefon war der Baumschneider, der mit dem Fällen eines kranken Baums in einer Eigentumsanlage beauftragt worden war: „Ich kann den Baum nicht fällen, wir haben da ein Problem, am Baum ist was." – „Was heißt, da ist was?", fragte Rita Wachter den Mann, „ein Eichkatzerl oder worüber reden wir jetzt?" – „Eine Frau hat sich angekettet und will den Baum retten", erklärte der Baumschneider die Situation. „Das war die Lebensgefährtin einer Eigentümerin", so Wachter, „die Eigentümergemeinschaft war ja im Vorfeld informiert worden. Ich habe dann die Eigentümerin angerufen und gefragt, was wir tun sollen. Die ist verfallen, denn am Vorabend hätte sie ihrer Partnerin noch gesagt, dass sie das nicht tun solle. Die Eigentümerin hat sich dann um das ‚Eichkatzerl' gekümmert", schließt Wachter, der es immer leid tut, wenn sie einen Baum aus Haftungsgründen fällen lassen muss. Deshalb bemühe sich die „grüne" Hausverwaltung auch stets um Ersatzpflanzungen. Verpflichtende Ersatzpflanzungen gibt es nur in Wien.

Im Hof eines Wohnhauses im südlichen Niederösterreich steht eine prachtvolle Bäreneiche. Mit ihren 16 Meter Höhe ist sie der ganze Stolz der Hausparteien. Ein mit uns bekannter Hausverwalter beauftragte einen Baumpfleger mit dem Rückschnitt der Äste. Dieser kletterte in voller Montur mit seinem Gurt und Werkzeug auf den Baum und begann mit der Arbeit. Da betrat eine Bewohnerin des Hauses auf dem Weg zum Müllraum den Hof, erblickte den Baumpfleger und seine Motorsäge und geriet in Rage. „Sie Wahnsinniger, Sie schneiden viel zu viel weg! Kommen Sie sofort runter, Sie Baumkiller, sonst rufe ich die Polizei!", schrie die pensionierte Biologielehrerin voller Hass. Vom Baumpfleger ignoriert, lief die Frau in den Müllraum, kehrte mit ein paar Flaschen und Dosen zurück und warf diese mit voller Wucht in die Baumkrone, wo der Mann arbeitete. Diesem reichte eine Flasche auf dem Kopf, er nahm den Abstieg vor und rief den Hausverwalter an: „Das ist ein Haus von Geistesgestörten, ich komme nie wieder hierher, rufen Sie mich nie mehr an!“ Der Hausverwalter überlegte Polizeischutz für den nächsten „Baumdoktor“, beauftragte aber zuerst einen Gutachter, der tatsächlich bestätigte, dass ein sanfter Rückschnitt der Bäreneiche ausreichte.

Das Bewahren von Bäumen und der Natur, das Ende fossiler Brennstoffe und neue, klimaneutrale Technologien – all das braucht gut geschultes Personal.

„Wenn jemand wirklich etwas bewegen möchte in der Zukunft, ökologisch denkt, dann ist der Job in der Hausverwaltung ein Traum“, sagt Oliver Brichard. Seine Immobilienverwaltung wurde als einer der besten Arbeitgeber des Landes ausgezeichnet. „Als Verwalter braucht man eine dicke Haut und kein Studium. Natürlich ist es schön, wenn es ein Studium gibt, aber für das klassische Verwalten brauch ich eine dicke Haut und eine gute In-House-Ausbildung“, meint Markus Ringsmuth.

Eine praxisbezogene akademische Ausbildung bietet seit 2001 die Fachhochschule Wien der Wiener Wirtschaftskammer. Die Fachgruppe der Immobilien- und Vermögenstreuhänder wollte neben den doch kostenintensiven Lehrgängen der Technischen Universität Wien etwas Leistbares schaffen, erzählt uns die damalige Geschäftsführerin Ulrike Assem: „Da war ich mit den Funktionären beim Vorsitzenden des FH-Rates vorgeladen, der musste ja seinen Segen geben. Damals wurden die Fachhochschulen gerade Mode, damals hieß es: ‚An jedem Misthaufen soll heute schon eine FH stehen.‘ Der Vorsitzende des FH-Rates, ein Universitätsprofessor, hat uns zunächst einmal angesehen wie lästige Insekten. Was wollen diese Immobilienleute? Der hatte keine Vorstellung, worum es in unserer Branche ging. Und wir wussten nicht, wie wir ihm das erklären sollten. Meine Funktionäre waren fertig mit den Nerven. Die hatten erwartet, dass sie auf großes Interesse und wahre Begeisterung stoßen und nicht wie Bittsteller behandelt würden." Schließlich gelang es, den FH-Rat davon zu überzeugen, dass die Immobilientreuhänder und -treuhänderinnen wie kaum ein anderes Gewerbe täglich mit Gesetzen und Normen zu tun hatten, innerhalb der eigenen Unternehmen wie auch in der Beratung von Dritten, was einer besonderen Ausbildung bedurfte. „Von der Wiener Kammer selbst ist damals auch Gegenwind gekommen", erinnert sich Assem. „Die hatten Angst, dass sie uns finanziell retten müssten. Dabei war unsere Fachgruppe finanziell sehr solide aufgestellt. Wir hatten einen gut gefüllten Sparstrumpf und konnten für alle Anfangskosten in Höhe von einer Million Schilling bürgen: etwa für eine Bedarfsstudie, die Untersuchung der volkswirtschaftlichen Wertschöpfung der Branche oder Studienreisen zu vergleichbaren Hochschulen im Ausland." Die Bedarfsstudie zeigte wenig überraschend hohes Interesse. Allein mit den Söhnen und Töchtern der Wiener Unternehmen hätte man laut Assem den ersten Jahrgang mit Leichtigkeit füllen können.

Nach anfänglicher Skepsis habe die Wirtschaftskammer Wien den FH-Lehrgang samt seinem engagierten Entwicklungsteam uneingeschränkt unterstützt. Seit damals, 2001, haben rund 900 Personen ein Studium der Immobilienwirtschaft an der FH Wien absolviert. Klemens Braunisch, er leitet sowohl den Bachelor- als auch den Master-Lehrgang, fasst zusammen: „Die Aufgaben der Hausverwaltungen oder Maklerbüros sind seit Beginn unserer Ausbildung grundsätzlich gleich geblieben, allerdings haben sich die rechtlichen, technischen und wirtschaftlichen Rahmenbedingungen rapide verändert. Natürlich nehmen unsere Lehrveranstaltungen darauf Rücksicht, ihre Inhalte sind immer state of the art. Was sich in diesen vergangenen zwanzig Jahren verändert hat, ist die Profilierung des Asset-Managements als eigener Berufsstand, vor allem im Bereich der institutionellen Anleger, wie etwa Immobilienfonds. Ein Abschluss des FH-Studiums gilt heute als Befähigungsnachweis wie die Konzessionsprüfung, die Alumni müssen für die Gewerbeberechtigung lediglich noch zwei Jahre Praxis nachweisen. Das gilt auch für die Absolventinnen und Absolventen der FH Wiener Neustadt."

Karl Wiesflecker sieht die Fachhochschule als wichtiges Zeichen des Selbstbewusstseins der Branche an sich, geht aber kritisch auf die Erwartungen der jungen Absolventinnen und Absolventen, die gleich im mittleren Management oder mit einer Prokura ins Berufsleben einsteigen wollten, ein: „Deshalb sage ich: Wenn jemand die FH macht, super gut! Wenn er fertig ist, kann er gehen, nicht laufen. Und bei Gott noch keinen Marathon. Um laufen zu lernen und einen Marathon zu bestehen, dafür ist noch Praxis erforderlich – das wollen die jungen Kollegen nicht hören." Wiesflecker denkt an seine eigene Studienzeit zurück: „Wenn du Jurist bist, glaubst du, dank deiner Ausbildung alles schon zu wissen. Erst wenn du in die Praxis entlassen wirst, kommst du drauf, wie die Dinge wirklich laufen. Frau Kramas hatte einen Drittelanteil eines sehr schönen Besitzes gekauft und wollte zur Ersparnis der Anwaltskosten, dass ich mich um die Grundbuchseinverleibung kümmere. ‚Selbstverständlich, mache ich!', habe ich als fast fertiger Absolvent des Studiums der Rechtswissenschaften gesagt, mir das Praxishandbuch ‚Der Grundbucheintrag' zugelegt und mich in die Umsetzung des Vorhabens der Eintragung im Grundbuch begeben. Das war Ende der 1980er-Jahre, ich war noch Student, man hat damals alles auf Schreibmaschinen geschrieben und postalisch bei Gericht eingereicht. Die Voraussetzungen für eine Grundbucheintragung sind heute noch genauso wie damals, du musst alles ausführlich und genau im Antrag formulieren", erklärt er und schlussfolgert im Resümee der Arbeitsschritte, „damit der Grundbuchführer nichts anderes mehr machen muss als den

Stempel draufhauen in dreifacher Ausführung. Damals gab es einen berüchtigten Grundbuchsführer am Bezirksgericht Innere Stadt in der Riemergasse, von dem ein solcher Antrag ganz speziell behandelt wurde. Ich gab ihm meinen Antrag ab und habe nie wieder eine Meldung bekommen. Irgendwann bin ich wieder hingegangen und hab gefragt, was ist jetzt mit meinem Grundbuchsantrag? – ‚Ja, den können S' gleich mitnehmen, da ist alles falsch!' Das ganze Packerl, das ich dort abgegeben hab, hab ich wieder zurückbekommen – alles von vorne nocheinmal." Wiesflecker wollte Frau Kramas zeigen, dass er das alleine hinkriegt, Gott sei Dank stand ihm die Mutter seiner damaligen Freundin, seine heutige Schwiegermutter, ehemals selbst bei Gericht im Grundbuch tätig, zur Seite: „Zu der bin ich gegangen und hab mich erkundigt: ‚Wie soll ich das machen – der nimmt den Antrag nicht?' – Und die schaut sich das an und sagt: ‚Naja, passt eh alles. Wer ist denn der Grundbuchführer?' – Ich antworte: ‚Na der Herr [den Namen behalten wir für uns, Anm.].' – Sagt sie: ‚Ah der! Der schickt dich sicher noch öfter, warte…' Und sie ruft den besagten Herrn bei Gericht an: ‚Servus, grüß dich, warum und wieso, der Akt…?' – ‚Jaaa!', meint daraufhin der Grundbuchsführer, dieses und jenes müsse an dieser und jener Stelle anders formuliert werden, weil sonst könne das nicht eingetragen werden. Alles Weisheiten, die nicht dem tollen Handbuch zu entnehmen sind. Ich bin meiner Schwiegermutter heute noch für ihr Praxiswissen dankbar – mit ihrer Unterstützung war nach einer Woche der Stempel auf dem Antrag drauf… und ich konnte stolz das Ergebnis präsentieren."

Da es heute immer weniger verfügbare Mitarbeiter und Mitarbeiterinnen gebe, müsse man danach trachten, möglichst viele Aufgaben zu automatisieren, betont Peter Rustler seine Perspektive auf die Zukunft der Hausverwaltertätigkeit. Wir fassen zusammen: Es gibt also junge, theoretisch gut ausgebildete Menschen, die ihre Karriere in einer Branche beginnen, in der mangels Personals möglichst viel automatisiert werden soll.

An dieser Stelle entstehe ein Knackpunkt, so Oliver Brichard: „Menschen, die aus der Fachhochschule kommen, egal ob Bachelor oder Master, sind theoretisch vollgestopft, aber können überhaupt nichts auf den Boden bringen. Sie arbeiten zwei, drei Jahre, bis sie ihr Wissen in die Praxis umsetzen können. Aber wenn die dann in den zwei Jahren nichts zu arbeiten haben, weil die Standardfälle automatisiert sind, wird das schwierig. Das wird die Herausforderung der Ausbildung der Zukunft sein."

In den vergangenen Jahren strebten viele junge Leute weniger eine Karriere in der Hausverwaltung als viel mehr in anderen Bereichen der Immobilientreuhandschaft an, was in den Verwaltungen auf allen Ebenen für Personalmangel sorgte. Langfristig würden nicht einmal 30 Prozent der Teams dem Unternehmen auf Dauer erhalten bleiben, so Markus Ringsmuth. „Abwarten, abwarten!", ruft Karl Wiesflecker, „momentan sind zwar moderne Unternehmensstrukturen in der Immobilienentwicklung bei jungen Leuten gefragt. Auch mein Sohn geht mit mir Anzug kaufen und sagt: ‚Das ist der Closing-Anzug.' – Auf meine Frage: ‚Was ist ein Closing-Anzug?' die Antwort meines Sohnes: Für einen erfolgreichen Immobilien-Deal braucht man auch ein entsprechendes Outfit, einen sogenannten Closing-Anzug [von engl. ‚to close a deal', Anm.]." Wiesflecker geht jedoch davon aus, dass auf längere Sicht die klassische Verwaltungsdienstleistung über den kurzfristigen Zeitgeist hinaus dauerhaft gefragt bleiben wird.

Manche Verwaltungen bemühen sich aktiv darum, gutes Personal an sich zu binden. Marko Weinberger: „Unsere Mitarbeiter sind langjährige Mitarbeiter. Wir haben auf eine Vier-Tage-Woche umgestellt, auf die vier Stunden am Freitag verzichten wir. Wir haben ein Notfall-Telefon, das haben meine Frau und ich, und wenn wirklich der Hut brennt, dann können wir das organisieren. Aber wir müssen nicht am Freitag im Büro sitzen wegen eines angeblich wichtigen Zahlscheins."

Clemens Limberg wundert sich, dass es heute in manchen Kanzleien zugehe wie vor fünfzig Jahren: „Da spreche ich nicht nur von der EDV, sondern auch von der Hierarchie. Wo die Leute offensichtlich Angst vor dem Chef haben. Bei uns sind alle per Du, das ist ein Ausdruck der Kollegialität, wir unterstützen einander. Unsere Mitarbeiter und Mitarbeiterinnen bekommen Wohnungen, nutzen unseren Handwerkerservice, ich fahre alle vierzehn Tage zum Großgrünmarkt um Obst und kleine Gimmicks als Zeichen der Wertschätzung, die wir unserem Team entgegenbringen. Ich habe zum Beispiel einen tollen Mitarbeiter, der macht eine super Arbeit, aber nur dreißig Stunden pro Woche. Es geht heute um die Work-Life-Balance, die versuchen wir den Mitarbeitern zu ermöglichen."

ÖVI-Präsident Georg Flödl betont, wie wichtig Anerkennung nicht nur für junge Mitarbeiterinnen und Mitarbeiter, sondern für die gesamte Branche sei: „Mit jeder neuen Norm, mit jedem Gesetz und mit jedem Gerichtsurteil werden die Aufgaben der Hausverwaltungen mehr und vor allem komplexer. Wir sind Generalisten und Generalistinnen, die vom Steuerrecht über allgemeine Rechtsfragen bis zum Mietrecht, von ökonomischen Fragestellungen über die starke Schulter bis zur Fähigkeit der Mediation alles vereinen. Das erkennen leider nicht alle Stakeholder an. Die Menschen bilden sich immer nur dann eine Meinung zum Hausverwalter und der Hausverwalterin, wenn etwas nicht gut läuft. Mich würde es freuen, wenn die Menschen beginnen würden wertzuschätzen, dass es jemanden gibt, der das ganze Werkl am Laufen hält. Dass jemand versucht, Dutzende Einzelmeinungen zusammenzuführen. Dass es dann natürlich auch immer Betroffene gibt, die nicht zufrieden sind, lässt sich leider nicht verhindern. Ich würde mich freuen, wenn die Leute erkennen würden, was es alles braucht und was da alles tagein, tagaus im Hintergrund passiert. Also, ich würde mich über Wertschätzung für unsere Branche freuen."

Thomas Rohr vergleicht die Zukunft der heimischen Branche mit der gegenwärtigen Situation in Deutschland: „Ich befürchte, es wird das deutsche Modell zu uns kommen“, analysiert er. „Es wird nicht mehr den Verwalter geben, sondern den Asset-Manager, Property-Manager, Facility-Manager. Das, was wir Hausverwalterprinzip genannt haben, wird aussterben: Das heißt, ein Hausverwalter weiß von 30 Häusern alles. Sondern es wird einen Chefbuchhalter geben für 100 Häuser, einen Techniker geben für 100 Häuser, aber der Hausverwalter, der den Gesamtblick über die Immobilie hat, befürchte ich, der wird aussterben.“

Georg Zielbauer wäre demnach wohl einer der Letzten seiner Art. Er hat sich bewusst nie vergrößert: „Viele meiner Häuser sind zu uns gekommen, weil ich die Besitzer persönlich kenne. Jetzt treff ich einen auf der Straße und der fragt mich was. Wenn ich dem keine Antwort geben kann, ist mir das unangenehm. Also, wann der Rauchfangkehrer kommt, das weiß ich bei 5000 Bestandsnehmern auch nicht, aber wenn wo ein großer Wasserschaden ist, will ich das wissen.“ Als Gründer habe man immer gerne über alles die Kontrolle.

Karl Fichtinger hat wohl recht, wenn er zusammenfasst: „Nichts bleibt, wie es ist, aber den Hausverwalter wird es immer geben.“

Unsere Interviewpartner und Interviewpartnerinnen

Assem, Ulrike
Die Juristin war von 1969 bis 2000 Geschäftsführerin der Fachgruppe (davor Innung) der Immobilien- und Vermögenstreuhänder der Wirtschaftskammer Wien.

Braunisch, Klemens
Der Jurist ist Studiengangsleiter des Bachelor- sowie des Master-Studiums für Immobilienwirtschaft der FH Wien der Wirtschaftskammer Wien.

Brichard, Oliver
In zweiter Generation geschäftsführender Gesellschafter von Brichard Immobilien in Wien-Döbling.

Eybel, Lukas
Er führt in zweiter Generation die Hausverwaltung Bontus, die nach der Fusion mit der Hausverwaltung Dr. Gerhard Stingl als BE REAL Bontus Eybel Immobilien firmiert.

Faber, Anton „Toni"
Seit 1997 Dompfarrer des Wiener Stephansdoms und Dechant des 1. Bezirks.

Fichtinger, Karl
Gründer der IC Hausverwaltung in Wien-Neubau, die inzwischen von seinem Sohn David Fichtinger geführt wird.

Flödl, Georg
Präsident des Österreichischen Verbands der Immobilienwirtschaft (ÖVI) und Managing Partner von Immobilien Funk in Wien-Alsergrund.

Friedrich, Otto
Seit 1964 als selbstständiger Immobilienmanager tätig, inzwischen mit dem Unternehmen Otto Friedrich & Partner in Wien-Josefstadt.

Halusa, Gerhard
Stadthistoriker im Österreichischen Gesellschafts- und Wirtschaftsmuseum in Wien, Spezialist für Wohngeschichte.

Handschur, Michael
Gründer der Hausverwaltung Handschur in Mödling; die Geschäftsführung teilt er sich inzwischen mit den Töchtern Rita Wachter und Katharina Handschur.

Horvath, Josef
Gründer und Eigentümer von APPM Property Management in Wien-Hietzing.

Kohl, Gerald
Der Professor für Rechtsgeschichte an der Universität Wien widmete sich in seiner Habilitationsschrift dem Stockwerkseigentum.

Limberg, Clemens
Der Jurist und Rechtsanwalt gründete mit seiner Frau Miriam Limberg die Limberg Real Estate Group, die von dem Ehepaar geführt wird.

Malloth, Thomas N.
Der Jurist war Eigentümer der Hausverwaltung Dr. Gerhard Stingl, langjähriger Präsident des Österreichischen Verbands der Immobilienwirtschaft und Obmann des Fachverbandes der Immobilien- und Vermögenstreuhänder in der Wirtschaftskammer Österreich. Malloth ist heute als Immobilientreuhänder, Consulter, vor allem aber als Sachverständiger und Vortragender für alle Asset-Klassen in Österreich und Europa tätig. Im Seewinkel ist er Landwirt und kultiviert Weine inmitten des UNESCO Weltkulturerbes Neusiedlersee.

Martorana, Monika
Gründerin und Geschäftsführerin der Hausverwaltung Comfort-Real in Wien.

Moll, Ellen
Die Juristin ist Geschäftsführerin der von ihrem Vater mitbegründeten Innsbrucker Hausverwaltung Moll & Punt sowie Berufsgruppensprecherin der österreichischen Immobilienverwalter.

Moritsch, Otmar
Kustos für Datenverarbeitung am Technischen Museum Wien.

Nemeth, Peter
Gründer der Nemeth Gebäudeverwaltung, die er gemeinsam mit seiner Frau Irene und seinem Sohn Oliver führt.

Ringsmuth, Markus
Mitbegründer von teamneunzehn Immobilien und als geschäftsführender Gesellschafter für die Hausverwaltung der Gruppe zuständig.

Rohr, Josef
Der langjährige Treuhänder und Bauunternehmer hat sich bereits ins Privatleben zurückgezogen, seine Josef Rohr Immobilienverwaltung in Wien-Landstraße wird unter demselben Namen von den neuen Eigentümern weitergeführt.

Rohr, Thomas
Der Sohn von Josef Rohr war unter anderem Österreich-Chef der conwert und gründete 1991 die Immorohr als eine der ersten Zinshausmakler-Gesellschaften. In dieser ist inzwischen auch sein Sohn Stanislaus Rohr in dritter Generation tätig.

Rosam, Nikolaus
Der studierte Historiker war viele Jahre als Manager in der Immobilienbranche tätig, bevor er sich durch ein Management-Buy-out selbstständig machte. In der Hausverwaltung Rosam ist inzwischen auch sein Sohn Vincenz aktiv.

Rustler, Peter
Der Jurist und Rechtsanwalt ist Gesellschafter der Frieda Rustler Hausverwaltung, die seine Mutter 1935 gründete. Rustler war viele Jahre Geschäftsführer des ÖVI. Die inzwischen international tätige Rustler-Group wird operativ von Tochter Julia Wegerer-Rustler und Schwiegersohn Robert Wegerer geleitet. Peter Rustler ist Herausgeber von „Der Rustler", ein Handbuch für die Immobilienwirtschaft.

Schneeweiss, Wolf-Dietrich
Der Jurist ist mit seiner Immobilienkanzlei in vierter Generation auf das Management historischer Zinshäuser spezialisiert. Gegründet wurde die Kanzlei 1921 von seinem Urgroßvater.

Stingl, Peter
Der Jurist firmiert mit seiner Hausverwaltung Stingl Immo unter einem Dach mit der von seinem Vater Walter 1978 gegründeten Top Audit Steuerberatung in Wien-Favoriten.

Wachsmann, Oswald
Jurist und Hausverwalter; das operative Geschäft der Hausverwaltung Wachsmann in Wien-Hietzing hat seine Tochter, die Juristin Daniela Wachsmann, übernommen.

Wachter, Rita
Geschäftsführerin der Hausverwaltung Handschur; sie teilt sich diese Aufgabe mit ihrem Vater Michael Handschur und Schwester Katharina Handschur.

Weinberger, Marko
Gemeinsam mit seiner Ehefrau Angelika Weinberger führt er im Wiener Millennium Tower die Hausverwaltung Weinberger Biletti, die aus der Fusion des Familienunternehmens mit der Kanzlei von Hans Biletti hervorgegangen ist.

Weinberger, Nicolette
Mitbegründerin und Gesellschafterin der Hausverwaltung Weinberger in Wien-Wieden, deren Geschäfte inzwischen von ihrem Sohn Florian Weinberger geführt werden.

Wiesflecker, Karl
Der Jurist ist in vierter Generation Eigentümer und Geschäftsführer der Hausverwaltung Kramas in Wien-Alsergrund.

Zielbauer, Georg
Gründer und Alleininhaber von Immobilien Zielbauer in Wien Neubau und Wiener Neustadt.

Glossar

ABGB: Allgemeines Bürgerliches Gesetzbuch; per 1.1.1812 unter Kaiser Franz I. in Kraft getreten, regelt es bis heute in abgeänderter Form das Zivilrecht in Österreich.

Ablöse: Abschlagszahlung, die ein Mieter oder eine Mieterin bei Abschluss eines Mietvertrags an den Vormieter oder die Vormieterin bezahlt, um etwa Möbel, die in der Wohnung verbleiben, oder getätigte Investitionen abzulösen. Zu Zeiten des günstigen Friedenskronenzinses bezahlte man in der Regel eine illegale Ablöse an den Wohnungseigentümer oder die Eigentümerin und „erkaufte" sich so das Eintrittsrecht in den günstigen Mietvertrag.

Bassena: Wasserentnahmestelle auf dem Gang, von der die Parteien eines Zinshauses Wasser holten, weil es in den Wohnungen selbst keinen Wasseranschluss gab. Die Bassena bestand traditionell aus Gusseisen. An der Bassena trafen sich die Parteien und tratschten, daher rührt der Begriff „Bassenatratsch".

Bassenawohnung: Wohnung ohne Wasseranschluss, deren Bewohner und Bewohnerinnen Wasser von der Bassena, einer Wasserentnahmestelle auf dem Gang, bezogen.

Bestandseinheit: hier Mietgegenstand, zum Beispiel eine Garage, eine Wohnung, ein Geschäftslokal

Blindboden: Unterboden, auf den der eigentliche Bodenbelag verlegt wird

Delogierung: Zwangsräumung eines Mietgegenstandes auf Basis eines Gerichtsbeschlusses

Gangküche: Küche, die über ein zum Gang (Hausflur) hinausgehendes Fenster belüftet wird; solche Küchen waren in den Zinskasernen der Arbeiterbezirke üblich.

Gewerk: Leistung eines bestimmten Handwerks im Bauwesen, zum Beispiel das Dachdeckergewerk

Glacis: Breite, unverbaute Fläche, die angreifenden Truppen keine Möglichkeit der Deckung bot; das Wiener Glacis erstreckte sich zwischen der Stadtmauer und den Vorstädten.

HAK: Abkürzung für Handelsakademie, berufsbildende höhere Schule mit Schwerpunkt Wirtschaft, Abschluss mit Matura

Hausherrenwohnung: meist die einzige große und repräsentative Wohnung in einem sonst sehr bescheidenen Zinshaus von kleinen Wohnungen, in der der Hauseigentümer (Hausherr) oder die Hauseigentümerin lebte

Inspector: Kontrollor im Verwaltungswesen

Kabinett: kleines Zimmer in einer Zimmer-Küche-Kabinett-Wohnung, dessen Fenster oft auf den Gang oder in einen Lichthof hinausging

Kategoriezins: Miete, deren Höhe von der Wohnungskategorie abhängig war, von Kategorie D (Substandardwohnung mit Außentoilette) bis Kategorie A, welche der heute als selbstverständlich angenommenen Ausstattung einer Mietwohnung entspricht

Kaution: Geldbetrag, der bei Abschluss eines Mietvertrags vom Mieter oder der Mieterin hinterlegt wird, um etwaige von ihm oder ihr verursachte Schäden nach dem Auszug abzudecken; oft in der Höhe von drei Monatsmieten

Liegenschaft: bebautes oder unbebautes Grundstück

Magistrat, der: Verwaltungsbehörde einer Stadt

Mittelkämpfer: Holzprofil, das die beiden Flügel eines Fensters optisch teilt

MRÄG: Mietrechtsänderungsgesetz (Novellierung des Mietrechtsgesetzes, davor des Mietengesetzes)

MRG: Mietrechtsgesetz, trat per 1. 1. 1982 in Kraft, Beginn des Kategoriezinses

OGH: Oberster Gerichtshof; die Entscheidungen des Höchstgerichts sind in Österreich unanfechtbar.

Parifizierung: Nutzwertberechnung, durch die der Eigentumsanteil an einem Wohnungseigentum festgestellt wird und in der Folge der zu bezahlende Anteil an den Betriebs- und Erhaltungskosten

Souterrain: Tiefparterre; der Fußboden dieses Geschoßes liegt tiefer als das Straßenniveau

Substandardwohnung: Verfügt über keine Toilette und/oder keinen Wasseranschluss; seit dem Mietrechtsgesetz von 1982 entspricht eine solche Wohnung der Kategorie D.

Treugeber oder Treugeberin: eine Person, die ihr Eigentum oder ihre Rechte einer anderen Person zu treuen Handen übergibt

Treuhänder oder Treuhänderin: eine Person, die im Auftrag eines Treugebers oder einer Treugeberin in dessen oder deren Interesse handelt

WEG: Wohnungseigentumsgesetz, regelt seit 1946 das Wohnungseigentum

Zimmer-Küche-Kabinett-Wohnung: eine Wohnung, die aus einer Küche, einem Zimmer und einem Kabinett, also einem kleinem Nebenzimmer, besteht und ursprünglich über keinen Wasseranschluss und keine Toilette verfügte

Zins: Miete; der Begriff rührt aus der Überlegung, dass die Mieteinnahmen die Verzinsung eines Investments in Form einer Immobilie darstellen

Zinsbuch: ein Schreibbuch, in das händisch sämtliche Vorgänge, die ein Zinshaus betrafen, eingetragen wurden

Zinskaserne: Wohnhaus in den Arbeiterbezirken, in dem möglichst viele und daher sehr kleine Wohnungen ohne nennenswerte Ausstattung untergebracht wurden; nicht zu vergleichen mit den oft prachtvollen und großzügigen Zinshäusern in den inneren Bezirken.

Zinsliste: Aufstellung aller Brutto- und Netto-Erträge eines Zinshauses, geordnet nach den Bestandsobjekten und deren topografischen Nummern (z. B. Tür 1)

Zinstermin: Tag, an dem der Zins im Voraus zu begleichen war; die Zinstermine folgten dem christlichen Kalender, z. B. zu Georgi, also am Tag des heiligen Georg (24. April).

Kurzes Wien-Wissen

500 Jahre Stein: Mit dem Begriff „x Jahre Stein“ drückt man die Annahme aus, dass die Anwesenden in Summe schon x Jahre Haft in der Justizvollzugsanstalt Stein verbracht haben, dass also viele Schwerkriminelle anwesend sind. Im Gefängnis von Stein, einem Stadtteil von Krems, sind vor allem Häftlinge mit langen Haftstrafen untergebracht.

Altmann & Kühne: Eigenname, Konfekthersteller am Graben in Wien seit 1928

auszucken: die Beherrschung verlieren

Backhendl: Backhuhn

Blaue, der: ein Tausend-Schilling-Schein, benannt nach seiner Farbe

Bonhomie: veraltet für Gutmütigkeit

Bredouille, in der Bredouille sein: in Bedrängnis sein

Colonia: siehe Kolonia

Coloniagebühr: siehe Koloniagebühr

deppert: blöd, dumm

Döbling: seit 1892 der 19. Wiener Gemeindebezirk, entstand durch Eingemeindung einiger Vororte wie Ober- und Unterdöbling, Nussdorf, Grinzing

Erdberg: Teil des 3. Wiener Gemeindebezirks (Landstraße)

fußmarod: schlecht zu Fuß

gschaftig: Dialekt für „geschäftig"; vorgebend, sehr beschäftigt und/oder sehr wichtig zu sein

Gschaftlhuber: Wichtigtuer

Gscher: Scherereien, Unannehmlichkeiten, mühsame Arbeit, Ärger, von der „Schererei" der früheren Tuchscherer, die das mühsame Abschneiden der Fäden von Textilien übernahmen

Gersthof: ehemaliger Vorort, heute Teil des 18. Wiener Gemeindebezirks (Währing)

Gottseibeiuns: Teufel

Gröscherlgschäft: ein Geschäft, das seinen Ertrag durch Kleinstbeträge, etwa durch Groschenbeträge, erzielt; es bedeutet also sehr viel Aufwand

gusch!: Dialekt, sei still!, von kuschen – sich unterwerfen, still sein

Gürtel: heute eine stark befahrene Hauptverkehrsader, die um die inneren Bezirke Wiens führt; früher befand sich dort der sogenannte Linienwall, ein Befestigungswall zwischen den Wiener Vorstädten und den Vororten

Hackler: Arbeiter, Schwerarbeiter

Hauspatschen: Hausschuhe, Pantoffeln

Hietzing: 13. Wiener Gemeindebezirk, entstand, wie viele Außenbezirke, Ende des 19. Jahrhunderts durch Eingemeindung einiger Vororte. Eingemeindet wurde damals auch die Katastralgemeinde Schönbrunn, in der sich das Schloss Schönbrunn befindet.

Hittn: Dialekt für Hütte

Hungelbrunn: ehemaliger Vorort, durch Eingemeindung heute Teil des 4. Wiener Gemeindebezirks (Wieden) sowie des 5. Wiener Gemeindebezirks (Margareten)

Josefstadt: ehemalige Vorstadt, 1850 Eingemeindung, seit 1861 der 8. Wiener Gemeindebezirk

Kaszettel: wertloses Stück Papier ohne Aussagekraft

Kellerstüberl: ein oft rustikal eingerichteter Raum im Keller, der als Wohn- oder Partyraum genutzt wird

Kolonia(kübel), früher Colonia: Mistkübel, Mülleimer

Koloniagebühr, früher Coloniagebühr: Gebühr für die städtische Müllabfuhr

Mariahilf: 6. Wiener Gemeindebezirk

Marie: Geld

marod: leicht krank

Masel: (überraschendes) Glück

Matzleinsdorf: ein Vorort Wiens; seit der Eingemeindung Teil des 5. Wiener Gemeindebezirks (Margareten)

Neubau: Vorstadt, seit der Eingemeindung Teil des heute gleichnamigen 7. Wiener Gemeindebezirks

Oaschtag: ein miserabler Tag

Ö1: Abkürzung von Österreich 1, dem Kultursender des öffentlich-rechtlichen Österreichischen Rundfunks (ORF)

Panscherl: Verhältnis, Affäre

Pauspapier, Blaupapier: Durchschlagpapier, das – zwischen zwei Seiten gelegt – dazu diente, eine Kopie zu erstellen

perlustrieren: eine Person zur Feststellung ihrer Identität genau untersuchen

per pedes: zu Fuß

pfuschen: schwarz (ohne Anmeldung bei Krankenkasse und Finanzamt) arbeiten

Putz di!: Verschwinde! Aber auch: Das glaube ich dir nicht!

Rauchfangkehrer: Schornsteinfeger

Ring, Ringstraße: Boulevard, der rund um die Wiener Innenstadt führt; die Prachtbauten entlang der Ringstraße gaben dem Ringstraßenstil (Historismus) seinen Namen

Rudolfsheim-Fünfhaus: Der 15. Wiener Gemeindebezirk entstand wie die anderen Außenbezirke aus der Eingemeindung einiger Vororte.

Sackerl: Tüte

Schmattes: Trinkgeld

Schupfe, früher für Schupfen: Schuppen

Sessel: Stuhl

Sperrsechserl: Sperrgeld, das zu entrichten war, wenn man sich vom Hausmeister oder der Hausmeisterin nach 22 Uhr das Haustor aufsperren ließ, anfangs namensgebend sechs Kreuzer

Stoß: verbotenes Glücksspiel mit Karten

Suppenhenderl: Verniedlichungsform von Suppenhuhn, ein in der Regel altes Huhn, das nur noch zur Suppenzubereitung taugt

Spritzer: Spritzwein, eine Mischung aus Weiß- oder Rotwein und Sodawasser

Strizzi: Zuhälter

Thury, Thurygrund: ehemalige Vorstadt, seit 1850 Teil des 9. Wiener Gemeindebezirks (Alsergrund)

Tohuwabohu: Durcheinander, Chaos

Trumm: ein großer Gegenstand bzw. ein großes Stück von etwas

Tschibuk: lange türkische Pfeife

Unterleiberl: Unterhemd

Weinderl: österreichische Verniedlichungsform von Wein, Weinchen

Am Werd: eine Adresse in der Leopoldstadt im ehemaligen Überschwemmungsgebiet

Wieden: der 4. Wiener Gemeindebezirk

Zetterl: Zettelchen, kleiner Zettel

Ziegelbehm, meist im Plural: Ziegelböhm oder Ziegelböhmen, Arbeiter und Arbeiterinnen aus Böhmen, die im Wien der Gründerzeit unter zumeist unmenschlichen Bedingungen in den Ziegelfabriken arbeiteten

Zund: Tipp, Hinweis

kremayr
scheriau

Clemens Riha, Bernhard Riha, Silke Farmer-Wichmann
Wenn Wände reden könnten
Unterhaltsam Kurioses aus der Wiener Stadtgeschichte
auf Spaziergängen zu prächtigen Zinshäusern

Noble Mietvillen und vornehme Bürgerhäuser ebenso wie ehemalige Arbeiterkasernen machen Wien zu einer der historisch interessantesten Städte Europas. Die Seele eines Hauses sind seine Bewohner. Silke Farmer-Wichmann und Clemens Riha sind mit Zinshausbesitzer:innen ins Gespräch gekommen und haben dabei Unterhaltsames, Berührendes und Wissenswertes zutage gefördert. In Spaziergängen durch unterschiedliche Stadtteile Wiens präsentieren die Autor:innen uns über 50 Gebäude in Anekdoten, prächtigen Fotografien und humorvollen Illustrationen, die Wiens private Historie zum Leben erwecken.

mit zahlreichen Farbfotos und 23 Illustrationen | 312 Seiten
ISBN 978-3-218-01382-6

Die zitierten Zeitungsartikel sind über www.anno.onb.ac.at (Online-Archiv der ÖNB für historische Zeitungen und Zeitschriften) aufrufbar.

ISBN 978-3-218-01428-1

Schutzumschlaggestaltung und Satz: Kevin Mitrega, Schriftloesung
Illustration auf dem Schutzumschlag: © match GmbH
Recherche und Texte: Ingeborg Jakubuff
Interviewer: Markus Schuh, Clemens Riha, Bernhard Riha,
Felix Huber, Philip Huter
Lektorat: Clara Schermer
Herstellung: vielseitig.co.at
Druck und Bindung: FINIDR, s. r. o., Czech Republic